石綿障害予防規則
の解説

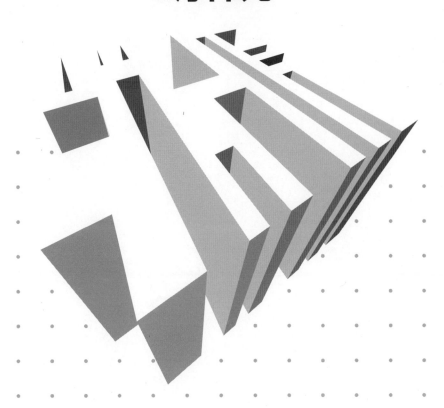

中央労働災害防止協会

序

　石綿は，その物理的特性（不燃・耐熱性，熱・電気絶縁性，耐腐食性，耐久性，セメント等との親和性，耐摩耗性など）から建材やブレーキ等の摩擦材，保温・断熱材，化学工場等で使われるシール材など多岐にわたる用途に使用されました。特に1970年代後半から1980年代にかけて輸入された石綿の多くは，建材として建築物に使用されています。

　昭和46年4月に特定化学物質等障害予防規則が制定され，その後の改正等により，石綿の職業ばく露による肺がん，中皮腫，石綿肺等の重篤な健康障害の予防対策の充実が図られました。平成16年10月には石綿を含有する建材や摩擦材，接着剤の製造等が禁止され，また，平成18年9月には石綿や石綿を含有する製品の製造等が禁止されました。

　石綿ばく露防止対策は，建築物の解体作業など，すでに使用されている石綿の対策が中心となり，特定化学物質等障害予防規則の措置の内容とは大幅に異なることから，平成17年7月に新たに石綿障害予防規則が制定され，その後も石綿ばく露等の防止対策の充実を図るための改正が行われてきました。今般，主に令和5年4月より順次施行される石綿障害予防規則の改正を機に，版を改めることとしました。

　本書が石綿含有製品を取り扱う事業場，建築物等の解体等の現場での関係者に広く活用され，石綿による健康障害の予防に役立てば幸いです。

令和5年5月

中央労働災害防止協会

目　　次

第1編

総　　説

第1章　規則制定の経緯

　石綿による健康障害の予防については，以前より労働安全衛生法（昭和47年法律第57号），特定化学物質等障害予防規則（昭和47年労働省令第39号）等に基づき必要な措置が講じられてきた。このうち，石綿を含有する製品の製造等に係る規制については，平成7年に石綿のうち有害性の高いアモサイト（茶石綿）およびクロシドライト（青石綿）を含有する製品の製造等が禁止され，さらに平成16年10月1日にクリソタイル（白石綿）等の石綿を含有する石綿セメント円筒等の製品の製造等が禁止されたことにより，国内の石綿使用量は大幅に減少した。

　一方，1970年代後半から1980年代にかけて輸入された石綿の多くは，建材として建築物に使用されており，この時期に建築された建築物等の解体等の作業が増加することが予想された。

　このため，以後の石綿ばく露防止対策等は，建築物等の解体等の作業が中心となり，事業者が講ずべき措置の内容が特定化学物質等障害予防規則に定める他の化学物質に係るものとは大きく異なることとなることから，新たに建築物等の解体等の作業における石綿ばく露防止対策等の充実を図った単独の規則として，石綿障害予防規則（平成17年厚生労働省令第21号。以下「石綿則」「規則」とも略する。）が平成17年2月24日に公布され，石綿による健康障害の予防対策の一層の推進を図ることとされたものである。また，あわせて「石綿使用建築物等解体等業務特別教育規程」（平成17年厚生労働省告示第132号）等の関連告示が平成17年3月31日に公布された。規則および関連告示は，平成17年7月1日から施行された。

　さらに，規則についてその施行後に明らかになった作業の実態に係る知見を踏まえ，吹き付けられた石綿等の封じ込め，囲い込みの作業等における石綿ばく露防止対策の充実を図る等のため，労働安全衛生法施行令，規則等の改正が順次行われ，施行されている。

第2章　旧特定化学物質等障害予防規則から変更された主要な事項

　平成17年に制定された石綿障害予防規則において，旧特定化学物質等障害予防規則（以下「旧特化則」という。）から変更された主要な事項は，以下のとおりである。

1　事業者は，石綿を含有する製品の使用状況等を把握し，当該製品を計画的に石綿を含有しない製品に代替するよう努めなければならないこととしたこと。（第1条第2項関係）

2　建築物または工作物の解体，破砕等の作業において，石綿等の使用状況が不明であるために必要な措置が講じられていないことによる石綿による健康障害を防止する観点から，あらかじめ石綿等の使用の有無を目視，設計図書等により調査し，その結果を記録するとともに，当該調査の結果，石綿等の使用の有無が明らかとならなかったときは，石綿等の使用の有無を分析により調査し，その結果を記録しなければならないこととしたこと。

　　ただし，石綿等が吹き付けられていないことが明らかである場合において，石綿等が使用されているものとみなして法およびこれに基づく命令に規定する措置を講ずるときは，分析による調査は必要ないこととしたこと。（第3条関係）

3　石綿等が使用されている建築物または工作物の解体等の作業については，第3条の事前調査の結果を踏まえて作業計画を作成し，当該作業計画により作業を行わなければならないこととしたこと。（第4条関係）

4　石綿等が使用されている保温材，耐火被覆材等の除去作業のうち，石綿等の粉じんを著しく発散するおそれがある作業その他これに類する作業を行うときは，あらかじめ，石綿ばく露防止のための措置の概要等を記載した作業届を所轄労働基準監督署長に提出しなければならないこと

としたこと。(第5条関係)

5　保温材等の除去作業について，当該作業場所に当該作業に従事する労働者以外の者の立入りを原則として禁止し，およびその旨の表示をしなければならないこととしたこと。

　　また，特定元方事業者は，その労働者および関係請負人の労働者の作業が，保温材等の除去作業と同一の場所で行われるときは，当該保温材等の除去作業の開始前までに，関係請負人に当該作業の実施について通知するとともに，作業の時間帯の調整等必要な措置を講じなければならないこととしたこと。(第7条関係)

6　第3条の事前調査を適切に実施するためには，発注者が有している設計図書等に記載された石綿等の使用状況等の情報を請負人に提供することが有効であることから，建築物または工作物の解体等の作業を行う仕事の発注者は，当該仕事の請負人に対し，建築物または工作物における石綿等の使用状況等を通知するよう努めなければならないこととしたこと。(第8条関係)

7　建築物または工作物の解体等の作業を行う仕事の注文者は，石綿等の使用の有無の調査，解体等の作業等の方法，費用，工期等について，法およびこれに基づく命令の規定の遵守を妨げるおそれのある条件を付さないよう配慮しなければならないこととしたこと。(第9条関係)

8　労働者を就業させる建築物に吹き付けられた石綿等が損傷，劣化等によりその粉じんを発散させ，労働者がその粉じんにばく露するおそれがあるときは，当該石綿等の除去，封じ込め，囲い込み等の措置を講じなければならないこととしたこと。また，建築物貸与者についても，建築物の共用部分について同様の措置を講じなければならないこととしたこと。(第10条関係)

9　旧特化則において，作業場所の隔離，送気マスク等の使用等の措置を講じた場合には，石綿等を吹き付ける作業に労働者を従事させることができることとしていたが，これらの条件を削除し，当該作業に労働者を

従事させることを全面的に禁止することとしたこと。（第11条関係）

10　旧特化則において，石綿等の切断等の作業について，石綿等を湿潤な
　　状態にし，労働者に呼吸用保護具，作業衣等を使用させることとしてい
　　たが，これらの作業において発散した石綿等の粉じんの掃除の作業につ
　　いても同様の措置を講じさせることとしたこと。（第13条および第14条
　　関係）

11　石綿等が使用されている建築物または工作物の解体等の作業に係る業
　　務を特別教育の対象としたこと。（第27条および附則第10条関係）

12　石綿等を常時取り扱いまたは試験研究のため製造する作業場および休
　　憩室の床を水洗等によって容易に掃除できる構造のものとしなければな
　　らないこととし，当該床等については，水洗する等粉じんの飛散しない
　　方法によって，毎日1回以上，掃除を行わなければならないこととした
　　こと。（第29条および第30条関係）

13　旧特化則において，特別管理物質である石綿等に係る作業の記録およ
　　び特殊健康診断個人票については，製造し，または取り扱う作業に常時
　　従事する労働者が当該作業に従事することとなった日から30年間保存す
　　ることとしていたが，これを当該記録をした日から30年間保存すること
　　としたこと。（第35条，第41条および附則第12条関係）

14　使用された保護具等に付着した石綿等の粉じんが作業場外に飛散する
　　ことにより，他の労働者が石綿等にばく露するおそれがあることから，
　　使用された保護具等を他の衣服等から隔離して保管するとともに，廃棄
　　のために容器等に梱包したときを除き，付着した物を除去した後でなけ
　　れば作業場外に持ち出すことを禁止することとしたこと。（第46条関
　　係）

第3章　その後の改正の要点

1　平成18年4月1日施行の規則改正（平成18年厚生労働省令第1号）

　(1)　石綿作業主任者について，石綿作業主任者技能講習修了者から選任することとしたこと。（第19条関係）

　(2)　健康診断の結果について，遅滞なく，労働者に対して通知しなければならないこととしたこと。（第42条の2関係）

　(3)　石綿作業主任者技能講習の科目等を定めたこと。（第48条の2関係）

2　平成18年9月1日施行の労働安全衛生法施行令の改正（平成18年政令第257号）

　(1)　「石綿及び石綿をその重量の0.1％を超えて含有する製剤その他の物」の製造，輸入，譲渡，提供または使用を禁止することとしたこと。（第16条関係）

　(2)　作業主任者を選任すべき作業，作業環境測定を行うべき作業場，健康診断を行うべき有害な業務および健康管理手帳を交付する業務について，規制の対象となる物の石綿の含有率（重量比）を1％から0.1％に改め，規制の対象範囲を拡大するとともに，製造等が禁止されたことに伴う所要の規定の整備を行ったこと。（第6条，第18条，第21条から第23条まで，別表第9関係）

　(3)　平成18年9月1日以降，石綿等の製造等が全面禁止されることとなるのに際し，代替が困難な一部の製品等を，例外的に，当分の間，適用除外製品等とするなど，所要の経過措置を設けたこと。（附則第2条から第5条まで関係）

3　平成18年9月1日施行の規則改正（平成18年厚生労働省令第147号）

　(1)　吹き付けられた石綿等がその粉じんを発散させ，および労働者がその粉じんにばく露するおそれがある場合における当該石綿等（以下

「吹付け石綿等」という。）の封じ込めまたは囲い込みの作業につい
て，事前調査等の対象としたこと。具体的には，次のとおりであること。

　ア　吹付け石綿等の封じ込めまたは囲い込みの作業について，石綿等
　　の使用の有無の事前調査，作業計画の作成，作業の届出，特別教育
　　等を行わなければならないものとしたこと。（第3条から第5条ま
　　で，第8条，第9条，第27条関係）

　イ　吹付け石綿等の封じ込めまたは囲い込みの作業（囲い込みの作業
　　にあっては，石綿等の切断，穿孔，研磨等の作業（以下「石綿等の
　　切断等の作業」という。）を伴うものに限る。）については，作業場
　　所を隔離しなければならないものとしたこと。（第6条関係）

　ウ　吹付け石綿等の囲い込みの作業（石綿等の切断等の作業を伴うも
　　のを除く。）については，作業場所に当該作業に従事する労働者以
　　外の者が立ち入ることを禁止するとともに，その旨を見やすい箇所
　　に表示しなければならないものとしたこと。（第7条関係）

　エ　吹付け石綿等の封じ込めまたは囲い込みの作業に労働者を従事さ
　　せるときは，石綿等を湿潤な状態にしなければならないものとする
　　とともに，当該労働者に呼吸用保護具および作業衣または保護衣を
　　使用させなければならないものとしたこと。（第13条，第14条関係）

⑵　労働者を就業させる建築物等の壁，柱，天井等に吹き付けられた石
　綿等がその粉じんを発散させ，および労働者がその粉じんにばく露す
　るおそれがある場合には，当該石綿等の除去，封じ込め，囲い込み等
　の措置を講じなければならないとされているところであるが，労働者
　を臨時に就業させる場合には，当該労働者に呼吸用保護具および保護
　衣または作業衣を使用させなければならないものとしたこと。また，
　労働者は，当該保護具等の使用を命じられたときは，これを使用しな
　ければならないものとしたこと。（第10条関係）

⑶　石綿等を取り扱う作業に使用する保護具等については，付着した物
　を除去した後でなければ作業場外に持ち出してはならないとされてい

るところであるが，これと同様，器具，工具，足場等についても，付
着した物を除去した後でなければ，作業場外に持ち出してはならない
ものとしたこと。ただし，廃棄のため，容器等に梱包したときは，こ
の限りではないものとしたこと。（第32条の2関係）

(4)　作業の記録および健康診断の結果の記録について，記録した時点か
ら30年間保存することとされていたところであるが，石綿による疾患
の潜伏期間が長期であることを踏まえ，当該労働者が常時石綿等を取
り扱う作業に従事しないこととなった日から40年間保存するものとし
たこと。また，作業環境測定の結果およびその評価の記録についても，
40年間保存することとしたこと。（第35条から第37条まで，第41条関
係）

4　平成19年10月1日施行の労働安全衛生法施行令の改正（平成19年政令
第281号）

(1)　労働安全衛生法施行令附則第3条に規定されている石綿等の製造等
禁止の適用除外製品等のうち，代替化が可能となった所定の石綿ジョ
イントシートガスケットおよび石綿を含有するグランドパッキンにつ
いて，その製造等を禁止することとしたものであること。（附則第3
条関係）

(2)　改正政令の施行の日において現に使用されているものについては，
同日以後引き続き使用されている間は，製造等の禁止の規定は適用し
ないものとするなど，所要の経過措置を設けたこと。（附則第2条か
ら第4条まで関係）

5　平成19年10月1日施行の労働安全衛生規則の改正（平成19年厚生労働
省令第108号）

(1)　労働安全衛生法施行令第23条第11号の業務について，健康管理手帳
の交付要件を次のいずれかに該当することとしたこと。（第53条第1
項関係）

ア　両肺野に石綿による不整形陰影があり，または石綿による胸膜肥

厚があること。

イ　石綿等の製造作業，石綿等が使用されている保温材，耐火被覆材
等の張付け，補修もしくは除去の作業，石綿等の吹付けの作業また
は石綿等が吹き付けられた建築物，工作物等の解体，破砕等の作業
（吹き付けられた石綿等の除去の作業を含む）に 1 年以上従事した
経験を有し，かつ，初めて石綿等の粉じんにばく露した日から10年
以上を経過していること。

ウ　石綿等を取り扱う作業（イの作業を除く）に10年以上従事した経
験を有していること。

エ　イおよびウに掲げる要件に準ずるものとして厚生労働大臣が定め
る要件に該当すること。

(2)　健康管理手帳の様式（様式第 8 号⑽）に喫煙歴に関する記載欄を加
えるなど，様式について所要の整備を行ったこと。（様式第 7 号～第
10号，第12号）

(3)　所要の経過措置を設けたこと。（附則第 2 条，第 3 条関係）

6　平成20年12月 1 日および平成21年 1 月 1 日施行の労働安全衛生法施行
令の改正（平成20年政令第349号）

(1)　労働安全衛生法施行令附則第 3 条による石綿等の製造等禁止の適用
除外製品等のうち，平成20年中に代替化等が可能と判断された，石綿
を含有する所定のジョイントシートガスケット，うず巻形ガスケット，
メタルジャケット形ガスケット，グランドパッキンについて，その製
造等を禁止することとしたものであること。（附則第 3 条関係）

(2)　所要の経過措置を設けたこと。（附則第 5 条から第 7 条関係）

7　平成21年 4 月 1 日施行の労働安全衛生法施行令の改正（平成20年政令
第349号）

(1)　石綿等の取扱いまたは試験研究のための製造に伴い石綿の粉じんを
発散する場所における業務および石綿等の製造または取扱いに伴い石
綿の粉じんを発散する場所における業務を，特殊健康診断の対象業務

とすることとしたこと。（第22条第1項および第2項関係）

⑵　石綿等の製造または取扱いに伴い石綿の粉じんを発散する場所における業務を，健康管理手帳の交付の対象業務とすることとしたこと。（第23条第11号関係）

8　平成21年4月1日施行の規則等の改正（平成20年厚生労働省令第158号）

○労働安全衛生規則関係

⑴　労働安全衛生法施行令第23条第11号の改正に伴い，石綿等の製造または取扱いに伴い石綿の粉じんを発散する場所における業務（石綿等を製造し，または取り扱う業務を除く。）に従事していた者に対する健康管理手帳の交付要件として，「両肺野に石綿による不整形陰影があり，又は石綿による胸膜肥厚があること」を定めたこと。（第53条関係）

⑵　石綿の健康管理手帳の様式（様式第8号⑽）の「交付要件」欄について，所要の改正を行ったこと。（様式第8号⑽関係）

○石綿障害予防規則関係

⑴　石綿等の間接ばく露者を特殊健康診断の対象とすることを踏まえ，石綿等の取扱いまたは試験研究のための製造に伴い石綿の粉じんを発散する場所における作業（石綿等を取り扱い，または試験研究のため製造する作業を除く。以下「周辺作業」という。）に常時従事する労働者（以下「周辺作業従事者」という。）について，石綿則第35条の作業の記録の対象とするとともに，当該場所において他の労働者が従事した石綿等を取り扱い，または試験研究のため製造する作業の概要および当該周辺作業従事者が周辺作業に従事した期間を記録すべき事項としたこと。（第35条関係）

⑵　施行令第22条の改正による石綿等に係る特殊健康診断の対象者の範囲の拡大等に伴い，石綿則第40条第1項および第2項について所要の改正を行ったこと。また，本改正に伴い，石綿則様式第3号に定める石綿健康診断結果報告書の様式について，所要の改正を行ったこと。

　　（第40条および様式第3号関係）

(3)　所要の経過措置を設けたこと。（附則第2条関係）

9　平成21年4月1日施行の規則の改正（平成21年厚生労働省令第9号）

(1)　建築物または工作物の解体，破砕等の作業，石綿等の封じ込めまたは囲い込みの作業を行う作業場には，当該建築物等における石綿等の使用の有無に関する調査を終了した年月日ならびに当該調査の方法および結果の概要について，労働者が見やすい箇所に掲示しなければならないこととしたこと。（第3条関係）

(2)　石綿等が使用されている保温材，耐火被覆材等の除去の作業であって，石綿等の切断，穿孔，研磨等の作業が伴うものを，吹き付けられた石綿等の除去の作業と同様に隔離の措置を講じなければならない作業としたこと。（第6条，第7条関係）

(3)　隔離の措置を講じた際には，隔離された作業場所の排気に集じん・排気装置を使用すること，当該作業場所を負圧に保つこと，当該作業場所の出入口に前室を設置することを義務付けることとしたこと。また，これらと同等以上の効果を有する措置を講じたときは，この限りでないものとしたこと。（第6条関係）

(4)　隔離の措置を講じた際には，あらかじめ，石綿等の粉じんの飛散を抑制するため，隔離された作業場所内の石綿等の粉じんを処理するとともに，吹き付けられた石綿等または張り付けられた保温材，耐火被覆材等を除去した部分を湿潤化した後でなければ，隔離の措置を解いてはならないこととしたこと。（第6条関係）

(5)　隔離された作業場所において，吹き付けられた石綿等の除去の作業に労働者を従事させる場合に使用させる呼吸用保護具を，電動ファン付き呼吸用保護具またはこれと同等以上の性能を有する空気呼吸器，酸素呼吸器もしくは送気マスクに限ることとしたこと。（第14条関係）

(6)　所要の経過措置を設けたこと。（附則第2条，第3条関係）

10　平成21年7月1日施行の規則の改正（平成21年厚生労働省令第9号）

　⑴　建築物または工作物の解体等の作業に係る規定のうち，石綿則第3
　　条（事前調査），第4条（作業計画），第8条（石綿等の使用の状況の
　　通知），第9条（建築物の解体工事等の条件），第13条（石綿等の切断
　　等の作業に係る措置），第14条（呼吸用保護具の使用）および第27条
　　（特別の教育）について，船舶（鋼製の船舶に限る）の解体等の作業
　　についても適用することとしたこと。

　⑵　所要の経過措置を設けたこと。（附則第3条関係）

11　平成22年3月1日（一部は2月1日）施行の労働安全衛生法施行令の
　　改正（平成21年政令第295号）

　⑴　労働安全衛生法施行令附則第3条に規定されている石綿等の製造等
　　禁止の適用除外製品等のうち，代替化等が可能と判断された，石綿を
　　含有する所定のジョイントシートガスケット，断熱材について，その
　　製造等を禁止することとしたものであること。（附則第3条関係）

　⑵　所要の経過措置を設けたこと。（附則第2条から第3条関係）

12　平成23年3月1日施行の労働安全衛生法施行令の改正（平成23年政令
　　第4号）

　⑴　労働安全衛生法施行令附則第3条に規定されている石綿等の製造等
　　禁止の適用除外製品等のうち，代替化等が可能と判断された，石綿を
　　含有する所定のジョイントシートガスケット，うず巻き形ガスケット，
　　グランドパッキンについて，その製造等を禁止することとしたもので
　　あること。（附則第3条関係）

　⑵　所要の経過措置を設けたこと（附則第5条，第6条関係）

13　平成23年4月1日施行の規則の改正（平成23年厚生労働省令第5号）

　⑴　石綿健康診断結果報告書の様式（様式第3号）について所要の改正
　　を行ったこと。（様式第3号関係）

　⑵　所要の経過措置を設けたこと。（附則第3条，第4条関係）

14　平成23年8月1日施行の規則の改正（平成23年厚生労働省令第83号）

　　建築物または工作物の解体等の作業に係る規定のうち以下の規定について，船舶（鋼製の船舶に限る。以下同じ）の解体等についても義務付けることとしたこと。

　ア　壁等に張り付けられた石綿含有保温材等を除去する作業等を行うときは，所轄の労働基準監督署長にあらかじめ届け出ることとしたこと。（第5条関係）

　イ　壁等に吹き付けられた石綿等を除去する作業を行うときは，当該作業場所を，それ以外の作業を行う場所から隔離する等の措置をとることとしたこと。（第6条関係）

　ウ　壁等に張り付けられた石綿含有保温材等を除去する作業等（石綿等を切断等しない場合）を行うときは，当該作業場所に当該作業に従事する労働者以外の者が立ち入ることを禁止する等の措置をとることとしたこと。（第7条関係）

　エ　壁等に吹き付けられた石綿等の損傷等により労働者が当該石綿等の粉じんにばく露するおそれがあるときは，当該石綿等の除去等の措置をとることとしたこと。（第10条関係）

　オ　上記イにより隔離を行った場所において，壁等に吹き付けられた石綿等を除去する作業等に労働者を従事させるときは，電動ファン付き呼吸用保護具等を使用させることとしたこと。（第14条関係）

15　平成24年3月1日施行の労働安全衛生法施行令の改正（平成24年政令第13号）

　(1)　改正前の労働安全衛生法施行令附則第3条に規定されていた石綿等の製造等禁止の適用除外製品のうち，国内の化学工業の施設の設備の接合部分に使用される直径1,500mm以上の石綿含有ジョイントシートガスケットおよびその原料または材料として使用される石綿等について，その製造等を禁止することとしたこと。今回の改正をもって適用除外製品等は全廃されることとなった。（改正前の附則第3条関係）

(2)　所要の経過措置を設けたこと。(附則第2条，第3条関係)

16　平成26年6月1日施行の規則の改正（平成26年厚生労働省令第50号）

(1)　事業者は，労働者を就業させる建築物等の壁等に張り付けられた，石綿を含む保温材，耐火被覆材等が，損傷等により石綿等の粉じんを発散させ，および労働者がその粉じんにばく露するおそれがあるときは，当該保温材，耐火被覆材等の除去，封じ込め，囲い込み等の措置を講じなければならず，また労働者を臨時に就業させる場合には，呼吸用保護具および作業衣または保護衣を使用させなければならないこととしたこと。(第10条関係)

(2)　保温材，耐火被覆材等の封じ込めまたは囲い込みの作業を行う場合についても，石綿等の使用の有無の事前調査（第3条），作業計画の策定（第4条），作業の届出（石綿等の粉じんを著しく発散するおそれがあるものに限る。第5条），石綿等の使用の状況の通知（第8条），建築物の解体工事等の条件（第9条）および特別教育の実施（第27条）の規定を適用することとしたこと。また，保温材，耐火被覆材等の封じ込めまたは囲い込みの作業（石綿等の粉じんを著しく発散するおそれがあるものであって，かつ，囲い込み作業は切断等を伴うものに限る）を行う場合についても隔離等の措置（第6条）の規定を適用し，切断等を伴う囲い込みの作業を行う場合については作業場所への立入禁止等の措置（第7条），石綿等の切断等の作業に係る措置（第13条）および呼吸用保護具等の使用（第14条）の規定を適用することとしたこと。

(3)　第6条第1項各号に規定する吹き付けられた石綿等または保温材，耐火被覆材等の除去，封じ込めまたは囲い込みの作業（囲い込みの作業は切断等を伴うものに限る）に労働者を従事させるときに，事業者が講じなければならない措置として，次のものを加えること。(第6条関係)

ア　作業場所には，前室に加え洗身室および更衣室を，労働者が退出

する際にこれらの順に通過するように互いに連接させ設置すること。

イ　前室を負圧に保つこと。

ウ　隔離を行った作業場所において初めて石綿等の除去等の作業を行
　　う場合には，当該作業を開始した後速やかに，ろ過集じん方式の集
　　じん・排気装置の排気口からの石綿等の漏えいの有無を点検するこ
　　と。

エ　その日の作業を開始する前に，前室が負圧に保たれていることを
　　点検すること。

オ　ウまたはエの点検を行った場合において，異常を認めたときは，
　　直ちに石綿等の除去等の作業を中止し，ろ過集じん方式の集じん・
　　排気装置の補修または増設その他の必要な措置を講ずること。

(4)　所要の経過措置を設けたこと。(附則第 2 条〜第 4 条関係)

17　平成26年12月 1 日施行の規則の改正（平成26年厚生労働省令第131号）

　　　　労働安全衛生法第88条の改正に伴い，整備を行ったこと。(第 5 条
　　関係)

18　平成29年 6 月 1 日施行の規則の改正（平成29年厚生労働省令第29号）

　　　　労働安全衛生法第66条の 4 および第66条の 8 第 1 項を実施するため，
　　石綿健康診断の結果についての医師からの意見聴取に関し，事業者は，
　　医師から，意見聴取を行ううえで必要となる労働者の業務に関する情
　　報を求められたときは，速やかに，これを提供しなければならないこ
　　ととしたこと。(第42条関係)

19　平成30年 6 月 1 日施行の労働安全衛生法施行令の改正（平成30年政令
　　第156号）

(1)　解体等作業における労働者の石綿ばく露防止のための分析，教育等
　　に用いる石綿を確保するため，石綿の分析のための試料の用に供され
　　る石綿，石綿の使用状況の調査に関する知識または技能の習得のため
　　の教育の用に供される石綿等を，一定の条件下で，製造等が禁止され
　　る物から除外するとともに，これら石綿分析用試料等を製造する場合

には，厚生労働大臣の許可を受けなければならないこととしたこと。

　（第16条，第17条関係）（なお，平成30年5月28日基発0528第1号で，
石綿を含有しない模擬の試料により教育の目的が達せられる場合には，
できる限り，石綿等の使用を避けるべきであること等が示されてい
る。）

⑵　作業主任者を選任すべき対象作業，作業環境測定を行う対象作業場
および有害な業務に現に従事する労働者に対して行う健康診断の対象
業務として，石綿分析用試料等を製造する作業を追加することとした
こと。（第6条，第21条，第22条関係）

⑶　名称等の表示，通知および法第57条の3第1項の危険性または有害
性等の調査を行わなければならない化学物質等として，石綿（石綿分
析用試料等）を追加することとしたこと。（別表第9関係）

20　平成30年6月1日施行の規則の改正（平成30年厚生労働省令第59号）

⑴　当該作業場への関係者以外の者の立入禁止措置，当該作業場以外の
場所への休憩室の設置，洗眼・洗身・うがい・更衣・洗濯の設備の設
置，使用した器具等に付着した物の除去後の作業場外への持出し，当
該作業場であること・飲食禁止等の掲示・表示，従事労働者の氏名等
の記録，業務の経歴の調査等の項目についての医師による定期の健康
診断の実施，必要な呼吸用保護具の備え付け，事業廃止に伴う所轄労
働基準監督署長への報告等の対象として，石綿分析用試料等を製造す
る場合を追加したこと。（第15条，第28条，第29条，第31条，第32条の
2，第33条，第34条，第35条，第40条，第44条，第46条，第49条関係）

⑵　石綿分析用試料等の製造等に関し，製造許可の手続き，基準が定め
られたこと。（第46条の2，第48条の2，第48条の3，第48条の4関
係）

⑶　局所排気装置等の要件に関し，排気口からの石綿等の粉じんの排出
を防止するための措置を講じたときは排気口を屋外に設けなくてもよ
いこととしたこと。（第16条関係）

⑷　その他，所要の規定の整備を行うこととしたこと。（様式第3号の2，
様式第4号，様式第5号の2，様式第5号の3，様式第5号の4関係）

⑸　規則の改正に伴う，労働安全衛生規則等関係省令の改正（GHS（化
学品の分類及び表示に関する世界調和システム）に基づく分類を踏ま
えた，石綿を含有する製剤その他の物に係る裾切値の設定等）を行う
こととしたこと。

21　令和元年5月7日施行の規則の改正（令和元年厚生労働省令第1号）
　　改元に伴い，行政手続における書面へ，令和への対応を行ったこと。
　　（様式第3号関係）

22　令和2年8月28日施行の規則の改正（令和2年厚生労働省令第154号）
　　行政手続における書面への医師，産業医の押印を不要としたこと。
　　（様式第2号，様式第3号関係）

23　令和2年12月25日施行等の規則の改正（令和2年厚生労働省令第208
号）
　　行政手続における書面への申請・届出者の押印等を不要としたこと。
　　（様式第1号，様式第3号，様式第3号の2，様式第4号，様式第5
号の2，様式第5号の4，様式第6号関係）（令和4年4月1日施行
の新様式第1号関係も含む。）

24　令和3年4月1日等施行の規則の改正（令和2年厚生労働省令第134
号）
　　建築物，工作物および船舶の解体工事および改修工事における石綿
等へのばく露による健康障害を防止するため，石綿則等について所要の
改正を行うとともに，改正石綿則に基づく告示の制定を行ったものであ
る。

〇石綿障害予防規則関係
⑴　事前調査の対象，方法，記録等（第3条，第4条の2関係）
　ア　事業者は，建築物，工作物または船舶（鋼製の船舶に限る。以下
　　同じ。）の解体または改修（封じ込めまたは囲い込みを含む。）の作

業（以下「解体等の作業」という。）を行うときは，あらかじめ，当該建築物，工作物または船舶（それぞれ解体等の作業に係る部分に限る。以下「解体等対象建築物等」という。）の全ての材料について，設計図書等の文書を確認する方法および目視により確認する方法により石綿等の使用の有無の調査（以下「事前調査」という。）を行わなければならないこととしたこと。

イ　アにかかわらず，解体等対象建築物等が一定の要件に該当する場合は，事前調査をアの方法以外の方法により行うことができることとしたこと。

ウ　事業者は，建築物に係る事前調査については，イの場合を除き，適切に当該調査を実施するために必要な知識を有する者として厚生労働大臣が定めるものに行わせなければならないこととしたこと。

エ　事業者は，事前調査を行ったにもかかわらず，解体等対象建築物等について石綿等の使用の有無が明らかとならなかったときは，分析による調査（以下「分析調査」という。）を行わなければならないこととしたこと。ただし，当該解体等対象建築物等について，石綿等が使用されているものとみなして労働安全衛生法（昭和47年法律第57号）およびこれに基づく命令に規定する措置を講ずるときは，この限りでないこととしたこと。

オ　事業者は，分析調査については，適切に分析調査を実施するために必要な知識及び技能を有する者として厚生労働大臣が定めるものに行わせなければならないこととしたこと。

カ　事業者は，事前調査または分析調査（以下「事前調査等」という。）を行ったときは，当該事前調査等の結果に基づき作成した記録を3年間保存するとともに，石綿等が使用されている解体等対象建築物等の解体等の作業を行う作業場に当該記録の写しを備え付けなければならないこととしたこと。

キ　事業者は，一定規模以上の建築物または工作物（工作物について

は，石綿等が使用されているおそれが高いものとして厚生労働大臣が定めるものに限る。）の解体工事または改修工事を行おうとするときは，あらかじめ，電子情報処理組織を使用して，事前調査等の結果の概要等を所轄労働基準監督署長に報告しなければならないこととしたこと。

(2)　吹き付けられた石綿等および石綿含有保温材等の除去等に係る措置（第6条関係）

①　事業者は，解体等対象建築物等に吹き付けられている石綿等（石綿等が使用されている仕上げ用塗り材（以下「石綿含有仕上げ塗材」という。）を除く。）または石綿等が使用されている保温材，耐火被覆材等（以下「石綿含有保温材等」という。）の除去，封じ込めまたは囲い込みの作業を行う場合に講じなければならない措置に，次の措置を追加したこと。

　(ア)　ろ過集じん方式の集じん・排気装置の設置場所を変更したときその他当該集じん・排気装置に変更を加えたときは，当該集じん・排気装置の排気口からの石綿等の粉じんの漏えいの有無を点検すること。

　(イ)　その日の作業を中断したときは，前室が負圧に保たれていることを点検すること。

②　事業者は，①の措置のうち，①の作業を行う作業場所の隔離の措置を行ったときは，石綿等に関する知識を有する者が当該吹き付けられた石綿等または石綿含有保温材等の除去が完了したことを確認した後でなければ，当該隔離を解いてはならないこととしたこと。

(3)　石綿含有成形品の除去に係る措置（第6条の2関係）

　ア　事業者は，成形された材料であって石綿等が使用されているもの（石綿含有保温材等を除く。以下「石綿含有成形品」という。）を除去する作業においては，技術上困難な場合を除き，切断，破砕，穿孔，研磨等（以下「切断等」という。）以外の方法により当該作

業を実施しなければならないこととしたこと。

イ　切断等以外の方法により石綿含有成形品を除去する作業を実施することが技術上困難な場合であって，石綿含有成形品のうち特に石綿等の粉じんが発散しやすいものとして厚生労働大臣が定めるものを切断等の方法により除去する作業を行うときは，当該作業を行う作業場所をビニルシート等で隔離する等の措置を講じなければならないこととしたこと。

(4)　石綿含有仕上げ塗材の電動工具による除去に係る措置（第6条の3関係）

　　事業者は，建築物，工作物または船舶の壁，柱，天井等に用いられた石綿含有仕上げ塗材を電動工具を使用して除去する作業を行うときは，(3)のイの措置を講じなければならないこととしたこと。

(5)　発注者の責務等（第8条関係）

　　解体等の作業を行う仕事の発注者は，当該仕事の請負人による事前調査等および(8)の記録の作成が適切に行われるよう配慮しなければならないこととしたこと。

(6)　石綿等の切断等の作業等に係る措置（第13条関係）

　　事業者は，石綿等を湿潤な状態のものとすることが義務付けられている石綿等の切断等の作業等について，石綿等を湿潤な状態のものとすることが著しく困難なときは，除じん性能を有する電動工具の使用その他の石綿等の粉じんの発散を防止する措置を講ずるように努めなければならないこととしたこと。

(7)　作業の記録（第35条関係）

　　石綿等の粉じんを発散する場所において常時石綿等を取り扱い，もしくは試験研究のため製造する作業または石綿分析用試料等を製造する作業に従事する労働者等に係る作業の記録の記録項目に，当該作業（石綿等が使用されている解体等対象建築物等の解体等の作業に限る。）に係る事前調査等の結果の概要，作業の実施状況等の記録の概

要等を追加したこと。

(8)　作業計画による作業の記録（第35条の2関係）

　　事業者は，石綿等が使用されている解体等対象建築物等の解体等の作業を行ったときは，当該作業に係る作業計画に従って作業を行わせたことについて，写真その他実施状況を確認できる方法により記録を作成し，3年間保存しなければならないこととしたこと。

○労働安全衛生規則関係

　　法第88条第3項の計画届の対象となる仕事に，次の仕事を追加したこと。（第90条関係）

ア　建築基準法（昭和25年法律第201号）第2条第9号の2に規定する耐火建築物または同法第2条第9号の3に規定する準耐火建築物に吹き付けられている石綿等の封じ込めまたは囲い込みの作業を行う仕事

イ　アの耐火建築物および準耐火建築物以外の建築物，工作物または船舶に吹き付けられている石綿等の除去，封じ込めまたは囲い込みの作業を行う仕事

ウ　建築物，工作物または船舶に張り付けられている石綿含有保温材等の除去，封じ込めまたは囲い込みの作業（石綿等の粉じんを著しく発散するおそれのあるものに限る。）を行う仕事

○施行期日（改正省令附則関係）

　　改正省令は，令和3年4月1日から施行することとしたこと。ただし，「○石綿障害予防規則関係」の(3)にあっては令和2年10月1日，同(1)のキにあっては令和4年4月1日，(1)のウおよびオにあっては令和5年10月1日から施行することとしたこと。

25　令和3年12月1日等施行の規則の改正（令和3年厚生労働省令第96号）

(1)　石綿を含有するおそれのある製品の輸入時の措置（改正省令による改正後の石綿障害予防規則（以下「石綿則」という。）第46条の2関

係）

①　石綿をその重量の0.1％を超えて含有するおそれのある製品で
あって厚生労働大臣が定めるもの※を輸入しようとする者（当該製
品を販売の用に供し，または営業上使用しようとする場合に限
る。）に対して，当該製品の輸入の際に，厚生労働大臣が定める者
が作成した石綿の検出の有無および検出された場合の含有率等の事
項を記載した書面を取得し，当該製品中に石綿がその重量の0.1％
を超えて含有しないことを当該書面により確認することを義務付け
たこと。

※　珪藻土を主たる材料とするバスマット，コップ受け，なべ敷き，盆そ
の他これらに類する板状の製品

②　①の書面には，当該書面が輸入しようとする製品のロット（ロッ
トを構成しない製品については，輸入しようとする製品）に対応す
るものであることを明らかにする書面および石綿の分析を実施した
者が厚生労働大臣が定める者に該当することを証する書面の写しを
添付することを義務付けたこと。

③　①の輸入しようとする者に対して，①の書面（②で添付すべきこ
ととされている書面および書面の写しを含む。）を当該製品を輸入
した日から起算して3年間保存することを義務付けたこと。あわせ
て，厚生労働省の所管する法令の規定に基づく民間事業者等が行う
書面の保存等における情報通信の技術の利用に関する省令（平成17
年厚生労働省令第44号）別表第1の表1および別表第2を改正し，
この書面の作成および書面の保存を電磁的記録により行うことがで
きることとしたこと。

(2)　石綿を含有する製品に係る報告（石綿則第50条関係）

　製品を製造し，または輸入した事業者（当該製品を販売の用に供し，
または営業上使用する場合に限る。）に対して，当該製品（令第16条
第1項第4号および第9号に掲げるものに限り，法第55条ただし書の

要件に該当するものを除く。）が石綿をその重量の0.1％を超えて含有していることを知った場合には，遅滞なく，製品の名称および型式等について，所轄労働基準監督署長に報告することを義務付けたこと。

(3)　施行日および経過措置

　ア　施行日

　　　令和3年12月1日から施行することとしたこと。ただし，(2)に係る規定及び当該規定に係る経過措置については，令和3年8月1日から施行することとしたこと。

　イ　経過措置

　　① 　(2)の事業者に対して，令和3年8月1日前に，製造し，または輸入した製品（令第16条第1項第4号および第9号に掲げるものに限り，法第55条ただし書の要件に該当するものを除く。）が石綿をその重量の0.1％を超えて含有していることを知っている場合には，(1)にかかわらず，その旨が公知の事実であるときを除き，遅滞なく，製品の名称および型式等について，所轄労働基準監督署長に報告するよう努めなければならないこととしたこと。

　　② 　(2)および①は，過去の令の改正における附則の規定により法第55条の規定が適用されない物については，適用しないこととしたこと。

26　令和4年4月1日等施行の規則の改正（令和4年厚生労働省令第3号）

　○石綿障害予防規則関係

(1)　船舶の解体または改修の作業を行う際の事前調査を行う者の要件等（石綿障害予防規則等の一部を改正する省令による改正後の石綿則（以下「新石綿則」という。）第3条第4項および第7項第9号関係）

　　　事業者は，船舶に係る事前調査については，石綿則第3条第3項各号に規定する場合を除き，適切に当該調査を実施するために必要な知識を有する者として厚生労働大臣が定めるものに行わせなければなら

ないこととしたこと。

　　また，事業者は，船舶に係る事前調査等（事前調査および新石綿則第3条第5項に規定する分析調査をいう。以下同じ。）を行ったときに記録を作成し，および3年間保存する事項，ならびに当該船舶に石綿等が使用されている場合（石綿等が使用されているものとみなす場合を含む。）に当該船舶の解体または改修の作業を行う作業場に備え付ける当該記録の写しの事項として，当該事前調査等を行った者の氏名および厚生労働大臣が定める者であることを証明する書類の写しが必要であることとしたこと。

(2)　船舶の事前調査の結果等の報告（新石綿則第4条の2関係）

　　総トン数が20トン以上の船舶に係る解体工事または改修工事の事前調査の結果等を所轄労働基準監督署長に報告しなければならないこととしたこと。

(3)　事前調査の結果等の報告の様式（新石綿則様式第1号関係）

　　(2)の改正等を踏まえ所要の様式改正を行ったこと。

○厚生労働省の所管する法令の規定に基づく民間事業者等が行う書面の保存等における情報通信の技術の利用に関する省令（以下「主務省令」という。）関係

　　書面の保存に代えて電磁的記録の保存ができる事項の追加（主務省令別表第1関係）

　　書面の保存に代えて電磁的記録の保存ができる事項として事前調査結果の記録の備え付けを追加したこと。

○施行期日および経過措置（改正省令附則関係）

　　改正省令は，公布日（令和4年1月13日）から施行することとしたこと。ただし，「○主務省令関係」の一部については，令和5年10月1日から施行することとしたこと。

　　なお，「○石綿障害予防規則関係」の(1)から(3)については，石綿障害予防規則等の一部を改正する省令（「○石綿障害予防規則関係」の

(1)関係は令和5年10月1日施行，(2)および(3)関係は令和4年4月1日
施行。）の改正であるため，実際に改正規定が施行されるのは「○石
綿障害予防規則関係」の(1)については令和5年10月1日，(2)および(3)
については令和4年4月1日であることに留意すること。

　また，石綿障害予防規則の一部を改正する省令附則第2条において
規定された建築物および工作物の解体または改修の作業等に係る経過
措置と同様に，船舶の解体または改修工事であって令和4年4月1日
の前に開始されるものについては新石綿則第4条の2第1項の規定は
適用せず，船舶の解体等の作業であって令和5年10月1日より前に開
始されるものについては，新石綿則第3条第4項，第6項および第7
項第9号の規定は適用しないものであること。

27　令和5年4月1日等施行の規則の改正（令和4年厚生労働省令第82
号）

　法第22条に規定する健康障害を防止するため，11省令を改正し，当該
健康障害に係る業務または作業を行う事業者に対して，
・当該業務または作業の一部を請負人に請け負わせるときは，当該請負
人に対しても労働者と同等の保護措置を講ずる義務を課す
・当該業務または作業を行う場所において，他の作業に従事する一人親
方等の労働者以外の者に対しても労働者と同等の保護措置を講ずる義
務を課す
こととし，具体的には次の(1)から(5)までのとおりとしたこと。
○石綿障害予防規則関係
(1)　健康障害防止のための設備等の稼働等に係る規定の改正
　ア　設備の稼働に関する配慮義務の新設（改正省令による改正後の石
　　綿則（以下「改正石綿則」という。）第17条第2項関係）
　　　事業者は，特定の危険有害業務または作業を行うときは，局所排
　　気装置，プッシュプル型換気装置，全体換気装置，排気筒その他の
　　換気のための設備を設け，一定の条件の下に稼働させる義務がある

ところ，当該業務または作業の一部を請負人に請け負わせる場合において，当該請負人のみが業務または作業を行うときは，これらの設備を一定の条件の下に稼働させること等について配慮しなければならないこととしたこと。

　　イ　設備の使用等に関する配慮義務の新設（改正石綿則第46条第2項関係）

　　　事業者は，特定の危険有害業務または作業を行うときは，保護具等の保管設備，汚染を洗浄するための設備，遠隔操作のための隔離室等を設け，労働者に使用させる義務があるところ，当該業務または作業の一部を請負人に請け負わせるときは，これらの設備を当該請負人に使用させる等の必要な配慮をしなければならないこととしたこと。

(2)　作業実施上の健康障害防止（作業方法，保護具使用等）に係る規定の改正

　　ア　作業方法に関する周知義務の新設（改正石綿則第6条の2第2項および第3項第3号，第6条の3，第13条第3項ならびに第46条第2項関係）

　　　事業者は，特定の危険有害業務または作業を行うときは，当該業務または作業に従事する労働者に必要な保護具を使用させる義務があるところ，当該業務または作業の一部を請負人に請け負わせるときは，当該請負人に対し，必要な保護具を使用する必要がある旨を周知させなければならないこととしたこと。

　　イ　特定の作業実施時の保護具使用の必要性に関する周知義務の新設（改正石綿則第10条第3項ならびに第14条第2項および第4項関係）

　　　事業者は，特定の危険有害業務または作業を行うときは，当該業務または作業を行う場所で作業に従事する労働者に必要な保護具を使用させる義務があるところ，請負関係の有無に関わらず，労働者

以外の者も含めて，当該場所で作業に従事する者に対し，必要な保護具を使用する必要がある旨を周知させなければならないこととしたこと。

ウ　特定の場所における保護具使用の必要性に関する周知義務の新設（改正石綿則第38条第4項関係）

事業者は，特定の危険有害業務または作業に関して労働者が有害物により汚染等されたときは，汚染の除去，医師による診断の受診等をさせる義務があるところ，当該業務または作業の一部を請負人に請け負わせるときは，当該請負人に対し，有害物により汚染等されたときは，汚染の除去，医師による診断の受診等をする必要がある旨を周知させなければならないこととしたこと。

エ　汚染の除去等に関する周知義務の新設（改正石綿則第32条の2第2項及び第46条第4項関係）

事業者は，特定の危険有害業務または作業に関して労働者が有害物により汚染等されたときは，汚染の除去，医師による診断の受診等をさせる義務があるところ，当該業務または作業の一部を請負人に請け負わせるときは，当該請負人に対し，有害物により汚染等されたときは，汚染の除去，医師による診断の受診等をする必要がある旨を周知させなければならないこととしたこと。

(3)　場所に関わる健康障害防止（立入禁止，退避等）に係る規定の改正

ア　特定の場所への立入禁止等の対象拡大（改正石綿則第15条関係）

事業者は，特定の危険有害な環境にある場所，特定の危険有害な物を取り扱う場所または特定の危険有害な物が発生するおそれがある場所には，必要がある労働者を除き，労働者が立ち入ることを禁止し，その旨を見やすい箇所に表示する義務があるところ，請負関係の有無に関わらず，労働者以外の者も含めて，必要がある者を除き，当該場所で作業に従事する者が立ち入ることを禁止し，その旨を見やすい箇所に表示しなければならないこととしたこと。

　イ　特定の場所での喫煙および飲食の禁止の対象拡大（改正石綿則第
　　33条第1項関係）

　　　事業者は，特定の場所においては，労働者が喫煙し，または飲食
　　することを禁止し，その旨を見やすい箇所に表示する義務があると
　　ころ，請負関係の有無に関わらず，労働者以外の者も含めて，当該
　　場所で作業に従事する者が喫煙し，または飲食することを禁止し，
　　その旨を見やすい箇所に表示しなければならないこととしたこと。

(4)　有害物の有害性等を周知させるための掲示に係る規定の改正

　ア　有害物の有害性等に関する掲示による周知の対象拡大（改正石綿
　　則第34条関係）

　　　事業者は，特定の有害物を取り扱う場所については，有害物の有
　　害性等を周知させるため，必要な事項について労働者が見やすい箇
　　所に掲示する義務があるところ，労働者以外の者も含めて，見やす
　　い箇所に掲示しなければならないこととしたこと。

　イ　有害物の有害性等に関する掲示内容の見直し（改正石綿則第34条
　　関係）

　　　事業者は，特定の有害物を取り扱う場所については，有害物の有
　　害性等を周知させるため，有害物の人体に及ぼす作用等について掲
　　示する義務があるところ，掲示すべき事項のうち，「特定の有害物
　　の人体に及ぼす作用」を「特定の有害物により生ずるおそれのある
　　疾病の種類及びその症状」に改めるとともに，「保護具を使用しな
　　ければならない旨」を掲示すべき事項に追加したこと。

　ウ　特定の場所における掲示等による必要事項の周知の対象拡大（改
　　正石綿則第3条第6項関係）

　　　事業者は，特定の場所について，装置故障時の連絡方法，事故発
　　生時の応急措置等必要な事項を労働者が見やすい箇所に掲示または
　　明示する義務があるところ，労働者以外の者も含めて，見やすい箇
　　所に掲示または明示しなければならないこととしたこと。

(5)　労働者以外の者による立入禁止等の遵守義務に係る規定の整備

　ア　労働者以外の者による喫煙および飲食禁止の遵守義務の対象拡大（改正石綿則第33条第2項）

　　労働者は，特定の場所では喫煙または飲食してはならないとされているところ，(3)ウにより新たに禁止対象とされた労働者以外の者も含め，当該場所で作業に従事する者は，喫煙または飲食してはならないこととしたこと。

　イ　特定の場所における入退出時の汚染等の除去義務の対象拡大（改正石綿則第28条第3項）

　　労働者は，特定の場所に立ち入るときまたは特定の場所から退出するときは，汚染等を除去する義務があるところ，労働者以外の者も含め，特定の場所に立ち入るときまたは特定の場所から退出するときは，汚染等を除去しなければならないこととしたこと。

○労働安全衛生規則関係

ア　労働者以外の者による立入禁止の遵守義務の対象拡大（改正安衛則第585条第2項）

　　労働者は，必要がある者を除き，立入りが禁止された場所には立ち入ってはならないとされているところ，(3)アにより新たに立入禁止の対象とされた労働者以外の者も含め，当該場所で作業に従事する者は，必要がある者を除き，立入りが禁止された場所には立ち入ってはならないこととしたこと。

○施行期日

　　改正省令は，令和5年4月1日から施行することとしたこと。

第2編

石綿障害予防規則逐条解説

注) 各条文の後に記載する（　）書きは，その根拠条文となる労働安全衛生法
　の関係条項と適用される罰則の条項を表し，例えば，「（根22－①）」は根拠
　条文が同法第22条第1号であることを，「（罰119－①）」は同法第119条第1
　号に定める罰則規定の適用を受けることを，それぞれ表す。項は（　）で表
　す。

第1章　総　　則

　本章は，石綿による労働者の肺がん，中皮腫その他の健康障害の予防に
必要な各種措置の実施についての事業者の努力義務，用語の定義を規定し
たものである。

（事業者の責務）
第1条　事業者は，石綿による労働者の肺がん，中皮腫その他の健康障害
　を予防するため，作業方法の確立，関係施設の改善，作業環境の整備，
　健康管理の徹底その他必要な措置を講じ，もって，労働者の危険の防止
　の趣旨に反しない限りで，石綿にばく露される労働者の人数並びに労働
　者がばく露される期間及び程度を最小限度にするよう努めなければなら
　ない。
②　事業者は，石綿を含有する製品の使用状況等を把握し，当該製品を計
　画的に石綿を含有しない製品に代替するよう努めなければならない。

【要　旨】

　本条第1項は，労働者が石綿にばく露され健康障害を受けることを予防
するため，この規則に定める措置を講じることはもとより，作業方法の確
立，関係施設の改善，作業環境の整備，健康管理の徹底等の実情に即した
適切な対策を積極的に講ずべきことを規定したものである。

　本条第2項は，石綿による重篤な健康障害のおそれを低減するためには，
現段階で石綿を含有しない製品への代替が可能であるものはもとより，そ
れ以外の石綿含有製品についても，早急に技術開発，実証試験等を推進し，
着実に石綿を含有しない製品への代替化を図る必要があることから，施設，
設備等における石綿含有製品の使用状況を把握し，当該施設，設備等の検
査，修理，改造，更新等の機会を捉え，計画的に石綿を含有しない製品へ
の代替化を図ることについて規定したものである。

【解　説】

　(1)　第1項の「労働者の危険の防止の趣旨に反しない限り」とは，石綿
にばく露される労働者の人数ならびにばく露される期間および程度を最小
限度にすることを重視するあまり，例えば取り外した建材を保持する労働
者の人数を制限したため，労働者が建材の重量に耐えられず建材を落下さ
せ，負傷する等労働者の安全の確保に支障が生ずることのないように留意
すべきことを定めたものであること。

　(2)　第1項の「その他必要な措置」には，製品中の石綿使用量を減らす
こと等があること。

　(3)　石綿含有製品については，国民の安全確保の観点から石綿分析用試
料等を除き製造等を禁止していることを踏まえ，石綿を新たな製品に使用
してはならないこと。

　（定義）

　第2条　この省令において「石綿等」とは，労働安全衛生法施行令（以下
　　「令」という。）第6条第23号に規定する石綿等をいう。

　②　この省令において「所轄労働基準監督署長」とは，事業場の所在地を
　　管轄する労働基準監督署長をいう。

　③　この省令において「切断等」とは，切断，破砕，穿孔，研磨等をいう。

　④　この省令において「石綿分析用試料等」とは，令第6条第23号に規定
　　する石綿分析用試料等をいう。

【要　旨】

　本条は，この規則で用いられる「石綿等」，「切断等」，「石綿分析用試料
等」などの定義を規定したものである。

【解　説】

　「石綿等」とは，労働安全衛生法施行令第6条第23号に規定する石綿等
をいい，クリソタイル等およびこれをその重量の0.1％を超えて含有する
物をいうものであること。

第2章　石綿等を取り扱う業務等に係る措置

第1節　解体等の業務に係る措置

本節は，建築物，工作物または船舶（鋼製の船舶に限る。）の解体等の作業（封じ込めまたは囲い込みを含む。）について，事前調査，分析調査，作業計画の策定，事前調査の結果等の報告，作業の届出，吹付けられた石綿等の除去等事業者等が講ずべき措置ならびに発注者の請負人に対する情報提供の努力義務および注文者の解体工事等の条件への配慮事項等を規定したものである。

（事前調査及び分析調査）

第3条　事業者は，建築物，工作物又は船舶（鋼製の船舶に限る。以下同じ。）の解体又は改修（封じ込め又は囲い込みを含む。）の作業（以下「解体等の作業」という。）を行うときは，石綿による労働者の健康障害を防止するため，あらかじめ，当該建築物，工作物又は船舶（それぞれ解体等の作業に係る部分に限る。以下「解体等対象建築物等」という。）について，石綿等の使用の有無を調査しなければならない。

② 前項の規定による調査（以下「事前調査」という。）は，解体等対象建築物等の全ての材料について次に掲げる方法により行わなければならない。

　1　設計図書等の文書（電磁的記録を含む。以下同じ。）を確認する方法。ただし，設計図書等の文書が存在しないときは，この限りでない。

　2　目視により確認する方法。ただし，解体等対象建築物等の構造上目視により確認することが困難な材料については，この限りでない。

③ 前項の規定にかかわらず，解体等対象建築物等が次の各号のいずれかに該当する場合は，事前調査は，それぞれ当該各号に定める方法によることができる。

　1　既に前項各号に掲げる方法による調査に相当する調査が行われてい

　　る解体等対象建築物等　当該解体等対象建築物等に係る当該相当する
　調査の結果の記録を確認する方法
2　船舶の再資源化解体の適正な実施に関する法律（平成30年法律第61
　号）第4条第1項の有害物質一覧表確認証書（同条第2項の有効期間
　が満了する日前のものに限る。）又は同法第8条の有害物質一覧表確
　認証書に相当する証書（同法附則第5条第2項に規定する相当証書を
　含む。）の交付を受けている船舶　当該船舶に係る同法第2条第6項
　の有害物質一覧表を確認する方法
3　建築物若しくは工作物の新築工事若しくは船舶（日本国内で製造さ
　れたものに限る。）の製造工事の着工日又は船舶が輸入された日（第
　5項第4号〈編注：令和5年10月1日から「第7項第4号」となる。〉に
　おいて「着工日等」という。）が平成18年9月1日以降である解体等
　対象建築物等（次号から第8号までに該当するものを除く。）　当該着
　工日等を設計図書等の文書で確認する方法
4　平成18年9月1日以降に新築工事が開始された非鉄金属製造業の用
　に供する施設の設備（配管を含む。以下この項において同じ。）で
　あって，平成19年10月1日以降にその接合部分にガスケットが設置さ
　れたもの　当該新築工事の着工日及び当該ガスケットの設置日を設計
　図書等の文書で確認する方法
5　平成18年9月1日以降に新築工事が開始された鉄鋼業の用に供する
　施設の設備であって，平成21年4月1日以降にその接合部分にガス
　ケット又はグランドパッキンが設置されたもの　当該新築工事の着工
　日及び当該ガスケット又はグランドパッキンの設置日を設計図書等の
　文書で確認する方法
6　平成18年9月1日以降に製造工事が開始された潜水艦であって，平
　成21年4月1日以降にガスケット又はグランドパッキンが設置された
　もの　当該製造工事の着工日及び当該ガスケット又はグランドパッキ
　ンの設置日を設計図書等の文書で確認する方法
7　平成18年9月1日以降に新築工事が開始された化学工業の用に供す
　る施設（次号において「化学工業施設」という。）の設備であって，
　平成23年3月1日以降にその接合部分にグランドパッキンが設置され

たもの　当該新築工事の着工日及び当該グランドパッキンの設置日を
設計図書等の文書で確認する方法
8　平成18年9月1日以降に新築工事が開始された化学工業施設の設備
であって、平成24年3月1日以降にその接合部分にガスケットが設置
されたもの　当該新築工事の着工日及び当該ガスケットの設置日を設
計図書等の文書で確認する方法
④　事業者は、事前調査を行ったにもかかわらず、当該解体等対象建築物
等について石綿等の使用の有無が明らかとならなかったときは、石綿等
の使用の有無について、分析による調査（以下「分析調査」という。）
を行わなければならない。ただし、事業者が、当該解体等対象建築物等
について石綿等が使用されているものとみなして労働安全衛生法（以下
「法」という。）及びこれに基づく命令に規定する措置を講ずるときは、
この限りでない。

〈編注：令和5年10月1日から「④　事業者は、事前調査のうち、建築物及
　び船舶に係るものについては、前項各号に規定する場合を除き、適切に当
　該調査を実施するために必要な知識を有する者として厚生労働大臣が定め
　るものに行わせなければならない。」となり、現在の④は⑤となる。〉
〈編注：令和5年10月1日から「⑥　事業者は、分析調査については、適切
　に分析調査を実施するために必要な知識及び技能を有する者として厚生労
　働大臣が定めるものに行わせなければならない。」が加わる。〉

⑤　事業者は、事前調査又は分析調査（以下「事前調査等」という。）を
行ったときは、当該事前調査等の結果に基づき、次に掲げる事項（第3
項第3号から第8号までの場合においては、第1号から第4号までに掲
げる事項に限る。）の記録を作成し、これを事前調査を終了した日（分
析調査を行った場合にあっては、解体等の作業に係る全ての事前調査を
終了した日又は分析調査を終了した日のうちいずれか遅い日）（第3号
及び次項第1号において「調査終了日」という。）から3年間保存する
ものとする。
1　事業者の名称、住所及び電話番号
2　解体等の作業を行う作業場所の住所並びに工事の名称及び概要
3　調査終了日
4　着工日等（第3項第4号から第8号までに規定する方法により事前
　調査を行った場合にあっては、設計図書等の文書で確認した着工日及

び設置日）

5　事前調査を行った建築物，工作物又は船舶の構造

6　事前調査を行った部分（分析調査を行った場合にあっては，分析のための試料を採取した場所を含む。）

7　事前調査の方法（分析調査を行った場合にあっては，分析調査の方法を含む。）

8　第6号の部分における材料ごとの石綿等の使用の有無（前項ただし書〈編注：令和5年10月1日から「第5項ただし書」となる。〉の規定により石綿等が使用されているものとみなした場合は，その旨を含む。）及び石綿等が使用されていないと判断した材料にあっては，その判断の根拠

9　第2項第2号ただし書に規定する材料の有無及び場所
〈編注：令和5年10月1日から，9は10となり「9　事前調査のうち，建築物及び船舶に係るもの（第3項第3号に掲げる方法によるものを除く。）を行った者（分析調査を行った場合にあっては，当該分析調査を行った者を含む。）の氏名及び第4項の厚生労働大臣が定める者であることを証明する書類（分析調査を行った場合にあっては，前項の厚生労働大臣が定める者であることを証明する書類を含む。）の写し」が加わる。〉
〈編注：令和5年10月1日から，⑤は⑦となる。〉

⑥　事業者は，解体等の作業を行う作業場には，次の事項を，見やすい箇所に掲示するとともに，次条第1項の作業を行う作業場には，前項の規定による記録の写しを備え付けなければならない。

1　調査終了日

2　前項第6号及び第8号に規定する事項の概要
〈編注：令和5年10月1日から，⑥は⑧となる。〉

⑦　第2項第2号ただし書に規定する材料については，目視により確認することが可能となったときに，事前調査を行わなければならない。
〈編注：令和5年10月1日から，⑦は⑨となる。〉

（根22−①，罰119−①）

【要　旨】

　本条は，建築物，工作物または船舶（鋼製の船舶に限る。以下同じ。）
の解体または改修（封じ込めまたは囲い込みを含む。）の作業において，
石綿等の使用状況が不明であるために必要な措置が講じられていないこと
による石綿による健康障害を防止する観点から，あらかじめ石綿等の使用
の有無を目視，設計図書等により事前調査し，その結果を記録するととも
に，当該事前調査の結果，石綿等の使用の有無が明らかとならなかったと
きは，石綿等の使用の有無を分析調査し，その結果を記録しなければなら
ないことを規定したものである。

　ただし，当該解体等対象建築物等について石綿等が使用されているもの
とみなして労働安全衛生法およびこれに基づく命令に規定する措置を講ず
るときは，分析調査は必要ないこととしたこと。

　また，当該調査終了日ならびに調査の方法および結果の概要について，
労働者が見やすい箇所に掲示等しなければならないこととしたこと。

【解　説】

　(1)　第1項の「建築物」とは，全ての建築物をいい，建築物に設けるガ
スもしくは電気の供給，給水，排水，換気，暖房，冷房，排煙または汚水
処理の設備等の建築設備を含むものであること。「工作物」とは，「建築
物」以外のものであって，土地，建築物または工作物に設置されているも
のまたは設置されていたものの全てをいい，例えば，煙突，サイロ，鉄骨
架構，上下水道管等の地下埋設物，化学プラント等，建築物内に設置され
たボイラー，非常用発電設備，エレベーター，エスカレーター等または製
造もしくは発電等に関連する反応槽，貯蔵設備，発電設備，焼却設備等お
よびこれらの間を接続する配管等の設備等があること。なお，建築物内に
設置されたエレベーターについては，かご等は工作物であるが，昇降路の
壁面は建築物であることに留意すること。

　(2)　事前調査の対象となる作業について，令和2年厚生労働省令第134
号による改正前の石綿障害予防規則（以下この項において「旧石綿則」と

いう。）第3条第1項においては，「建築物，工作物又は船舶の解体，破砕等の作業（石綿等の除去の作業を含む。）」および「第10条第1項の規定による石綿等の封じ込め又は囲い込みの作業」と規定し，石綿則施行通知（平成17年基発第0318003号）第3の2(1)イにおいて，「解体，破砕等」の「等」には，改修が含まれるとしていた。しかし，「破砕」は解体または改修に含まれ得る概念である等，解体，破砕および改修の概念の区別が明確でなかったこと，旧石綿則第10条第1項に規定する封じ込めまたは囲い込みの作業以外の封じ込めまたは囲い込みの作業が事前調査の対象となるか明確でなかったことから，第3条第1項の規定において，事前調査の対象となる作業を「建築物，工作物又は船舶（鋼製の船舶に限る。以下同じ。）の解体又は改修（封じ込め又は囲い込みを含む。）の作業」と整理し直し，「封じ込め又は囲い込み」の作業は「改修」の作業に含まれることとしたこと。

(3)　以下に掲げる作業は，石綿等の粉じんが発散しないことが明らかであることから，石綿による健康障害を防止するという石綿則の制定目的も踏まえて，建築物，工作物または船舶の解体等の作業には該当せず，事前調査を行う必要はないものであること。

　(ア)　除去等を行う材料が，木材，金属，石，ガラス等のみで構成されているもの，畳，電球等の石綿等が含まれていないことが明らかなものであって，手作業や電動ドライバー等の電動工具により容易に取り外すことが可能またはボルト，ナット等の固定具を取り外すことで除去または取り外しが可能である等，当該材料の除去等を行う時に周囲の材料を損傷させるおそれのない作業。

　(イ)　釘を打って固定する，または刺さっている釘を抜く等，材料に，石綿が飛散する可能性がほとんどないと考えられる極めて軽微な損傷しか及ぼさない作業。なお，電動工具等を用いて，石綿等が使用されている可能性がある壁面等に穴を開ける作業は，これには該当せず，事前調査を行う必要があること。

㋑　既存の塗装の上に新たに塗装を塗る作業等，現存する材料等の除
去は行わず，新たな材料を追加するのみの作業。

㋓　国土交通省による用途や仕様の確認，調査結果から石綿が使用さ
れていないことが確認されたaからkまでの工作物，経済産業省に
よる用途や仕様の確認，調査結果から石綿が使用されていないこと
が確認されたlおよびmの工作物，農林水産省による用途や仕様の
確認，調査結果から石綿が使用されていないことが確認されたfお
よびnの工作物ならびに防衛装備庁による用途や仕様の確認，調査
結果から石綿が使用されていないことが確認されたoの船舶の解
体・改修の作業。

a　港湾法（昭和25年法律第218号）第2条第5項第2号に規定す
る外郭施設および同項第3号に規定する係留施設

b　河川法（昭和39年法律第67号）第3条第2項に規定する河川管
理施設

c　砂防法（明治30年法律第29号）第1条に規定する砂防設備

d　地すべり等防止法（昭和33年法律第30号）第2条第3項に規定
する地すべり防止施設および同法第4条第1項に規定するぼた山
崩壊防止区域内において都道府県知事が施工するぼた山崩壊防止
工事により整備されたぼた山崩壊防止のための施設

e　急傾斜地の崩壊による災害の防止に関する法律（昭和44年法律
第57号）第2条第2項に規定する急傾斜地崩壊防止施設

f　海岸法（昭和31年法律第101号）第2条第1項に規定する海岸
保全施設

g　鉄道事業法施行規則（昭和62年運輸省令第6号）第9条に規定
する鉄道線路（転てつ器及び遮音壁を除く）

h　軌道法施行規則（大正12年内務省令運輸省令）第9条に規定す
る土工（遮音壁を除く），土留壁（遮音壁を除く），土留擁壁（遮
音壁を除く），橋梁（遮音壁を除く），隧道，軌道（転てつ器を除

く）および踏切（保安設備を除く）

i　道路法（昭和27年法律第180号）第2条第1項に規定する道路
のうち道路土工，舗装，橋梁（塗装部分を除く。），トンネル（内
装化粧板を除く。），交通安全施設および駐車場（(1)の工作物のう
ち建築物に設置されているもの，特定工作物告示に掲げる工作物
を除く。）

j　航空法施行規則（昭和27年運輸省令第56号）第79条に規定する
滑走路，誘導路およびエプロン

k　雪崩対策事業により整備された雪崩防止施設

l　ガス事業法（昭和29年法律第51号）第2条第13項に規定するガ
ス工作物の導管のうち地下に埋設されている部分

m　液化石油ガスの保安の確保及び取引の適正化に関する法律施行
規則（平成9年通商産業省令第11号）第3条に規定する供給管の
うち地下に埋設されている部分

n　漁港漁場整備法（昭和25年法律第137号）第3条に規定する漁
港施設のうち基本施設（外郭施設，係留施設および水域施設）

o　自衛隊の使用する船舶（防熱材接着剤，諸管フランジガスケッ
ト，電線貫通部充填・シール材およびパッキンを除く）

(4)　第2項の「設計図書」とは，建築物，その敷地または工作物に関す
る工事用の図面および仕様書のことであること。

(5)　第2項の「設計図書等」の「等」には，施工記録，維持保全記録，
第8条に基づく発注者からの情報が含まれるものであること。

(6)　事前調査の方法（第3条第2項および第7項関係）

①　事前調査は，解体等対象建築物等の全ての材料（以下「調査対象
材料」という。）について，設計図書等の文書を確認した上で，実
際に調査対象材料が当該文書のとおりであるかどうかを確認するた
めに，目視による確認も義務付けたものであること。

②　設計図書等の文書を確認する方法には，調査対象材料に直接印字

されている製品番号を確認する方法も含まれること。

③　解体等対象建築物等の構造上目視により確認することが困難な調査対象材料については，解体等の作業を進める過程で，目視により確認することが可能となったときに，改めて事前調査を行わなければならないこと。

④　事前調査において，調査対象材料に石綿等が使用されていないと判断する方法は，次の(ア)または(イ)のいずれかの方法によること。なお，設計図書にノンアスベスト材料等，石綿等が使用されていない建材であることの記載がある場合であっても，労働安全衛生法令の適用対象となる石綿等の含有率は数次にわたり変更されているため，材料の製造当時は法令適用対象外として石綿等の使用がないと判断されていたとしても，現行の法令では適用対象となる場合もあることから，設計図書の記載のみをもって石綿等が使用されていないと判断することはできないこと。

　　(ア)　調査対象材料について，製品を特定し，その製品のメーカーによる石綿等の使用の有無に関する証明や成分情報等と照合する方法。

　　(イ)　調査対象材料について，製品を特定し，その製造年月日が平成18年9月1日以降（第3条第3項第4号から第8号までに掲げるガスケットまたはグランドパッキンにあっては，それぞれ当該各号に掲げる日以降）であることを確認する方法。

(7)　目視により確認する方法等以外の方法による事前調査（第3条第3項関係）

①　第1号関係　過去において既に建築物についての石綿等の使用の有無に関する調査が行われている場合や，プラントの定期検査等により石綿等の使用の有無に関する調査が行われている場合等であって，これらの調査方法が，第3条第2項第1号および第2号に規定する方法に相当する場合は，これらの調査結果の記録を確認するこ

とで足り，改めて事前調査を行う必要はないことを規定したものであること。

② 　第２号関係　船舶の再資源化解体の適正な実施に関する法律（平成30年法律第61号）第３条第１項に規定する有害物質一覧表は，船舶に使用されている材料について，石綿等を含む有害物質の使用の有無および使用箇所を調査し，記録したものであること，ならびにこの一覧表の内容が船舶の状態と一致するものであることを国土交通大臣が確認したものが同法第４条第１項に規定する有害物質一覧表確認証書または同法附則第５条第２項に規定する有害物質一覧表確認証書に相当する証書であることから，これらの証書の交付を受けている船舶は，適切に事前調査が行われているものとみなすことが可能であるため，当該船舶については，有害物質一覧表を確認することで足り，改めて事前調査を行う必要はないことを規定したものであること。

③ 　第３号関係　石綿等は，一部のガスケットまたはグランドパッキンを除き，平成18年９月１日以降は製造し，輸入し，譲渡し，提供し，または使用することが禁止されている（法第55条ならびに労働安全衛生法施行令（昭和47年政令第318号）第16条第４号および第９号）ことから，建築物，工作物または船舶の着工日（日本国外で製造された船舶については日本に輸入された日）が同日以降であることを設計図書等で確認することをもって事前調査を行ったものとみなすことができることとしたものであること。

④ 　第４号から第８号まで関係　平成18年９月１日に石綿等の製造等が禁止された後も，一定期間当該禁止措置が猶予されていた一部のガスケットまたはグランドパッキンが使用されている可能性がある工作物または潜水艦については，そのガスケットまたはグランドパッキンの設置日が，禁止措置が猶予されていた期間が終了した日以降であることを設計図書等で確認することをもって事前調査を

行ったものとみなすことができることとしたものであること。

⑻　石綿等が使用されているものとみなすことができる範囲（第3条第4項関係）

事前調査において石綿等の使用の有無が明らかとならなかった場合において，吹き付けられた材料についても，石綿等が使用されているものとみなして法およびこれに基づく命令に規定する措置を講じることにより，分析調査を行うよりも費用負担が軽減されるまたは工期が短縮できる場合があることから石綿等が使用されているものとみなすことができる範囲に追加したものであること。なお，石綿等が使用されているとみなして措置を講じるに当たっては，例えば吹き付けられた材料であれば，クロシドライトが吹き付けられているものとみなして措置を講じる等，必要となる可能性がある措置のうち最も厳しい措置を講じなければならないこと。

⑼　平成28年3月22日付けで日本産業規格JIS A 1481-4（建材製品中のアスベスト含有率測定方法）が制定されたことによる石綿等の使用の有無の分析の方法の扱いについて，平成28年4月13日基発0413第3号が発出されている。

⑽　事前調査を実施するために必要な知識を有する者（令和5年10月1日に施行される（新）第3条第4項関係）

事前調査が不十分なまま工事が行われる事例が認められたことから，建築物については，必要な知識を有する者として厚生労働大臣が定めるものによる事前調査の実施を義務付けたものであること。なお，本規定の要件を満たす者が十分な人数確保されるまでの期間を勘案して，本規定の施行は令和5年10月1日としているが，本規定の施行前であっても，事前調査は必要な知識を有する者に行わせることが望ましいこと。

⑾　分析調査を実施するために必要な知識および技能を有する者（令和5年10月1日に施行される第3条（新）第6項関係）

石綿等の分析に関する知識や技能が十分でない者によって分析が行われている事例が認められたことから，必要な知識および技能を有する者とし

て厚生労働大臣が定めるものによる分析調査の実施を義務付けたものであること。なお，本規定の要件を満たす者が十分な人数確保されるまでの期間を勘案して，本規定の施行日は令和5年10月1日としているが，本規定の施行前であっても，分析調査は必要な知識および技能を有する者に行わせることが望ましいこと。

(12)　事前調査等の結果の記録の作成および保存（第3条（新）第7項関係）

① 　1つの解体等の作業について事前調査または分析調査（以下この項において「事前調査等」という。）が複数回行われる場合も考えられることから，事前調査等の結果の記録の保存の起算日は，解体等の作業に係る全ての事前調査を終了した日または分析調査を終了した日のいずれか遅い日としたこと。

② 　3年間の保存期間は，行政による事業者に対する指導において関係書類として活用すること，事業者が適切に石綿ばく露防止対策を講じる動機付けとすること等を目的とし，設定したものであること。

③ 　第3条第3項第1号または第2号の方法により事前調査を行ったときは，それぞれ同項第1号の相当する調査の結果の記録または同項第2号の有害物質一覧表（以下「相当調査記録等」という。）を確認した日を調査終了日とすることとし，同条第7項各号の事前調査の結果として記録すべき事項について，相当調査記録等に記載があるものについては，当該相当調査記録等の写しを保存すれば足りること。

④ 　第3条第3項第3号から第8号までに掲げる方法により事前調査を行ったときは，それぞれ当該各号の規定に基づき設計図書等の文書で確認した日を調査終了日とすること。なお，確認した方法を明確にするため，確認した文書の写しを保存しておくことが望ましい。

⑤ 　第3条第5項各号の事前調査等の結果として記録すべき事項について，次の内容が含まれること。

(ア)　第2号関係　「工事の概要」は，当該工事の内容が分かる簡潔

な記載で足り，工事の名称から工事の内容が分かる場合は，工事の名称と同じ記載で差し支えないこと。

(イ)　第5号関係　「建築物，工作物又は船舶の構造」には，鉄筋コンクリート造等の主要構造に関する情報，階数や延べ床面積等の規模に関する情報，建築物にあっては建築基準法に規定する耐火建築物または準耐火建築物の該当の有無を含むこと。

(ウ)　第6号関係　「事前調査を行った部分（分析調査を行った場合は，分析のための資料を採取した場所を含む。）」については，当該部分が容易に特定できる方法で記録する必要があり，図面等に表示して記録することが望ましいこと。なお，解体作業において事前調査を行った場合には，解体の対象となる建築物，工作物または船舶の全ての部分であることを記録すれば足りること。

(エ)　第7号関係　「事前調査の方法」については，第3条第2項または同条第3項各号のうち，いずれの方法により事前調査を行ったかを記録すること。なお，同条第5項ただし書により石綿等が使用されているものとみなした場合は，その旨記録すること。

　　　「分析調査の方法」については，分析調査者告示（p317）第2条第3号のイからニまでに掲げる方法のうち，いずれの方法により分析調査を行ったかを記録すること。

(オ)　第8号関係　「事前調査において石綿が使用されていないと判断した根拠」には，(7)④の(ア)または(イ)のいずれの方法により判断したのかおよびその判断根拠として使用した書類等が含まれること。分析調査の結果の記録には，分析調査によって明らかとなった石綿等の含有率が含まれること。なお，分析調査によって明らかとなった石綿等の種類も記録することが望ましいこと。

(カ)　令和5年10月1日に施行される新第9号関係　「第3条（新）第4項又は（新）第6項の厚生労働大臣が定める者であることを証明する書類」は，登録規程第10条に規定する修了証明書の写し

　　その他事前調査者告示各号に定める者または分析調査者告示第1
　　条各号に定める者であることを証明する書類をいうこと。なお，
　　本規定の施行は令和5年10月1日であることに留意すること。
　⒀　作業場における掲示および事前調査等の記録の写しの備え付け（第
3条（新）第8項関係）
　　①　作業場に掲示すべき事項のうち，第3条（新）第7項第6号に規定
　　　する事項の概要は，事前調査等を行った部分がおおよそ特定できる
　　　情報を簡潔にまとめたもので差し支えないこと。具体的には，例え
　　　ば，建築物全体を調査した場合は「建築物全体」といった掲示で足
　　　りることとし，建築物の一部の部屋を調査した場合は階数および部
　　　屋名等の当該部屋を特定できる情報を掲示することで足りること。
　　②　作業場に掲示すべき事項のうち，第3条（新）第7項第8号に規定
　　　する事項の概要は，様式第1号の裏面の記載内容のうち，「石綿使
　　　用の有無」の欄および「石綿なしと判断した根拠」の欄の記載内容
　　　と同程度の内容を掲示することで足りること。
　　③　事前調査等の結果の記録を作業場に備え付けることについては，
　　　作業を実施する労働者がいつでも記録を確認することができるよう
　　　にする趣旨で規定したものであることから，解体等の作業が行われ
　　　ている間は，常に備え付けておく必要があるものであること。
　⒁　平成17年8月2日付け基安発第0802003号「建築物等の解体等の作
業を行うに当たっての石綿ばく露防止対策等の実施内容の掲示について」
に示す掲示の例に，（新）第8項各号に掲げる事項を併せて記載の上，労働
者の見やすい箇所に掲示することとしても差し支えないこと。
　⒂　事業者は，特定の場所について，健康障害を防止するため，労働者
に対して，必要事項を周知させるために掲示を行う義務があるところ，健
康障害が生ずるおそれは労働者以外も同様であることから，当該場所にお
いて作業に従事する者については，労働者以外の者も掲示による周知義務
の対象に追加したものであること。

⒃　(新)第8項の「掲示」は，関係労働者のみならず周辺住民にも見や
すい場所に掲示することが望ましいこと。

（作業計画）
第4条　事業者は，石綿等が使用されている解体等対象建築物等（前条第
　　4項ただし書〈編注：令和5年10月1日から「前条第5項ただし書」とな
　　る。〉の規定により石綿等が使用されているものとみなされるものを含
　　む。）の解体等の作業（以下「石綿使用建築物等解体等作業」という。）
　　を行うときは，石綿による労働者の健康障害を防止するため，あらかじ
　　め，作業計画を定め，かつ，当該作業計画により石綿使用建築物等解体
　　等作業を行わなければならない。
②　前項の作業計画は，次の事項が示されているものでなければならない。
　　1　石綿使用建築物等解体等作業の方法及び順序
　　2　石綿等の粉じんの発散を防止し，又は抑制する方法
　　3　石綿使用建築物等解体等作業を行う労働者への石綿等の粉じんのば
　　　　く露を防止する方法
③　事業者は，第1項の作業計画を定めたときは，前項各号の事項につい
　　て関係労働者に周知させなければならない。　　（根22－①，罰119－①）

【要　旨】

　石綿等が使用されている解体等対象建築物等の解体等の作業を行うとき
は，第3条の事前調査の結果を踏まえて作業計画を作成し，当該作業計画
により作業を行わなければならないことを規定したものである。

　令和2年厚生労働省令第134号による改正により，第3条第1項の規定
において，事前調査の対象となる作業を明確化したことに伴い，作業計画
を定めるべき作業の規定方法を見直した。

【解　説】

　⑴　事業者が解体等の作業に係る作業手順，注意事項等を記載した計画
書を作成している場合において，第2項各号に掲げる事項を含むときは，
別途本条に基づく作業計画を定める必要はないものであること。また，当

該計画には，周辺環境への対応，解体廃棄物の適切な処理についても含めることが望ましいこと。

⑵　施工中に事前調査では把握していなかった石綿を含有する建材等が発見された場合には，その都度作業計画の見直しを行うこと。

⑶　解体等の作業の実施に当たっては，作業環境中の石綿の濃度の測定および評価に基づく作業環境管理を行うことが望ましいこと。

⑷　石綿則第4条に規定する作業計画については，作業の方法等の事項を示すこととされているが，当該作業の方法は，作業を行う事業者と，当該作業の一部を請け負う請負人とで必ずしも同一ではないことから，改正省令において，作業計画について請負人に対して周知させる義務は課さないこととしたこと。ただし，作業計画のうち，労働者や請負人の健康障害を防止するために，請負人に対しても周知させる必要がある事項については，周知させることが望ましいこと。

（事前調査の結果等の報告）

第4条の2　事業者は，次のいずれかの工事を行おうとするときは，あらかじめ，電子情報処理組織（厚生労働省の使用に係る電子計算機と，この項の規定による報告を行う者の使用に係る電子計算機とを電気通信回線で接続した電子情報処理組織をいう。）を使用して，次項に掲げる事項を所轄労働基準監督署長に報告しなければならない。

1　建築物の解体工事（当該工事に係る部分の床面積の合計が80平方メートル以上であるものに限る。）

2　建築物の改修工事（当該工事の請負代金の額が100万円以上であるものに限る。）

3　工作物（石綿等が使用されているおそれが高いものとして厚生労働大臣が定めるものに限る。）の解体工事又は改修工事（当該工事の請負代金の額が100万円以上であるものに限る。）

4　船舶（総トン数20トン以上の船舶に限る。）の解体工事又は改修工事

②　前項の規定により報告しなければならない事項は，次に掲げるもの（第3条第3項第3号から第8号までの場合においては，第1号から第4号までに掲げるものに限る。）とする。

1　第3条第5項第1号〈編注：令和5年10月1日から「第3条第7項第1号」となる。〉から第4号までに掲げる事項及び労働保険番号

2　解体工事又は改修工事の実施期間

3　前項第1号に掲げる工事にあっては，当該工事の対象となる建築物（当該工事に係る部分に限る。）の床面積の合計

4　前項第2号又は第3号に掲げる工事にあっては，当該工事に係る請負代金の額

5　第3条第5項第5号及び第8号〈編注：令和5年10月1日から「第3条第7項第5号，第8号及び第9号」となる。〉に掲げる事項の概要

6　前条第1項に規定する作業を行う場合にあっては，当該作業に係る石綿作業主任者の氏名

　　7　材料ごとの切断等の作業（石綿を含有する材料に係る作業に限る。）の有無並びに当該作業における石綿等の粉じんの発散を防止し，又は抑制する方法及び当該作業を行う労働者への石綿等の粉じんのばく露を防止する方法

③　第1項の規定による報告は，様式第1号による報告書を所轄労働基準監督署長に提出することをもって代えることができる。

④　第1項各号に掲げる工事を同一の事業者が二以上の契約に分割して請け負う場合においては，これを一の契約で請け負ったものとみなして，同項の規定を適用する。

⑤　第1項各号に掲げる工事の一部を請負人に請け負わせている事業者（当該仕事の一部を請け負わせる契約が二以上あるため，その者が二以上あることとなるときは，当該請負契約のうちの最も先次の請負契約における注文者とする。）があるときは，当該仕事の作業の全部について，当該事業者が同項の規定による報告を行わなければならない。

（根100－①，罰120－⑤）

【要　旨】

　令和2年厚生労働省令第134号による改正により新設された条文であり，あらかじめ電子情報処理組織を使用して所轄労働基準監督署長に報告しなければならない公示の種類と報告事項を定めたものである。

【解　説】

　⑴　事前調査を適切に行わずに解体等の作業を行った事例，吹き付けられた石綿等があるにもかかわらず法第88条第3項に基づく届出を行わないまま作業を行った事例，必要な石綿ばく露防止のための措置を講じずに作業を行った事例等が認められたことから，事業者に対して，事前調査および必要な石綿ばく露防止のための措置の適切な実施を促すとともに，行政が建築物および工作物の解体工事および改修工事を把握し，必要な指導を行うことができるようにすることを目的として，一戸建て住宅も含めた建築物の解体工事の大部分およびこれと同規模の改修工事ならびに水回りの工事等の石綿等の発散のリスクが高い改修工事が対象となるよう，一定規

模以上の建築物および特定の工作物の解体工事および改修工事について，石綿の使用の有無に関わらず，事前調査の結果等の報告を義務付けたものであること。

(2)　報告対象工事の基準の考え方（第1項関係）

建築物については，石綿等の製造等が禁止された平成18年9月1日以降に着工したものを除き，全ての建築物に石綿等が使用されている可能性が高いため，限定を設けずに一定規模以上の全ての建築物の解体工事または改修工事を報告の対象としたこと。

工作物については，これまでの各種調査の結果等から石綿等が使用されている可能性が高いものが特定されていることから，報告の対象とする工事は，石綿が使用されているおそれが高い工作物（石綿障害予防規則第4条の2第1項第3号の規定に基づき厚生労働大臣が定める物（令和2年厚生労働省告示第278号）に規定する以下アからタまで（令和5年10月1日より「チまで」となる。）の工作物）としたこと。なお，建築物の改修工事および工作物の解体・改修工事は，床面積に換算することが困難なものがあるため，工事の請負代金の額を基準としたこと。

ア　反応槽

イ　加熱炉

ウ　ボイラー及び圧力容器

エ　配管設備（建築物に設ける給水設備，排水設備，換気設備，暖房設備，冷房設備，排煙設備等の建築設備を除く。）

オ　焼却設備

カ　煙突（建築物に設ける排煙設備等の建築設備を除く。）

キ　貯蔵設備（穀物を貯蔵するための設備を除く。）

ク　発電設備（太陽光発電設備及び風力発電設備を除く。）

ケ　変電設備

コ　配電設備

サ　送電設備（ケーブルを含む。）

シ　トンネルの天井板

ス　プラットホームの上家

セ　遮音壁

ソ　軽量盛土保護パネル

タ　鉄道の駅の地下式構造部分の壁及び天井板

（令和 5 年10月 1 日から「チ　観光用エレベーターの昇降路の囲い（建築物であるものを除く。）」が加わる。）

(3)　建築物の解体工事および改修工事の定義（第 1 項第 1 号および第 2 号関係）

建築物の解体工事とは，建築物の壁，柱および床を同時に撤去する工事をいうこと。建築物の改修工事とは，建築物に現存する材料に何らかの変更を加える工事であって，建築物の解体工事以外のものをいうこと。

(4)　請負代金の額の考え方（第 1 項および第 4 項関係）

第 1 項第 2 号および第 3 号に規定する請負代金の額は，材料費も含めた工事全体の請負代金の額であること。請負代金の額は，消費税も含む額であること。建築物と工作物が混在するものの解体工事または改修工事を一括で請け負っている場合は，次の(ア)または(イ)のいずれか 1 つでも該当する場合には報告を行わなければならないものであること。

(ア)　建築物の解体工事に係る部分の床面積の合計が80㎡以上である場合

(イ)　建築物および工作物の両方を含めた工事全体の請負代金の額が100万円以上である場合

第 4 項は，同一の事業者が工事を分割して請け負うことで報告対象とならないようにするような行為を防止するための規定であること。

(5)　報告しなければならない事項（第 2 項関係）

報告事項のうち，第 3 条第 5 項第 5 号の建築物または工作物の構造の概要は，鉄筋コンクリート造等の主要構造に関する情報，階数や延べ床面積等の規模に関する情報，建築物にあっては建築基準法に規定する耐火建築物または準耐火建築物の該当の有無を簡潔に記載すること。

報告事項のうち，第 3 条第 5 項第 9 号の厚生労働大臣が定める者である

ことを証明する書類の写しの概要は，事前調査等を実施した者の氏名および講習実施機関の名称を記載すること。

(6)　報告主体（第 5 項関係）

解体工事または改修工事は，多くの請負事業者が関わることが想定されるが，同一の工事について，複数の事業者に別々に報告を行わせることは効率的でないことから，当該工事の元請事業者に対し，下請事業者に係る内容も含めて報告することを義務付けたものであること。

(7)　報告の方法

　(ｱ)　報告対象となる工事が非常に多いこと，報告を行う事業者の利便性を確保する必要があること等から，厚生労働省が開発・運用する簡易な電子システムを利用して所轄労働基準監督署に報告しなければならないこととしたこと。

　(ｲ)　建築物と工作物が混在するものの解体工事または改修工事を一括で請け負っている場合は，建築物および工作物の両方を含めた工事全体についてまとめて報告を行うことで差し支えないこと。

　(ｳ)　労働基準監督署に報告を行った後に，解体工事または改修工事を進める過程で新たに事前調査を行っていない材料が見つかり，当該材料について改めて事前調査等を行った場合は，当該事前調査等の結果等を追加で労働基準監督署に提出する必要があること。

　(ｴ)　工作物の中には，数年毎等定期的に同一の部分について修理等の改修を行うものがあるが，平成18年 9 月 1 日以降に着工した工作物については，石綿等が使用されていないことが明らかであるにもかかわらず，定期的な改修の度に工事内容や着工日等について労働基準監督署に報告させることは合理的でないことから，平成18年 9 月 1 日以降に着工した工作物について，同一の部分を定期的に改修する場合は，令和 2 年厚生労働省令第134号による改正省令施行後の改修工事について一度報告を行えば，同一部分の改修工事については，その後の報告は不要であること。

（作業の届出）

第5条　事業者は，次に掲げる作業を行うときは，あらかじめ，様式第1
　　号の2による届書に当該作業に係る解体等対象建築物等の概要を示す図
　　面を添えて，所轄労働基準監督署長に提出しなければならない。

　1　解体等対象建築物等に吹き付けられている石綿等（石綿等が使用さ
　　れている仕上げ用塗り材（第6条の3において「石綿含有仕上げ塗
　　材」という。）を除く。）の除去，封じ込め又は囲い込みの作業

　2　解体等対象建築物等に張り付けられている石綿等が使用されている
　　保温材，耐火被覆材（耐火性能を有する被覆材をいう。）等（以下
　　「石綿含有保温材等」という。）の除去，封じ込め又は囲い込みの作
　　業（石綿等の粉じんを著しく発散するおそれがあるものに限る。）

　②　前項の規定は，法第88条第3項の規定による届出をする場合にあっ
　　ては，適用しない。　　　　　　　　　　　（根100－①，罰120－⑤）

【要　旨】

　解体等対象建築物等に吹き付けられている石綿等や張り付けられている
石綿等が使用されている保温材，耐火被覆材等の除去，封じ込めまたは囲
い込み作業を行うときは，あらかじめ，石綿ばく露防止のための措置の概
要等を記載した作業届を所轄労働基準監督署長に提出しなければならない
ことを規定したものである。

　令和2年厚生労働省令第134号による改正により，第3条第1項の規定
において，事前調査の対象となる作業を明確化したことに伴い，届出を行
うべき作業の規定方法を見直した。届出対象を変更するものではないこと。

【解　説】

　(1)　令和2年厚生労働省令第134号により改正された第3条の規定によ
り，これまで本規定に基づき届出の対象となっていた作業については，法
第88条第3項の規定に基づく計画届の対象に変更となるため，改正省令の
施行後は作業の届出は不要となるが，計画届は届出を行うべき業種が建設
業および土石採取業に限定されており，これら以外の業種に属する事業者

についても対象作業を行う場合に届出を行わせる必要があることから，本規定を削除せずに残しているものであること。

(2)　第 1 項第 1 号の「吹き付けられている石綿等」には，石綿をその重量の0.1％を超えて含有するロックウール吹付け材，バーミキュライト吹付け材およびパーライト吹付け材が含まれるものであること。

(3)　第 1 項第 2 号の「保温材，耐火被覆材等」の「等」には，断熱材が含まれるものであること。

(4)　第 1 項第 2 号の「石綿等の粉じんを著しく発散させるおそれのあるもの」とは，以下に掲げる石綿等が使用されている保温材，耐火被覆材等が張り付けられた建築物，工作物または船舶の解体等の作業をいうこと。

①　「石綿等が使用されている保温材」とは，石綿保温材ならびに石綿を含有するけい酸カルシウム保温材，けいそう土保温材，バーミキュライト保温材，パーライト保温材および配管等の仕上げの最終段階で使用する石綿含有仕上げ塗材をいうものであること。

②　「石綿等が使用されている耐火被覆材」とは，石綿を含有する耐火被覆板およびけい酸カルシウム板第 2 種をいうものであること。

③　(3)でいう「断熱材」とは，屋根用折版石綿断熱材および煙突石綿断熱材をいうものであること。

（吹き付けられた石綿等及び石綿含有保温材等の除去等に係る措置）

第 6 条　事業者は，次の作業に労働者を従事させるときは，適切な石綿等の除去等に係る措置を講じなければならない。ただし，当該措置と同等以上の効果を有する措置を講じたときは，この限りでない。

1　前条第 1 項第 1 号に掲げる作業（囲い込みの作業にあっては，石綿等の切断等の作業を伴うものに限る。）

2　前条第 1 項第 2 号に掲げる作業（石綿含有保温材等の切断等の作業を伴うものに限る。）

②　前項本文の適切な石綿等の除去等に係る措置は，次に掲げるものとする。

1 前項各号に掲げる作業を行う作業場所（以下この項において「石綿等の除去等を行う作業場所」という。）を，それ以外の作業を行う作業場所から隔離すること。

2 石綿等の除去等を行う作業場所にろ過集じん方式の集じん・排気装置を設け，排気を行うこと。

3 石綿等の除去等を行う作業場所の出入口に前室，洗身室及び更衣室を設置すること。これらの室の設置に当たっては，石綿等の除去等を行う作業場所から労働者が退出するときに，前室，洗身室及び更衣室をこれらの順に通過するように互いに連接させること。

4 石綿等の除去等を行う作業場所及び前号の前室を負圧に保つこと。

5 第1号の規定により隔離を行った作業場所において初めて前項各号に掲げる作業を行う場合には，当該作業を開始した後速やかに，第2号のろ過集じん方式の集じん・排気装置の排気口からの石綿等の粉じんの漏えいの有無を点検すること。

6 第2号のろ過集じん方式の集じん・排気装置の設置場所を変更したときその他当該集じん・排気装置に変更を加えたときは，当該集じん・排気装置の排気口からの石綿等の粉じんの漏えいの有無を点検すること。

7 その日の作業を開始する前及び作業を中断したときは，第3号の前室が負圧に保たれていることを点検すること。

8 前三号の点検を行った場合において，異常を認めたときは，直ちに前項各号に掲げる作業を中止し，ろ過集じん方式の集じん・排気装置の補修又は増設その他の必要な措置を講ずること。

③ 事業者は，前項第1号の規定により隔離を行ったときは，隔離を行った作業場所内の石綿等の粉じんを処理するとともに，第1項第1号に掲げる作業（石綿等の除去の作業に限る。）又は同項第2号に掲げる作業（石綿含有保温材等の除去の作業に限る。）を行った場合にあっては，吹き付けられた石綿等又は張り付けられた石綿含有保温材等を除去した部分を湿潤化するとともに，石綿等に関する知識を有する者が当該石綿等又は石綿含有保温材等の除去が完了したことを確認した後でなければ，隔離を解いてはならない。 （根22－①，罰119－①）

【要　旨】

　吹き付けられた石綿等および石綿含有保温材等を除去する作業を行う場合は，石綿等の粉じんの発生量が多く，このような作業場所に隣接した場所で作業を行う労働者が当該粉じんにばく露するおそれがあるため，それ以外の作業を行う場所から隔離すべきことを規定したものである。また，前条に規定する保温材，耐火被覆材等の除去等の作業であって，切断等の作業を伴うもの，石綿等の封じ込めまたは囲い込みの作業（囲い込みの作業にあっては，石綿等の切断等の作業を伴うものに限る。）についても同様の措置を講じるよう規定したものである。

　なお，隔離の措置を講じた際には，隔離された作業場所の排気に集じん・排気装置を使用すること，当該作業場所を負圧に保つこと，当該作業場所の出入口に前室を設置すべきことを規定し，隔離の解除に当たっては，あらかじめ，石綿等の粉じんの飛散を抑制するため，隔離された作業場所内の石綿等の粉じんを処理するとともに，吹き付けられた石綿等または張り付けられた保温材，耐火被覆材等を除去した部分を湿潤化した後でなければ，隔離の措置を解いてはならないことを規定したものである。

【解　説】

(1)　隔離等の措置の対象作業（第1項関係）

　建築物または船舶に吹き付けられた石綿等の除去の作業を行う場合には，石綿等の粉じんの発生量が多いことから，隔離等の措置を講じることを義務付けているが，工作物に吹き付けられた石綿等の除去の作業についても，同様に石綿等の粉じんの発生が想定される。また，労働者の就業場所における吹き付けられた石綿等が損傷，劣化等により石綿等の粉じんを発散させ，労働者がその粉じんにばく露するおそれがあるときに封じ込めまたは囲い込みの作業を行う場合も，同様の措置を講じることを義務付けているが，当該場合以外の吹き付けられた石綿等の封じ込めまたは囲い込みの作業についても，同様に石綿等の粉じんの発生が想定されることから，これらについても本条の措置を講ずべき作業の対象としたこと。

(2)　吹き付けられた石綿等には，石綿をその重量の0.1%を超えて含有するロックウール吹付け材，バーミキュライト吹付け材およびパーライト吹付け材が含まれるものであること。

(3)　天井裏に吹き付けられた石綿等の除去に伴い，あらかじめ当該石綿等の下に施工されている天井板（石綿を含有しないものを含む。）の除去作業を行う場合には，当該天井板の上面に長年にわたり堆積した石綿等の粉じんが飛散すること，または天井裏に吹き付けられた石綿等が損傷を受けることにより石綿等の粉じんが発散することがあるので，当該作業においても本条に基づき作業場所を隔離する必要があること。

(4)　石綿等の切断等を伴う吹付け石綿等の囲い込みの作業として，例えば，石綿が吹き付けられた天井に穴を開け，覆いを固定するためのボルトを取り付ける等の作業があること。

(5)　第1項第2号の作業には，保温材，耐火被覆材等が張り付けられた建材等を当該保温材，耐火被覆材等が使用されていない部分の切断等により除去する作業は含まれず，当該作業には第7条の規定が適用されるものであること。

(6)　同等以上の効果を有する措置（第1項ただし書関係）

第6条第1項ただし書の同等以上の効果を有する措置には，次に掲げる措置を全て満たしたグローブバック工法が含まれること。

　　(ア)　グローブバッグにより，吹き付けられた石綿等または石綿含有保温材等の除去作業を行おうとする箇所を覆い，密閉すること。

　　(イ)　除去作業を開始する前に，スモークテストまたはそれと同等の方法で密閉の状況を点検し，漏れがあった場合はふさぐこと。

　　(ウ)　吹き付けられた石綿等または石綿含有保温材等を除去する前に，これらの材料を湿潤な状態のものとすること。

　　(エ)　除去作業が終了した後，密閉を解く前に，吹き付けられた石綿等または石綿含有保温材等を除去した部分を湿潤化すること。

　　(オ)　除去作業が終了した後，グローブバッグを取り外すときは，あら

かじめ内部の空気をHEPAフィルタを通して抜くこと。

　㋑　グローブバッグから工具等を持ち出すときは，あらかじめ付着した物を除去し，または梱包すること。

(7)　第2項第1号の「それ以外の作業を行う作業場所から隔離する」とは，石綿等の除去等を行う作業場所をビニールシート等で覆うこと等により，石綿等の粉じんが他の作業場所に漏れないようにすることであること。

(8)　第2項第2号により設置する「ろ過集じん方式の集じん・排気装置」については，当該装置から排気される空気が清浄化されている必要があり，そのための有効な集じん方式としては，JIS Z 8122に定めるHEPAフィルタを付ける方法があること。また，作業の開始前その他必要なとき，装置が有効に稼働できる状態にあるか確認する必要があること。

(9)　集じん・排気装置は隔離された作業場所を十分換気できる能力のものを使用する必要があり，作業場所の気積によっては複数の集じん・排気装置を設置する必要があること。

(10)　第2項第3号の「前室」とは，隔離された作業場所の出入口に設けられる隔離された空間のことであること。「洗身室」とは，シャワー（エアーシャワーを含む。）等の身体に付着した石綿等を洗うための設備を備えた洗身を行うための室をいうこと。「更衣室」とは，更衣を行うための室をいい，汚染を拡げないため作業用の衣服等と通勤用の衣服等とを区別しておくことができるものであること。

(11)　第2項第3号の「これらの室の設置に当たっては，石綿等の除去等を行う作業場所から労働者が退出するときに，前室，洗身室及び更衣室をこれらの順に通過するように互いに連接させること」とは，作業場所から労働者が退出する際に，石綿等の粉じんが作業場所の外部へ持ち出されることを防ぐため，前室を経由し，洗身室において体に付着した石綿等を洗い，更衣室において更衣を行い退出する趣旨であること。

　なお，同号の趣旨を踏まえると，前室に洗身室および更衣室を連接させた場合でも，隔離措置を行った作業場所以外の場所で石綿等を取り扱う作

業を労働者が行っている場合は，当該労働者は，前室に連接した洗身室内の洗浄設備および更衣室を使用することは適切ではないため，当該労働者に使用させるために，第31条に基づく洗身設備および更衣設備は，前室に連接した洗身室および更衣室とは別に設ける必要があること。

⑿　第2項第4号の「前号の前室を負圧に保つ」とは，石綿等の除去等を行う作業場所に設置したろ過集じん方式の集じん・排気装置が適正に作動し，作業場所および前室の空気を排出することで負圧を保つことにより，隔離された作業場所の出入口から当該作業場所内部の空気が漏えいしていない状態をいい，前室にろ過集じん方式集じん・排気装置を設置することを求めるものではないことに留意すること。

なお，当該状態の確認に当たっては，集じん・排気装置を使用している状態で，当該作業場所の出入口においてスモークテスターを使用すること等の方法があること。

⒀　第2項第5号の「ろ過集じん方式の集じん・排気装置の排気口からの石綿等の粉じんの漏えいの有無を点検」に当たっては，作業開始後に排気口のダクト内部の空気を採気し，粉じんが検出されないこと，または作業開始前に集じん・排気装置を稼働させ，排気口のダクト内部の粉じん濃度が一定濃度まで下がって安定したことを確認のうえ，作業開始後に排気口のダクト内部の粉じん濃度が作業開始前と比較して上昇していないことを確認すること。

なお，例えば以下に掲げる場合のように，石綿等の粉じんの漏えいの懸念が生じた場合には，その都度，集じん・排気装置を通した石綿等の粉じんの漏えいの有無の点検を行うことが望ましいこと。

・集じん・排気装置は，作業中，極力動かさず，静置させるべきであるが，やむを得ず，当該装置を動かした場合
・労働者が集じん・排気装置にぶつかった場合
・1次フィルタまたは2次フィルタの交換時にHEPAフィルタがずれたおそれがある場合（HEPAフィルタは作業中に交換してはならないも

のであるから留意すること。)

　また，集じん・排気装置の設置時および1次フィルタまたは2次フィル
タの交換の都度，フィルタおよびパッキンが適切に取り付けられているこ
と等についても目視で確認すること。

　⑭　集じん・排気装置の点検（第2項第6号関係）

　集じん・排気装置について，設置後に足場が当たって接合部が外れた等
の理由により，石綿等の粉じんが隔離の外に漏れる事例が認められたこと
から，集じん・排気装置に変更を加えたときは，排気口からの石綿等の粉
じんの漏えいの有無を点検しなければならないこととしたこと。

　石綿等の粉じんの漏えいの有無の点検は，集じん・排気装置の排気口で，
粉じん相対濃度計（いわゆるデジタル粉じん計をいう。），繊維状粒子自動
測定機（いわゆるリアルタイムモニターをいう。）またはこれらと同様に
空気中の粉じん濃度を迅速に計測できるものを使用すること。

　⑮　負圧の点検（第2項第7号関係）

　作業の中断により作業者が前室から一斉に出たときに，負圧が維持され
なくなり，石綿等の粉じんが隔離の外に漏れる事例が認められたことから，
作業を中断したときは，前室が負圧に保たれていることを点検しなければ
ならないこととしたこと。作業が複数日にわたって行われる場合は，最終
日を除く日の作業が終了したときも，作業を中断したときに該当すること。
なお，点検のタイミングは，作業を中断して作業者の前室からの退出が完
了した時点で行う必要があること。

　負圧の点検は，集じん・排気装置を稼働させた状態で，前室への出入口
で，スモークテスターもしくは微差圧計（いわゆるマノメーターをい
う。）またはこれに類する方法により行うこと。

　⑯　第2項第7号の「その日の作業を開始する前」とは，1日の石綿等
の除去等の作業のうち最初に行うものの前の時点をいうものであること。

　なお，昼休み等で一旦作業を中止し，集じん・排気装置を停止させた場
合にも，次の作業を開始する前に負圧の点検を行うことが望ましいこと。

⒄　第2項第7号の「前室が負圧に保たれていることを点検」は，負圧であること，または外部から前室への空気の流れを確認すること。

⒅　第2項第8号の「ろ過集じん方式の集じん・排気装置の補修又は増設その他の必要な措置」の「その他必要な措置」には，フィルタの装着の不具合の修繕，集じん・排気装置の交換，集じん・排気装置の機能によりその吸気量を増やすこと，前室の出入口以外の空気の漏えい箇所の密閉等，異常の原因を改善するための措置が含まれ，それらの措置により異常が解消される必要があること。

また，同号の「前項各号に掲げる作業を中止」は，集じん・排気装置が正常に稼働し，排気口からの石綿等の漏えいがなく，前室が負圧に保たれる状態に復帰するまでの間，作業を中止することを求めるものであること。

なお，集じん・排気装置の排気口から石綿等の粉じんが漏えいしていることが確認された場合には，関係労働者にその旨を知らせるとともに，当該漏えいにより石綿等にばく露した労働者については，第35条第4項に基づく記録が必要となること。

⒆　隔離解除前の確認（第3項関係）

隔離を解いた後に，吹き付けられた石綿等または石綿含有保温材等の取り残しがある事例が認められたことから，石綿等に関する知識を有する者が，除去が完了したことを確認した後でなければ，隔離を解いてはならないこととしたこと。

石綿等に関する知識を有する者とは，第3条第4項に規定する厚生労働大臣が定める者（建築物に係る除去作業に限る。）または当該除去作業に係る石綿作業主任者であること。除去が完了したことの確認は目視によることとし，分析は必要ないこと。

⒇　第3項の「除去した部分を湿潤化する」とは，表面に皮膜を形成し粉じんの飛散を防止することができるような薬液等により行う必要があること。

（石綿含有成形品の除去に係る措置）

第6条の2　事業者は，成形された材料であって石綿等が使用されている
　　もの（石綿含有保温材等を除く。第3項において「石綿含有成形品」と
　　いう。）を建築物，工作物又は船舶から除去する作業においては，切断
　　等以外の方法により当該作業を実施しなければならない。ただし，切断
　　等以外の方法により当該作業を実施することが技術上困難なときは，こ
　　の限りでない。

②　事業者は，前項の作業の一部を請負人に請け負わせるときは，当該請
　　負人に対し，切断等以外の方法により当該作業を実施する必要がある旨
　　を周知させなければならない。ただし，同項ただし書の場合は，この限
　　りでない。

③　事業者は，第1項ただし書の場合において，石綿含有成形品のうち特
　　に石綿等の粉じんが発散しやすいものとして厚生労働大臣が定めるもの
　　を切断等の方法により除去する作業を行うときは，次に掲げる措置を講
　　じなければならない。ただし，当該措置（第1号及び第2号に掲げる措
　　置に限る。）と同等以上の効果を有する措置を講じたときは，第1号及
　　び第2号の措置については，この限りでない。

　1　当該作業を行う作業場所を，当該作業以外の作業を行う作業場所か
　　　らビニルシート等で隔離すること。

　2　当該作業中は，当該石綿含有成形品を常時湿潤な状態に保つこと。

　3　当該作業の一部を請負人に請け負わせるときは，当該請負人に対し，
　　　前二号に掲げる措置を講ずる必要がある旨を周知させること。

　　　　　　　　　　　　　　　　　　　　（根22－①，罰119－①）

【要　旨】

　石綿含有成形品の除去に係る措置として，成形された材料であって石綿
等が使用されているもの（石綿含有保温材等を除く。）を建築物，工作物
または船舶から除去する作業においては，切断等以外の方法により当該作
業を実施しなければならないことと，切断等による場合の措置を規定した
ものである。

　また，当該作業の一部を請負人に請け負わせるときは，当該請負人に対し，一定の作業方法により当該作業を行う必要がある旨を周知させなければならない。

【解　説】

　⑴　「石綿含有成形品」とは，成形された材料で石綿が使用されているものをいい，石綿含有保温材等は含まないものであること。

　⑵　切断等の方法による除去の原則禁止（第１項関係）

　一戸建て住宅等にも多く使用されている石綿を含有するスレートボードやけい酸カルシウム板第１種等の石綿含有成形品を，家屋の解体やリフォーム等を行う際に，十分に湿潤な状態のものとしないまま切断，破砕等の方法により除去し，石綿等の粉じんが飛散する事例が認められたことから，切断等以外の方法により除去することを原則としたこと。なお，切断等以外の方法とは，ボルトや釘等を撤去し，手作業で取り外すこと等をいうこと。

　⑶　切断等以外の方法による除去が困難な場合（第１項関係）

　切断等以外の方法により石綿含有成形品の除去作業を実施することが技術上困難なときには，当該材料が下地材等と接着材で固定されており，切断等を行わずに除去することが困難な場合や，当該材料が大きく切断等を行わずに手作業で取り外すことが困難な場合等が含まれること。

　⑷　事業者は，特定の危険有害業務または作業を行うときは，一定の作業方法による義務があるところ，当該業務または作業の一部を請負人に請け負わせるときは，当該請負人に対し，一定の作業方法により当該業務または作業を行う必要がある旨を周知させなければならないこととしたこと。

　⑸　周知の方法（第２項関係）

　事業者は，以下のいずれかの方法により周知させなければならないこと。なお，周知させる内容が複雑な場合等で㈔の口頭による周知が困難なときは，以下の㈠～㈢のいずれかの方法によること。

　㈠　常時作業場所の見やすい場所に掲示または備えつけることによる周

知
(イ)　書面を交付すること（請負契約時に書面で示すことも含む。）による周知
(ウ)　磁気テープ，磁気ディスクその他これらに準ずる物に記録し，かつ，各作業場所に当該記録の内容を常時確認できる機器を設置することによる周知
(エ)　口頭による周知
(6)　請負人等が講ずべき措置（第2項関係）
改正省令により設けられた事業者による周知は，請負人等に指揮命令を行うことができないことから周知させることとしたものであり，請負人等についても労働者と同等の保護措置が講じられるためには，事業者から必要な措置を周知された請負人等自身が，確実に当該措置を実施することが重要であること。
また，個人事業者が家族従事者を使用するときは，個人事業者は当該家族従事者に対して，必要な措置を確実に実施することが重要であること。
(7)　周知に係る事業者の義務の範囲（第2項関係）
改正省令により設けられた事業者による周知は，周知の内容を請負人等が理解したことの確認までを求めるものではないが，確実に必要な措置が伝わるように分かりやすく周知することが重要であること。その上で，請負人等が自らの判断で保護具を使用しない等，必要な措置を実施しなかった場合において，その実施しなかったことについての責任を当該事業者に求めるものではないこと。
(8)　厚生労働大臣が定める物を切断等の方法により除去する場合の措置（第3項関係）
(ア)　第1号に規定する「隔離」は，負圧に保つことを求めるものではないこと。
(イ)　第2号に規定する「常時湿潤な状態に保つ」とは，除去作業を行う前に表面に対する散水等により湿潤な状態にするだけでは切断等

に伴う石綿等の粉じんの発散抑制措置としては十分ではないことから，切断面等への散水等の措置を講じながら作業を行うことにより，湿潤な状態を保つことをいうこと。

（石綿含有仕上げ塗材の電動工具による除去に係る措置）
第6条の3　前条第3項の規定は，事業者が建築物，工作物又は船舶の壁，柱，天井等に用いられた石綿含有仕上げ塗材を電動工具を使用して除去する作業に労働者を従事させる場合及び当該作業の一部を請負人に請け負わせる場合について準用する。

（根22－①，罰119－①）

【要　旨】

　石綿含有仕上げ塗材の電動工具による除去に係る措置について第6条の2の規定を準用することを規定している。

【解　説】

　(1)　石綿含有仕上げ塗材とは，セメント，合成樹脂等の結合材，顔料，骨材等を主原料とし，主として建築物の内外の壁または天井を，吹付け，ローラー塗り，こて塗り等によって立体的な造形性を持つ模様に仕上げる材料としてJIS A 6909に定められている建築用仕上塗材のうち，石綿等が使用されているものをいうこと。

　(2)　石綿含有仕上げ塗材の除去等の作業を行う場合，吹付け工法により施工されているものは，吹き付けられた石綿等として，令和2年厚生労働省令第134号による改正前の旧石綿則第6条の規定の適用対象の作業とされるが，ローラー塗り工法等の吹付け工法以外の工法で施工されたものは，同条の適用対象とはされていなかった。しかし，施工の方法によって除去等の作業を行うときの石綿等の粉じんの発散の程度に違いはないこと，特定の電動工具を用いて石綿含有仕上げ塗材を除去する場合は飛散性が高いが，吹き付けられた石綿等や石綿含有保温材等を除去する場合ほど石綿等の粉じんは発散しないことから，施工の方法によらず，電動工具を用いて

石綿含有仕上げ塗材を除去するときは，ビニルシート等で隔離すること等の措置を義務付けたものであること。

(3)　「電動工具を使用して除去する作業」とは，ディスクグラインダーまたはディスクサンダーを用いて除去する作業をいい，高圧水洗工法，超音波ケレン工法等により除去する作業は含まれないこと。

(4)　石綿含有仕上げ塗材を電動工具を使用して除去する場合に必要となる「常時湿潤な状態に保つ」措置の方法として，剥離剤を使用する方法も含まれること。

（石綿等の切断等の作業を伴わない作業に係る措置）

第7条　事業者は，次に掲げる作業に労働者を従事させるときは，当該作業場所に当該作業に従事する労働者以外の者（第14条に規定する措置が講じられた者を除く。）が立ち入ることを禁止し，かつ，その旨を見やすい箇所に表示しなければならない。

　1　第5条第1項第1号に掲げる作業（石綿等の切断等の作業を伴うものを除き，囲い込みの作業に限る。）

　2　第5条第1項第2号に掲げる作業（石綿含有保温材等の切断等の作業を伴うものを除き，除去又は囲い込みの作業に限る。）

（根22－①，罰119－①）

②　特定元方事業者（法第15条第1項の特定元方事業者をいう。）は，その労働者及び関係請負人（法第15条第1項の関係請負人をいう。以下この項において同じ。）の労働者の作業が，前項各号に掲げる作業と同一の場所で行われるときは，当該作業の開始前までに，関係請負人に当該作業の実施について通知するとともに，作業の時間帯の調整等必要な措置を講じなければならない。 （根30，罰120－①）

【要　旨】

解体等対象建築物等に吹き付けられている石綿等，石綿等が使用されている保温材，耐火被覆材の除去，封じ込めまたは囲い込みの作業について，当該作業場所に当該作業に従事する労働者以外の者の立入りを原則として禁止し，およびその旨の表示をしなければならないことを規定したもので

ある。

　また，特定元方事業者は，その労働者および関係請負人の労働者の作業が，保温材等の除去作業と同一の場所で行われるときは，当該保温材等の除去作業の開始前までに，関係請負人に当該作業の実施について通知するとともに，作業の時間帯の調整等必要な措置を講じなければならないことを規定したものである。

【解　説】

　(1)　立入禁止の対象となる作業場所とは，作業場内において当該作業が行われている個々の作業場所をいうものであり，必ずしも壁，天井等により区画される区域までをいうものではないこと。

　(2)　保護具等を使用した者は立入禁止の対象としていないが，みだりに当該作業場所で他の作業を行うべきではないこと。

　(3)　石綿等の切断等を伴わない吹付け石綿等の囲い込みの作業として，例えば，石綿が吹き付けられた壁，天井等に覆いを設ける場合において，当該壁，天井等に穴を開けることなく当該覆いを固定する作業があること。

（発注者の責務等）

第8条　解体等の作業を行う仕事の発注者（注文者のうち，その仕事を他の者から請け負わないで注文している者をいう。次項及び第35条の2第2項において同じ。）は，当該仕事の請負人に対し，当該仕事に係る解体等対象建築物等における石綿等の使用状況等を通知するよう努めなければならない。

②　解体等の作業を行う仕事の発注者は，当該仕事の請負人による事前調査等及び第35条の2第1項の規定による記録の作成が適切に行われるように配慮しなければならない。

【要　旨】

　解体等の作業を行う仕事の発注者は，当該仕事の請負人に対し，解体等対象建築物等における石綿等の使用状況等を通知するよう，また，請負人による事前調査等，石綿使用建築物等解体等作業の記録の作成が適切に行

われるよう配慮しなければならないことを規定したものである。

【解　説】

(1)　「発注者」とは，建築物，工作物または船舶の所有者，管理者等で，当該建築物，工作物または船舶の解体等の作業を行う仕事を他の者から請け負わないで注文している者をいうこと。

(2)　本条は，発注者が石綿等の使用の状況等に係る情報を有している場合に通知するよう努めなければならないものであり，情報を有していない場合まで通知を求める趣旨ではないこと。

(3)　建築物の譲渡，提供等の契約において第3条第1項の作業を行わせることが前提とされている場合には，当該作業を行わせることとなる者は当該契約の態様にかかわらず「発注者」に該当し，第8条および第9条の規定が適用されること。

(4)　第3条第3項各号の規定により，事前調査の方法として，過去に行われた事前調査に相当する調査の結果の記録を確認する方法，有害物質一覧表を確認する方法等，発注者が所持していると考えられる情報に基づいて事前調査を行うことが可能となったことから，これらの方法による事前調査が適切に行われるよう，発注者は所持する情報を事前調査を実施する事業者に提供すること等の配慮をしなければならないこととしたこと。

(5)　第35条の2第1項の規定により，事業者は，作業計画に従って石綿使用建築物等解体等作業を行わせたことについて，写真等により記録を作成することが義務付けられたが，写真等の撮影を行うときは，当該石綿使用建築物等を管理する発注者の許可や協力が必要となる場合が考えられることから，写真等による記録の作成が適切に行われるよう，発注者は配慮しなければならないこととしたこと。

（建築物の解体等の作業等の条件）

第9条　解体等の作業を行う仕事の注文者は，事前調査等，当該事前調査等の結果を踏まえた当該作業等の方法，費用又は工期等について，法及

> びこれに基づく命令の規定の遵守を妨げるおそれのある条件を付さない
> ように配慮しなければならない。

【要　旨】

　建築物の解体等の作業を行う仕事の注文者は，事前調査等，当該事前調査等の結果を踏まえた作業等の方法，費用，工期等について，労働安全衛生法およびこれに基づく命令の規定の遵守を妨げるおそれのある条件を付さないよう配慮しなければならないことを規定したものである。

【解　説】

　解体等の作業においては，石綿等の使用の有無を調査する前に施工も含めた工事の注文がなされ，その後に工事を受注した事業者が事前調査等を行った結果石綿等の使用が明らかになった場合においても，注文者が契約金額等の変更をせず，その結果工事費用を受注金額内に収めるために工事を施工する事業者が必要な石綿ばく露防止対策を講じないといった事例が認められたことから，注文者に対して，事前調査等の結果を踏まえて作業等の方法，費用または工期等について，法およびこれに基づく命令の規定の遵守を妨げるおそれのある条件を付さないよう配慮しなければならないことを明確化したものであること。

第2節　労働者が石綿等の粉じんにばく露するおそれがある建築物等における業務に係る措置

　本節は，建築物等に吹き付けられた石綿等または張り付けられた保温材，耐火被覆材等の適切な管理に係る事業者および建築物貸与者の講ずべき措置について規定したものである。

第10条　事業者は，その労働者を就業させる建築物若しくは船舶又は当該建築物若しくは船舶に設置された工作物（次項及び第5項に規定するものを除く。）に吹き付けられた石綿等又は張り付けられた石綿含有保温材等が損傷，劣化等により石綿等の粉じんを発散させ，及び労働者がその粉じんにばく露するおそれがあるときは，当該吹き付けられた石綿等又は石綿含有保温材等の除去，封じ込め，囲い込み等の措置を講じなければならない。　　　　　　　　　　　　　　　（根22－①，罰119－①）

②　事業者は，その労働者を臨時に就業させる建築物若しくは船舶又は当該建築物若しくは船舶に設置された工作物（第5項に規定するものを除く。）に吹き付けられた石綿等又は張り付けられた石綿含有保温材等が損傷，劣化等により石綿等の粉じんを発散させ，及び労働者がその粉じんにばく露するおそれがあるときは，労働者に呼吸用保護具及び作業衣又は保護衣を使用させなければならない。

③　事業者は，前項のおそれがある場所における作業の一部を請負人に請け負わせる場合であって，当該請負人が当該場所で臨時に就業するときは，当該請負人に対し，呼吸用保護具及び作業衣又は保護衣を使用する必要がある旨を周知させなければならない。

　　　　　　　　　　　　　　　　　　　　（根22－①，罰119－①）

④　労働者は，事業者から第2項の保護具等の使用を命じられたときは，これを使用しなければならない。　　　　　　　（根26，罰120－①）

⑤　法第34条の建築物貸与者は，当該建築物の貸与を受けた二以上の事業者が共用する廊下の壁等に吹き付けられた石綿等又は張り付けられた石綿含有保温材等が損傷，劣化等により石綿等の粉じんを発散させ，及び労働者がその粉じんにばく露するおそれがあるときは，第1項に規定する措置を講じなければならない。　　　　　　　　（根34，罰119－①）

【要　旨】

　労働者を就業させる建築物または船舶に吹き付けられた石綿等または張り付けられた石綿含有保温材等が損傷，劣化等によりその粉じんを発散させ，労働者がその粉じんにばく露するおそれがあるときは，当該石綿等の除去，封じ込め，囲い込み等の措置を講じなければならないこと，また，建築物貸与者についても，建築物の共用部分について同様の措置を講じなければならないことを規定したものである。また，労働者を臨時に就業させる場合には，当該労働者に呼吸用保護具および保護衣または作業衣を使用させ，労働者は当該保護具等の使用を命じられたときはこれを使用しなければならないことを規定したものである。

【解　説】

　(1)　「吹き付けられた石綿等」には，天井裏等通常労働者が立ち入らない場所に吹き付けられた石綿等で，建材等で隔離されているものは含まないものであること。

　(2)　「張り付けられた石綿含有保温材等」には，天井裏等通常労働者が立ち入らない場所に張り付けられた石綿含有保温材等で，石綿等を含有しない建材等で隔離されているものは含まないものであること。

　(3)　損傷等によりその粉じんを発散させている石綿含有保温材等の囲い込みの作業は，石綿等の切断，穿孔，研磨等を伴わない場合であっても，石綿等の粉じんに労働者がばく露するおそれがあることから，石綿等を取り扱う作業に該当するものとして石綿則の規定の適用をうけるものであること。

　(4)　第１項の「除去」とは，吹き付けられた石綿等を全て除去して，他の石綿を含有しない建材等に代替する方法をいうこと。この方法は吹き付けられた石綿等からの粉じんの発散を防止するための方法として，もっとも効果的なものであり，損傷，劣化の程度の高いもの（脱落・繊維の垂れ下がりが多いもの等），基層材との接着力が低下しているもの（吹付け層が浮き上がっているもの等），振動や漏水のあるところに使われているも

の等については，この方法によることが望ましいこと。

　⑸　第1項の「封じ込め」とは，吹き付けられた石綿等の表面に固化剤を吹き付けることにより塗膜を形成すること，または吹き付けられた石綿等の内部に固化剤を浸透させ，石綿繊維の結合力を強化することにより吹き付けられた石綿等からの発じんを防止する方法をいうこと。

　⑹　第1項の「囲い込み」とは，石綿等が吹き付けられているまたは張り付けられた石綿含有保温材等を使用した天井，壁等を石綿を含有しない建材で覆うことにより，石綿等の粉じんを室内等に発散させないようにする方法をいうこと。

　⑺　「除去」以外の措置を講じた場合には，その施工記録等の情報を設計図書等とあわせて保存することが望ましいこと。

　⑻　第2項の「その労働者を臨時に就業させる」とは，当該建築物または船舶において通常労働者が立ち入らない場所における臨時の作業に従事させることをいい，例えば，天井裏，エレベーターの昇降路等における設備の点検，補修等の作業，掃除の作業等があること。

　⑼　呼吸用保護具は，当該建築物または船舶の吹付けられた石綿等の状況に応じて有効なものを選択すること。

　⑽　第6条により措置される隔離空間の内部等，石綿粉じんの発生量が多い作業場所で使用すべき保護衣は，「『建築物等の解体等の作業及び労働者が石綿等にばく露するおそれがある建築物等における業務での労働者の石綿ばく露防止に関する技術上の指針』に基づく石綿飛散漏洩防止対策徹底マニュアル」において示している，日本産業規格JIS T 8115の浮遊固体粉じん防護用密閉服（タイプ5）同等品以上のものであること。

　⑾　作業衣は，粉じんが付着しにくいものとすること。

　⑿　石綿等が吹き付けられていることが明らかとなった場合には，吹き付けられた石綿等の損傷，劣化等により石綿等の粉じんにばく露するおそれがある旨を労働者に対し情報提供することが望ましいこと。

　⒀　第3項は，事業者は，特定の危険有害業務または作業を行うときは，

当該業務または作業に従事する労働者に必要な保護具を使用させる義務が
あるところ，当該業務または作業の一部を請負人に請け負わせるときは，
当該請負人に対し，必要な保護具を使用する必要がある旨を周知させなけ
ればならないこととした。

(14) 事業者は，請負人ほか労働者以外の者に対して保護具の使用に係る
周知を行う際には，当該者が適切な保護具を選択できるよう，労働者に使
用させる保護具の種類や性能等について情報提供することが望ましいこと。

第3節　石綿等を取り扱う業務に係るその他の措置

　本節は，石綿等の取扱いに係る第1節および第2節以外の措置，すなわち，局所排気装置等の設備の設置，石綿等の切断等の作業における湿潤化および保護具の使用，関係者以外の立入り禁止を規定したものである。

第11条　削除

（作業に係る設備等）

第12条　事業者は，石綿等の粉じんが発散する屋内作業場については，当該粉じんの発散源を密閉する設備，局所排気装置又はプッシュプル型換気装置を設けなければならない。ただし，当該粉じんの発散源を密閉する設備，局所排気装置若しくはプッシュプル型換気装置の設置が著しく困難なとき，又は臨時の作業を行うときは，この限りでない。

②　事業者は，前項ただし書の規定により石綿等の粉じんの発散源を密閉する設備，局所排気装置又はプッシュプル型換気装置を設けない場合には，全体換気装置を設け，又は当該石綿等を湿潤な状態にする等労働者の健康障害を予防するため必要な措置を講じなければならない。

（根22−①，罰119−①）

【要　旨】

　第1項は，屋内作業場の一定した箇所から，石綿等の粉じんが発散する場合に，その粉じんによる作業場内の空気の汚染および健康障害を防止するため，その発散源を密閉する設備，局所排気装置またはプッシュプル型換気装置を設置すべきことを規定したものであり，第2項は第1項ただし書に相当する場合における全体換気装置の設置その他必要な措置を規定したものである。

【解　説】

　(1)　本規則において，「屋内作業場」には，作業場の建家の側面の半分以上にわたって壁，羽目板，その他のしゃ蔽物が設けられておらず，かつ

粉じんがその内部に滞留するおそれがない作業場は含まれないこと。

(2)　第1項の「設置が著しく困難なとき」には，種々の場所に短期間ずつ出張して行う作業の場合または発散源が一定していないために技術的に設置が困難な場合があること。

(3)　第1項の「臨時の作業」とは，その事業において通常行っている作業のほかに一時的必要に応じて行う作業をいうこと。

したがって，一般的には，作業時間が短時間の場合が少なくないが，必ずしもそのような場合のみに限られる趣旨ではないこと。

(4)　第2項の「湿潤な状態にする等」の「等」には，短期間出張して行う作業または臨時の作業を行う場合における適切な保護具の使用が含まれること。

（石綿等の切断等の作業等に係る措置）

第13条　事業者は，次の各号のいずれかに掲げる作業に労働者を従事させるときは，石綿等を湿潤な状態のものとしなければならない。ただし，石綿等を湿潤な状態のものとすることが著しく困難なときは，除じん性能を有する電動工具の使用その他の石綿等の粉じんの発散を防止する措置を講ずるように努めなければならない。

　1　石綿等の切断等の作業（第6条の2第3項に規定する作業を除く。）

　2　石綿等を塗布し，注入し，又は張り付けた物の解体等の作業（石綿使用建築物等解体等作業を含み，第6条の3に規定する作業を除く。）

　3　粉状の石綿等を容器に入れ，又は容器から取り出す作業

　4　粉状の石綿等を混合する作業

　5　前各号に掲げる作業，第6条の2第3項に規定する作業又は第6条の3に規定する作業（以下「石綿等の切断等の作業等」という。）において発散した石綿等の粉じんの掃除の作業

②　事業者は，石綿等の切断等の作業等を行う場所に，石綿等の切りくず等を入れるためのふたのある容器を備えなければならない。

③　事業者は，第1項各号のいずれかに掲げる作業の一部を請負人に請け負わせるときは，当該請負人に対し，石綿等を湿潤な状態のものとする

必要がある旨を周知させなければならない。ただし，同項ただし書の場合は，除じん性能を有する電動工具の使用その他の石綿等の粉じんの発散を防止する措置を講ずるように努めなければならない旨を周知させなければならない。

（根22－①，罰119－①）

【要　旨】

　本条は，屋内，屋外の作業場を問わず第1項第1号から第5号までに規定する作業を行う場合には，石綿等の粉じんの発散を防止するため，原則として湿潤な状態にしなければならないこと，またそれが困難なときの措置を規定したものである。

【解　説】

　(1)　第1項の湿潤な状態のものとする方法には，散水による方法，封じ込めの作業において固化剤を吹き付ける方法のほか，除去の作業において剥離剤を使用する方法も含まれること。なお，「湿潤な状態のものとする」とは，作業前に散水等により対象となる材料を一度湿潤な状態にすることだけではなく，切断面等への散水等の措置を講じながら作業を行うことにより，湿潤な状態を保つことをいうこと。

　(2)　第1項の「著しく困難なとき」には，湿潤な状態とすることによって石綿等の有用性が著しく損なわれるとき，掃除の作業において床の状況等により湿潤な状態とすることによってかえって掃除することが困難となるおそれのあるときおよび吹付け石綿等の囲い込みの作業において，吹き付けられた石綿等の状態等により湿潤な状態とすることによって，かえって石綿等の粉じんが発散するおそれがあるときが含まれるものであること。

　(3)　第1項ただし書の措置は，石綿等の粉じんの発散を抑制するための方法として，石綿等を湿潤な状態のものとすること以外に，除じん性能を有する電動工具を用いる方法も一定の発散抑制効果があることが確認されていることから，石綿等を湿潤な状態のものとすることが著しく困難なと

きは，除じん性能を有する電動工具の使用その他の石綿等の粉じんの発散を防止する措置を講ずるよう努めなければならないこととしたこと。

　除じん性能を有する電動工具の使用以外の石綿等の粉じんの発散を防止する措置には，作業場所を隔離することが含まれること。

　⑷　第1項第3号および第4号の「粉状の石綿等」には，繊維状の石綿等が含まれ，樹脂等で塊状，布状等に加工され発じんのおそれのないものは含まれないものであること。

　⑸　第2項は，石綿等の切りくず等を放置することにより，切りくず等から石綿等の粉じんが発生することを防止するため，ふたのある容器を備えなければならないこととしたものであること。

　⑹　事業者は，特定の危険有害業務または作業を行うときは，一定の作業方法による義務があるところ，当該業務または作業の一部を請負人に請け負わせるときは，当該請負人に対し，一定の作業方法により当該業務または作業を行う必要がある旨を周知させなければならないこととしたこと。

第14条　事業者は，石綿等の切断等の作業等に労働者を従事させるときは，当該労働者に呼吸用保護具（第6条第2項第1号の規定により隔離を行った作業場所における同条第1項第1号に掲げる作業（除去の作業に限る。次項及び第35条の2第2項において「吹付石綿等除去作業」という。）に労働者を従事させるときは，電動ファン付き呼吸用保護具〈編注：令和5年10月1日から「電動ファン付き呼吸用保護具」は，「防じん機能を有する電動ファン付き呼吸用保護具若しくは防毒機能を有する電動ファン付き呼吸用保護具であつて防じん機能を有するもの」となる。〉又はこれと同等以上の性能を有する空気呼吸器，酸素呼吸器若しくは送気マスク（次項及び第35条の2第2項において「電動ファン付き呼吸用保護具等」という。）に限る。）を使用させなければならない。

　　　　　　　　　　　　　　　　　　　（根22－①，罰119－①）

　②　事業者は，石綿等の切断等の作業等の一部を請負人に請け負わせるときは，当該請負人に対し，呼吸用保護具（吹付石綿等除去作業の一部を請負人に請け負わせるときは，電動ファン付き呼吸用保護具等に限

　る。）を使用する必要がある旨を周知させなければならない。

③　事業者は，石綿等の切断等の作業等に労働者を従事させるときは，当
　該労働者に作業衣を使用させなければならない。ただし，当該労働者に
　保護衣を使用させるときは，この限りでない。（根22－①，罰119－①）

④　事業者は，石綿等の切断等の作業等の一部を請負人に請け負わせると
　きは，当該請負人に対し，作業衣または保護衣を使用する必要がある旨
　を周知させなければならない。

⑤　労働者は，事業者から第1項及び第3項の保護具等の使用を命じられ
　たときは，これを使用しなければならない。　　　　（根26，罰120－①）

【要　旨】

　第13条第1項各号の作業はいずれも石綿等の粉じんの発生量が多いもの
であることから，労働者のばく露防止の徹底を図るため，同条の措置に加
えて，呼吸用保護具，作業衣等の使用を義務付けるものである。

【解　説】

　(1)　第1項の「同条第1項第1号に掲げる作業」とは，吹き付けられた
石綿等を除去する作業に伴う一連の作業をいい，例えば，隔離された作業
場所における，除去した石綿等を袋等に入れる作業，現場監督に係る作業
等についても含まれるものであること。

　なお，これらの作業を行うため事前に行う作業（足場の設置の作業等）
等については含まないものであること。

　(2)　呼吸用保護具は作業に応じて有効なものを選択すること。

　(3)　「電動ファン付き呼吸用保護具」とは，「電動ファン付き呼吸用保
護具の規格」（平成26年厚生労働省告示第455号。）に適合するもののうち，
規格で定める電動ファンの性能区分が大風量形であり，漏れ率が0.1％以
下（規格で定める漏れ率に係る性能区分がS級）であり，かつ，ろ過材の
粒子捕集効率が99.97％以上（規格で定めるろ過材の性能区分がPS3または
PL3）であるものをいうこと。

　なお，令和5年10月1日から令和5年政令第69号の公布前に発せられた

関係通達においては,「電動ファン付き呼吸用保護具」と規定されている
ものは,「防じん機能を有する電動ファン付き呼吸用保護具」と読み替え
る。

　(4)　「空気呼吸器」とは日本産業規格JIS T 8155に定める規格に適合す
る空気呼吸器またはこれと同等以上の性能を有する空気呼吸器をいい, 酸
素呼吸器とは日本産業規格JIS M 7601もしくは日本産業規格JIS T 8156に
定める規格に適合する酸素呼吸器またはこれらと同等以上の性能を有する
酸素呼吸器, 送気マスクとは日本産業規格JIS T 8153に定める規格に適合
する送気マスクまたはこれと同等以上の性能を有する送気マスクをいい,
これらのうち, 電動ファン付き呼吸用保護具と同等以上の性能を有するも
のとして, 例えば, プレッシャデマンド形や一定流量形のエアラインマス
ク等があること。

　(5)　第2項および第4項について, 事業者は, 特定の危険有害業務又は
作業を行うときは, 当該業務又は作業に従事する労働者に必要な保護具を
使用させる義務があるところ, 当該業務又は作業の一部を請負人に請け負
わせるときは, 当該請負人に対し, 必要な保護具を使用する必要がある旨
を周知させなければならないこととしたこと。

　(6)　作業衣は粉じんの付着しにくいものとすること。

　(7)　第6条により措置される隔離空間の内部など石綿粉じんの発生量が
多い作業場所で使用すべき保護衣は, 日本産業規格JIS T 8115 の浮遊固
体粉じん防護用密閉服（タイプ5）同等品以上のものであること。

（立入禁止措置）
　第15条　事業者は, 石綿等を取り扱い（試験研究のため使用する場合を含
　　む。以下同じ。）, 若しくは試験研究のため製造する作業場又は石綿分析
　　用試料等を製造する作業場には, 当該作業場において作業に従事する者
　　以外の者が立ち入ることについて, 禁止する旨を見やすい箇所に表示す
　　ることその他の方法により禁止するとともに, 表示以外の方法により禁
　　止したときは, 当該作業場が立入禁止である旨を見やすい箇所に表示し

なければならない。

（根22－①，罰119－①）

【要　旨】

　(1)　本条は，石綿等の製造または取扱いを行う作業について，当該作業場において作業に従事する者以外の者がみだりに立ち入らないよう措置し，その旨を表示すべきことを規定したものである。

　(2)　事業者は，特定の危険有害な環境にある場所，特定の危険有害な物を取り扱う場所又は特定の危険有害な物が発生するおそれがある場所には，必要がある労働者を除き，労働者が立ち入ることを禁止し，その旨を見やすい箇所に表示する義務があるところ，請負関係の有無に関わらず，労働者以外の者も含めて，必要がある者を除き，当該場所で作業に従事する者が立ち入ることを禁止し，その旨を見やすい箇所に表示しなければならないこととしたこと。

【解　説】

　(1)　措置義務の対象に含まれる者の範囲

　改正省令（令和 4 年厚生労働省令第82号）により，新たに立入禁止，退避等の措置対象に追加された特定の場所において作業に従事する者とは，作業の内容如何に関わらず，その場所で何らかの作業（危険有害な作業に限らず，現場監督，記録のための写真撮影，荷物の搬入等も含まれる。）に従事する者をいい，次に掲げる者が含まれること。

　　①　当該場所で何らかの作業に従事する他社の社長や労働者

　　②　当該場所で何らかの作業に従事する一人親方

　　③　当該場所で何らかの作業に従事する一人親方の家族従事者

　　④　当該場所に荷物等を搬入する者

　(2)　立入り，喫煙等の禁止の方法

　立入りまたは喫煙および飲食の禁止を表示で行う場合は，対象となる全ての者に確実にその旨が伝わることが重要であることから，見やすい箇所

に分かりやすく表示する必要があること。

　立入り等の禁止の方法のうち，表示以外の方法としては，ロープ，柵等で入れないようにする方法，出入口を施錠する方法などがあること。

　(3)　立入り，喫煙等の禁止，退避等の措置に係る事業者の義務の範囲

　事業者が，表示その他の方法で立入りまたは喫煙および飲食を禁止している場所について，作業に従事する者が当該表示を無視して，当該場所に立ち入った場合や当該場所で喫煙または飲食した場合において，その立入りや喫煙等についての責任を当該事業者に求めるものではないこと。

　また，労働者以外の者に対して事業者が退避を求めたにも関わらず，当該者が退避しなかった場合において，その退避しなかったことについての責任を事業者に求めるものではないこと。

　(4)　同一場所に措置義務がかかる事業者が複数いる場合の取扱い

　危険有害業務または作業を複数の事業者が共同で行っている場合等，同一場所について立入りまたは喫煙および飲食の禁止を行う義務が複数の事業者にかかっているときは，立入り等の禁止の表示を事業者ごとに複数行う必要はなく，当該複数の事業者が共同で表示を行っても差し支えないこと。

第3章　設備の性能等

　本章は，局所排気装置等の構造上の要件，能力および稼働要件ならびに除じん装置の要件を規定したものである。

（局所排気装置等の要件）

第16条　事業者は，第12条第1項の規定により設ける局所排気装置については，次に定めるところに適合するものとしなければならない。

　1　フードは，石綿等の粉じんの発散源ごとに設けられ，かつ，外付け式又はレシーバー式のフードにあっては，当該発散源にできるだけ近い位置に設けられていること。

　2　ダクトは，長さができるだけ短く，ベンドの数ができるだけ少なく，かつ，適当な箇所に掃除口が設けられている等掃除しやすい構造のものであること。

　3　排気口は，屋外に設けられていること。ただし，石綿の分析の作業に労働者を従事させる場合において，排気口からの石綿等の粉じんの排出を防止するための措置を講じたときは，この限りでない。

　4　厚生労働大臣が定める性能を有するものであること。

②　事業者は，第12条第1項の規定により設けるプッシュプル型換気装置については，次に定めるところに適合するものとしなければならない。

　1　ダクトは，長さができるだけ短く，ベンドの数ができるだけ少なく，かつ，適当な箇所に掃除口が設けられている等掃除しやすい構造のものであること。

　2　排気口は，屋外に設けられていること。ただし，石綿の分析の作業に労働者を従事させる場合において，排気口からの石綿等の粉じんの排出を防止するための措置を講じたときは，この限りでない。

　3　厚生労働大臣が定める要件を具備するものであること。

(根22−①，罰119−①)

【要　旨】

　本条は，第12条第１項の規定により設ける局所排気装置またはプッシュ
プル型換気装置に関し，有効な稼働効果を確保するための構造上の要件お
よび能力について規定したものである。

【解　説】

　⑴　第１項第１号は，局所排気装置のフードが適切な位置に設けられて
いないためにその効果がしばしば低下することがあるので，その効果を期
するために必要なフードの設置位置について規定したものであること。

　⑵　第１項第１号の「発散源にできるだけ近い位置に設けられている」
とは，局所排気装置の吸引効果は，フード開口面と発散源との間の距離の
２乗に比例して低下することから，フードが十分に機能するようフード開
口面を発散源に近づけることをいうこと。

　⑶　第１項第１号の「外付け式フード」とは，フード開口部が発散源か
ら離れている方式のフードをいうこと。

　⑷　第１項第１号の「レシーバー式フード」とは，外付け式フードと類
似しているが，発散源からの熱上昇気流等による一定方向への気流に対し
て開口部がその気流を受ける方向にあるものをいうこと。

　⑸　第１項第２号および第２項第１号は，局所排気装置またはプッシュ
プル型換気装置のダクトの配置が不良のために，ダクトが長くなりすぎた
り，ベンドが多くなったりして圧力損失（抵抗）が増大し，その結果，よ
り大きな能力のファンが必要となること，または稼働中に粉じんが堆積し
て著しく局所排気装置もしくはプッシュプル型換気装置の能力が低下する
ことがしばしばあるので，装置の効果を期するために必要なダクトの構造
について規定したものであること。

　⑹　第１項第２号および第２項第１号の「適当な箇所」としては，ベン
ドの部分または粉じんが堆積しやすい箇所があること。

　⑺　第１項第２号および第２項第１号の「掃除口が設けられている等」
の「等」には，ダクトを差込み式にして容易に取り外しすることができる

構造にすることが含まれること。

⑻　第1項第3号および第2項第2号は，局所排気装置またはプッシュプル型換気装置からの汚染空気が作業場内に排出されることを防ぐために規定したものであること。

⑼　第1項第3号および第2項第2号の「石綿の分析の作業」とは，石綿の分析に際して行う，秤量，顕微鏡観察，試料調整や粉砕の作業が挙げられること。

なお，石綿小体に係る病理検査やプレパラートを顕微鏡観察する作業等，石綿粉じんが発散しない作業については第12条の適用がないこと。

⑽　第1項第3号および第2項第2号の「排気口」には，第18条により除じんした後の排気を排出する排気口が含まれること。

⑾　第1項第3号および第2項第2号の「排気口からの石綿等の粉じんの排出を防止するための措置」とは，国が専門家を参集して行った「化学物質による労働者の健康障害防止措置に係る検討会」における検討結果を受け，次の㋐および㋑のいずれも満たすものとして取り扱うこと。

　㋐　除じん装置は，ろ過方式とし，HEPAフィルタ等，捕集効率が99.97%以上のろ過材を使用すること

　㋑　正常に除じんできていることを確認するため次の全ての措置を講じること

　・局所排気装置等の設置時・移転時やフィルタの交換時には，除じん装置が適切に粉じんを捕集することを確認すること。確認の方法としては，例えば，①微粒子計測器（いわゆるパーティクルカウンター）により排気の粒子濃度を室内のバックグラウンドと比較すること，または②スモークテスターをたいて排気口で粉じんが検出されないことを粉じん相対濃度計（いわゆるデジタル粉じん計）もしくは微粒子計測器により確認することが挙げられること。

　・除じん装置を1月以内ごとに1回点検すること。点検の主な内容としては，除じん装置の主要部分の損傷，脱落，異常音等の異常の有無，

　　除じん効果の確認等があること。除じん効果の確認方法については，
　　上記の設置時等における粉じんの捕集の確認方法があること。
・石綿分析作業中に，除じん装置の排気口において，半年以内ごとに1
　回，総繊維数濃度の測定を行い，排気口において総繊維数濃度が管理
　濃度の10分の1を上回らないことを確認すること。その際，測定は，
　ろ過捕集方式および計数方法によること。なお，繊維数の計数は技術
　等を要するため，十分な経験および必要な能力を有する者が行うこと
　が望ましいこと。
・これらの確認・点検で問題が認められた場合は，直ちに補修・フィル
　タの交換等の必要な改善措置を講じること。
⑿　第1項第4号は，局所排気装置の具備すべき能力について定めたも
のであるが，局所排気装置が，そのフードの周囲の所定位置において石綿
等の粉じんの濃度を一作業直の時間中に平均して，常態として，それぞれ
厚生労働大臣が定める値（抑制濃度）を超えないようにすることのできる
能力のものであるべきことを規定したものであること。
　なお，この厚生労働大臣が定める性能は，石綿障害予防規則第16条第1
項第4号の厚生労働大臣が定める性能（平成17年厚生労働省告示第129
号）（p322参照）で定めるものであること。
⒀　第2項第3号は，石綿障害予防規則第16条第2項第3号の厚生労働
大臣が定める要件（平成17年厚生労働省告示第130号）（p323参照）によ
りプッシュプル型換気装置の具備すべき能力について定めたものであるこ
と。

（局所排気装置等の稼働）
第17条　事業者は，第12条第1項の規定により設ける局所排気装置又は
　プッシュプル型換気装置については，労働者が石綿等に係る作業に従事
　する間，厚生労働大臣が定める要件を満たすように稼働させなければな
　らない。
②　事業者は，前項の作業の一部を請負人に請け負わせるときは，当該請

負人が当該作業に従事する間（労働者が当該作業に従事するときを除く。），同項の局所排気装置又はプッシュプル型換気装置を同項の厚生労働大臣が定める要件を満たすように稼働させること等について配慮しなければならない。

③　事業者は，前二項の局所排気装置又はプッシュプル型換気装置の稼働時においては，バッフルを設けて換気を妨害する気流を排除する等当該装置を有効に稼働させるため必要な措置を講じなければならない。

(根22－①，罰119－①)

【要　旨】

第 1 項は，第12条第 1 項の規定により設置した局所排気装置またはプッシュプル型換気装置について，石綿等の製造または取扱いの作業に労働者が従事している間，厚生労働大臣が定める要件を満たすように稼働させるべきことを規定したものである。

第 2 項は，事業者は，前項の作業の一部を請負人に請け負わせる場合において，当該請負人のみが業務または作業を行うときは，これらの設備を厚生労働大臣が定める要件を満たすように稼働させること等について配慮しなければならないこととしたこと。

第 3 項は，局所排気装置またはプッシュプル型換気装置の構造および能力が適切であっても，例えば窓を開放したり，換気扇を近接させたりすることによる気流の乱れによりフードの吸い込みを悪くし，その結果，装置の効果を低下させることがあるので，このような周囲の環境変化による悪影響を防止するための必要な措置を規定したものである。

【解　説】

(1)　第 1 項の「厚生労働大臣が定める要件」は，石綿障害予防規則第17条第 1 項の厚生労働大臣が定める要件（平成17年厚生労働省告示第131号）（p327参照）で定めるものであること。

(2)　第 2 項は，局所排気装置といった設備等の稼働等については，業務または作業の一部を請負人に請け負わせた場合において，基本的には労働

者と当該請負人が当該業務または作業に従事することとなるが，労働者が
一時的にまたは一定の日等において当該業務または作業に従事せず，当該
請負人のみが従事する場合も想定される。この場合に，必ずしも事業者が
設備等の稼働等の措置を行わず，請負人に対して設備等の使用等を許可す
る（請負人自身において稼働させる）こと等の他の手段も考えられること
から，事業者に対する直接的な措置義務とせず，配慮義務としたものであ
ること。

　なお，当該配慮義務は，何らかの手段で，労働者と同等の保護措置が図
られるよう便宜を図る等の義務が事業者に課されているものであること。

　⑶　第2項の「稼働させること等について配慮しなければならない」と
いう規定の配慮義務には，事業者が設備を稼働させることのほか，請負人
に対し，請負人が当該設備を稼働させることを許可すること，請負人に対
し当該設備の稼働について助言すること等が含まれること。

　⑷　第3項の「バッフル」とは，邪魔板ともいい，発散源付近の吸込み
気流を外部の気流等からの影響から遮断するため設ける衝立等をいうこと。

　⑸　第3項の「換気を妨害する気流を排除する等」の「等」には，風向
板を設けて気流の方向を変えることまたは開放された窓を閉じることが含
まれること。また，「有効に稼働させる」とは，⑴の稼働要件を満たして
いることをいうこと。

（除じん）

第18条　事業者は，石綿等の粉じんを含有する気体を排出する製造設備の
　　排気筒又は第12条第1項の規定により設ける局所排気装置若しくはプッ
　　シュプル型換気装置には，次の表の上欄〈編注：左欄〉に掲げる粉じん
　　の粒径に応じ，同表の下欄〈編注：右欄〉に掲げるいずれかの除じん方
　　式による除じん装置又はこれらと同等以上の性能を有する除じん装置を
　　設けなければならない。

粉じんの粒径 （単位　マイクロメートル）	除　じ　ん　方　式
5未満	ろ過除じん方式 電気除じん方式
5以上20未満	スクラバによる除じん方式 ろ過除じん方式 電気除じん方式
20以上	マルチサイクロン（処理風量が毎分20立方メートル以内ごとに1つのサイクロンを設けたものをいう。）による除じん方式 スクラバによる除じん方式 ろ過除じん方式 電気除じん方式

備考　この表における粉じんの粒径は，重量法で測定した粒径分布において最
　　　大頻度を示す粒径をいう。

②　事業者は，前項の除じん装置には，必要に応じ，粒径の大きい粉じん
　を除去するための前置き除じん装置を設けなければならない。

③　事業者は，前二項の除じん装置を有効に稼働させなければならない。

（根22-①，罰119-①）

【要　旨】

　本条は石綿等の粉じんをそのまま大気中に放出すると，作業環境を汚染
して労働者に健康障害をおよぼすおそれがあるのみならず，環境汚染の原
因となるので，その放出源である局所排気装置もしくはプッシュプル型換
気装置のダクトまたは製造設備の排気筒について有効な除じん方式の除じ
ん装置を設けること，およびそれを有効に維持稼働させることを規定した
ものであること。

【解　説】

　(1)　第1項にいう除じん方式は，全体の除じん過程における主たる除じ
んの方式をいうものであり，除じん方式の選択は，次の例のように行うも
のであること。

　　　①　約50マイクロメートル以下の対象粉じんにつき，粒径分布（重量
　　　　法による頻度分布）の図を作成する。

②　①により作成した粒径分布の曲線においてピークを示す点が横軸
において，5マイクロメートル未満，5マイクロメートル以上20マ
イクロメートル未満または20マイクロメートル以上のどこに位置す
るかを見て，該当する粒径に対応する除じん方式を本項の表から求
めるものとする。

⑵　第1項の「ろ過除じん方式」とは，ろ層に粉じんを含有する気体を
通して，粉じんをろ過捕集する原理によるものをいい，バグフィルタ（ろ
布の袋）によるものとスクリーンフィルタ（ろ布の幕）によるものとがあ
ること。

⑶　第1項の「電気除じん方式」とは，高電圧の直流のコロナ放電を利
用して，粉じんを荷電し，電気的引力により捕集する原理によるものをい
うこと。

⑷　第1項の「スクラバによる除じん方式」とは，水等の液体を噴射ま
たは起泡し，粉じんを含有する気体中の粉じんを加湿凝集させて捕集する
原理によるものをいい，一般に湿式または洗浄式除じん方式といわれてい
るものであること。

⑸　第1項の「マルチサイクロンによる除じん方式」とは，2個以上の
サイクロン（粉じんを含有する気体を円筒内で旋回させ，その遠心力で外
方に分離される粉じんを落下させるもの）を並列に接続したものであり，
サイクロン系としては高性能を有するものであること。

サイクロンを2個または4個接続したものは，通常それぞれダブルサイ
クロン，テトラサイクロンといわれ，これらはマルチサイクロン方式のも
のに含まれるが，単体サイクロンは，これに含まれないものであること。

⑹　第2項は，粉じん濃度が高い場合または粒径の大きい粉じんが多い
場合において，第1項の除じん装置の効果を期待するためには，事前に粉
じんを含有する気体中の粉じんを一部除去しておく必要があるため規定さ
れたものであること。

⑺　第2項の「前置き除じん装置」には，重力沈降室，ルーバ等の慣性

除じん装置，サイクロン等があること。

(8)　第3項は，除じん装置について，捕集粉じんの取り除き（ダスト抜き），破損の修理，除じん効果の確認等をしばしば行う等によって所定の性能を維持しながら稼働させることを規定したものであること。

(9)　プッシュプル型換気装置に除じん装置を設けるときは，吸込側フードから吸引された粉じんを含む空気を除じんするためのものであることから，排気側に設けること。

第４章　管　　理

　本章は，石綿等を取り扱う作業（試験研究のため取り扱う作業を除く。）または石綿等を試験研究のため製造する作業もしくは石綿分析用試料等を製造する作業について，一定の資格を有する者を作業主任者として選任し，その者に石綿等による障害を予防するために必要な職務を遂行させること，局所排気装置等の設備に対し定期自主検査および点検とその記録をすること，休憩室および洗浄設備の設置，床の構造要件，床等の定期的な掃除の実施，石綿等を運搬し，または貯蔵するときの措置，喫煙等の禁止，一定事項を記載した掲示板の掲示，作業の記録等について規定したものである。

（石綿作業主任者の選任）

第19条　事業者は，令第６条第23号に掲げる作業については，石綿作業主任者技能講習を修了した者のうちから，石綿作業主任者を選任しなければならない。　　　　　　　　　　　　　　　　（根14，罰119－①）

【要　旨】

　本条は，労働安全衛生法第14条の規定に基づき，同法施行令第６条第23号に定めるところにより石綿等を取り扱う作業（試験研究のため取り扱う作業を除く。）または石綿等を試験研究のため製造する作業もしくは石綿分析用試料等を製造する作業について，労働者の健康障害を予防するための措置を担当させるため，石綿作業主任者技能講習の修了者を石綿作業主任者として選任しなければならないことを規定したものである。

【解　説】

　(1)　例えば運送事業者による運搬時において確実な包装が行われている等により，石綿粉じんに労働者の身体がばく露するおそれのない作業は，石綿等の取扱い作業に該当せず，石綿作業主任者の選任等の措置は必要な

いこと。

(2)　「石綿作業主任者を選任し」については，必ずしも単位作業室ごとに選任を要するものでなく，第20条各号に掲げる事項の遂行が可能な範囲ごとに選任し配置すれば足りること。

(3)　「選任」にあたっては，その者が第20条各号に掲げる事項を常時遂行することができる立場にある者を選任することが必要であること。

（石綿作業主任者の職務）

第20条　事業者は，石綿作業主任者に次の事項を行わせなければならない。

1　作業に従事する労働者が石綿等の粉じんにより汚染され，又はこれらを吸入しないように，作業の方法を決定し，労働者を指揮すること。

2　局所排気装置，プッシュプル型換気装置，除じん装置その他労働者が健康障害を受けることを予防するための装置を1月を超えない期間ごとに点検すること。

3　保護具の使用状況を監視すること。　　　　（根14，罰119－①）

【要　旨】

本条は，労働安全衛生法第14条の規定に基づき，前条により選任された石綿作業主任者の職務として，当該作業に従事する労働者の指揮，関係装置の月例点検および保護具の使用状況の監視を行わせることを規定したものである。

【解　説】

(1)　第1号の「作業の方法」については，もっぱら，石綿による健康障害の予防に必要な事項に限るものであり，例えば，湿潤化，隔離の要領，立入禁止区域の決定等があること。

(2)　第2号の「その他労働者が健康障害を受けることを予防するための装置」には，全体換気装置，密閉式の構造の製造装置等があること。

(3)　第2号の「点検する」とは，関係装置について，第12条および第16条から第18条までに規定する健康障害の予防措置に係る事項を中心に点検

することをいい，その主な内容としては，装置の主要部分の損傷，脱落，異常音等の異常の有無，局所排気装置その他の排出処理のための装置等の効果の確認等があること。

（定期自主検査を行うべき機械等）

第21条 令第15条第1項第9号の厚生労働省令で定める局所排気装置，プッシュプル型換気装置及び除じん装置（石綿等に係るものに限る。）は，次のとおりとする。

1 第12条第1項の規定に基づき設けられる局所排気装置

2 第12条第1項の規定に基づき設けられるプッシュプル型換気装置

3 第18条第1項の規定に基づき設けられる除じん装置

（根45—(1)，罰120—①）

本条は，労働安全衛生法第45条の規定に基づき，事業者自らが一定期間ごとに主要構造や機能の状況についての自主検査を行うべき機械等について，令第15条第1項第9号で定めるもののうち，石綿等に係る定期自主検査の対象となる装置を規定したものである。

（定期自主検査）

第22条 事業者は，前条各号に掲げる装置については，1年以内ごとに1回，定期に，次の各号に掲げる装置の種類に応じ，当該各号に掲げる事項について自主検査を行わなければならない。ただし，1年を超える期間使用しない同条の装置の当該使用しない期間においては，この限りでない。

1 局所排気装置

イ フード，ダクト及びファンの摩耗，腐食，くぼみ，その他損傷の有無及びその程度

ロ ダクト及び排風機におけるじんあいのたい積状態

ハ ダクトの接続部における緩みの有無

ニ 電動機とファンを連結するベルトの作動状態

ホ 吸気及び排気の能力

　　　ヘ　イからホまでに掲げるもののほか，性能を保持するため必要な事
　　　　項
　　2　プッシュプル型換気装置
　　　イ　フード，ダクト及びファンの摩耗，腐食，くぼみ，その他損傷の
　　　　有無及びその程度
　　　ロ　ダクト及び排風機におけるじんあいのたい積状態
　　　ハ　ダクトの接続部における緩みの有無
　　　ニ　電動機とファンを連結するベルトの作動状態
　　　ホ　送気，吸気及び排気の能力
　　　ヘ　イからホまでに掲げるもののほか，性能を保持するため必要な事
　　　　項
　　3　除じん装置
　　　イ　構造部分の摩耗，腐食，破損の有無及びその程度
　　　ロ　当該装置内におけるじんあいのたい積状態
　　　ハ　ろ過除じん方式の除じん装置にあっては，ろ材の破損又はろ材取
　　　　付部等の緩みの有無
　　　ニ　処理能力
　　　ホ　イからニまでに掲げるもののほか，性能を保持するため必要な事
　　　　項
　②　事業者は，前項ただし書の装置については，その使用を再び開始する
　　際に同項各号に掲げる事項について自主検査を行わなければならない。

　　　　　　　　　　　　　　　　　　　（根45－(1)，罰120－①）

【要　旨】

　本条は，労働安全衛生法第45条および同法施行令第15条第9号の規定に
より，定期に自主検査を行わなければならないこととされた第21条各号に
掲げる装置について検査すべき事項を，装置の種類に応じて定めたもので
ある。

【解　説】

　(1)　第1項第1号ホの「吸気及び排気の能力」については，局所排気装
置の定期自主検査指針（平成20年自主検査指針公示第1号）により換気中

の石綿の濃度の測定を実施することによる検査の実施が必要であるが，この方法によることが困難な場合は，局所排気装置の性能が確保されている場合の測定位置における制御風速をあらかじめ測定により明らかにしておき，検査の場合，風速を測定し，前記風速と比較することにより局所排気装置の性能の有無を検査しても差し支えないこと。

　(2)　第1項第1号へおよび第2号への「必要な事項」とは，ダンパーの調節，排風機の注油状態等をいうこと。

　(3)　第1項第2号ホの「送気，吸気及び排気の能力」の検査に当たっては，石綿障害予防規則第16条第2項第3号の厚生労働大臣が定める要件（平成17年厚生労働省告示第130号）（p323参照）に規定される要件を満たしていることを確認しなければならないこと。

　(4)　第1項第3号ニの「処理能力」については，除じん処理の効果を確認するための測定が必要であること。

　(5)　第1項第3号ホの「必要な事項」には，除じん装置の性能が低下した場合における排気量の調整等を含むこと。

（定期自主検査の記録）
　第23条　事業者は，前条の自主検査を行ったときは，次の事項を記録し，これを3年間保存しなければならない。
　1　検査年月日
　2　検査方法
　3　検査箇所
　4　検査の結果
　5　検査を実施した者の氏名
　6　検査の結果に基づいて補修等の措置を講じたときは，その内容
　　　　　　　　　　　　　　（根45-(1)，103-(1)，罰120-①）

　本条は，労働安全衛生法第45条の規定に基づき，事業者が定期自主検査を行った場合の記録すべき事項について定めるとともに，同法第103条の規定に基づき，これを3年間保存しなければならないことを規定したもの

である。

（点検）

第24条　事業者は，第21条各号に掲げる装置を初めて使用するとき，又は
　　分解して改造若しくは修理を行ったときは，当該装置の種類に応じ第22
　　条第1項各号に掲げる事項について，点検を行わなければならない。

（根22－①，罰119－①）

　本条は，局所排気装置，プッシュプル型換気装置，除じん装置を初めて
使用するとき，分解して改造もしくは修理を行ったときは，その効果を確
認するため，一定の事項について点検しなければならないことを定めたも
のである。

（点検の記録）

第25条　事業者は，前条の点検を行ったときは，次の事項を記録し，これ
　　を3年間保存しなければならない。
　1　点検年月日
　2　点検方法
　3　点検箇所
　4　点検の結果
　5　点検を実施した者の氏名
　6　点検の結果に基づいて補修等の措置を講じたときは，その内容

（根22－①，103－(1)，罰119－①，120－①）

　本条は，前条の規定に基づき事業者が点検を行った場合の記録すべき事
項について定めるとともに，労働安全衛生法第103条の規定に基づきこれ
を3年間保存しなければならないことを規定したものである。

（補修等）

第26条 事業者は，第22条の自主検査又は第24条の点検を行った場合において，異常を認めたときは，直ちに補修その他の措置を講じなければならない。 (根22－①，罰119－①)

【要　旨】

本条は，定期自主検査または点検を行った結果，異常を認めた場合は，補修その他の措置を講ずべきことを規定したものであり，これらの措置を講じない限り当該設備については稼働させてはならないものである。

【解　説】

「その他の措置」とは，補修には至らない程度のものであって，当該設備の有効稼働を保持するために必要な措置をいうこと。

（特別の教育）

第27条 事業者は，石綿使用建築物等解体等作業に係る業務に労働者を就かせるときは，当該労働者に対し，次の科目について，当該業務に関する衛生のための特別の教育を行わなければならない。

1　石綿の有害性

2　石綿等の使用状況

3　石綿等の粉じんの発散を抑制するための措置

4　保護具の使用方法

5　前各号に掲げるもののほか，石綿等の粉じんのばく露の防止に関し必要な事項 (根59－(3)，罰119－①)

② 労働安全衛生規則（昭和47年労働省令第32号。以下「安衛則」という。）第37条及び第38条並びに前項に定めるもののほか，同項の特別の教育の実施について必要な事項は，厚生労働大臣が定める。

【要　旨】

本条は，石綿使用建築物等解体等作業に係る業務に従事する労働者に対する特別教育の科目等を定めたものである。

【解　説】

(1)　労働安全衛生規則第37条の規定により，特別教育の科目の全部または一部について十分な知識および技能を有していると認められる労働者については，当該科目についての特別教育を省略することができるが，具体的には次の者が含まれるものであること。

①　特定化学物質等作業主任者技能講習修了者（平成18年 3 月31日までに修了した者に限る。）および石綿作業主任者技能講習修了者

②　他の事業場において当該業務に関し，既に特別の教育を受けた者

③　昭和63年 3 月30日付け基発第200号通達に基づく石綿除去現場の管理者に対する労働衛生教育を受けた者

（休憩室）

第28条　事業者は，石綿等を常時取り扱い，若しくは試験研究のため製造する作業又は石綿分析用試料等を製造する作業に労働者を従事させるときは，当該作業を行う作業場以外の場所に休憩室を設けなければならない。　　　　　　　　　　　　　　　　　　（根22－①，罰119－①）

②　事業者は，前項の休憩室については，次の措置を講じなければならない。

1　入口には，水を流し，又は十分湿らせたマットを置く等労働者の足部に付着した物を除去するための設備を設けること。

2　入口には，衣服用ブラシを備えること。　（根22－①，罰119－①）

③　第 1 項の作業に従事した者は，同項の休憩室に入る前に，作業衣等に付着した物を除去しなければならない。　　　　　　（根26，罰120－①）

【要　旨】

本条は，石綿等を常時取り扱い，もしくは試験研究のため製造し，または石綿分析用試料等を製造する場合に，その作業場所以外の場所に休憩室を設け，その休憩室について石綿等の粉じんによる汚染を予防するための措置を講ずべきことを規定したものである。

【解　説】

(1)　第 1 項の「作業場以外の場所」には，作業場のある建家の内部の場

所であって作業場所と確実に区画されている場所を含むこと。

(2)　第3項は，労働者は，特定の場所に立ち入るとき又は特定の場所から退出するときは，汚染等を除去する義務があるところ，労働者以外の者も含め，特定の場所に立ち入るとき又は特定の場所から退出するときは，汚染等を除去しなければならないこととしたこと。

（床）

第29条　事業者は，石綿等を常時取り扱い，若しくは試験研究のため製造する作業場又は石綿分析用試料等を製造する作業場及び前条第1項の休憩室の床を水洗等によって容易に掃除できる構造のものとしなければならない。　　　　　　　　　　　　　　　　　　（根22－①，罰119－①）

【要　旨】

本条は，石綿等を常時取り扱い，もしくは試験研究のため製造する作業場または石綿分析用試料等を製造する作業場および休憩室の床を水洗等によって容易に掃除できる構造のものとすることを規定したものである。

【解　説】

(1)　本条は，石綿含有製品の製造，加工事業場等の石綿等を常時，製造し，または取り扱う作業場が対象となるものであり，建築物または工作物の解体等の作業場は該当しないものであること。

(2)　「水洗等」の「等」には，HEPAフィルタ付きの真空掃除機が含まれること。

(3)　「容易に掃除できる構造」には，水が流れやすいように傾斜をつけ，溝を設け，平滑にする等があること。

（掃除の実施）

第30条　事業者は，前条の作業場及び休憩室の床等については，水洗する等粉じんの飛散しない方法によって，毎日1回以上，掃除を行わなければならない。　　　　　　　　　　　　　　　　　　（根22－①，罰119－①）

【要　旨】

本条は，石綿等を常時取り扱い，もしくは試験研究のため製造する作業場または石綿分析用試料等を製造する作業場および休憩室の床等については，水洗する等粉じんの飛散しない方法によって，毎日1回以上，掃除を行わなければならないことを規定したものである。

【解　説】

(1)　「床等」の「等」には，窓枠，棚が含まれること。

(2)　「水洗する等」の「等」には，HEPAフィルタ付きの真空掃除機を用いる方法が含まれること。

（洗浄設備）

第31条　事業者は，石綿等を取り扱い，若しくは試験研究のため製造する作業又は石綿分析用試料等を製造する作業に労働者を従事させるときは，洗眼，洗身又はうがいの設備，更衣設備及び洗濯のための設備を設けなければならない。　　　　　　　　　　　　　　　（根22－①，罰119－①）

【要　旨】

本条は，石綿等の製造または取扱いの作業を労働者に行わせる場合には，洗眼，洗身その他必要な洗浄設備等を設けるべきことを規定したものである。

【解　説】

(1)　「洗身の設備」とは，シャワー，入浴設備等の体に付着した石綿等を洗うための設備をいうこと。

(2)　「更衣設備」とは，更衣用のロッカーまたは更衣室をいい，汚染を拡げないため作業用の衣服等と通勤用の衣服等とを区別しておくことができるものであること。

（容器等）

第32条　事業者は，石綿等を運搬し，又は貯蔵するときは，当該石綿等の粉じんが発散するおそれがないように，堅固な容器を使用し，又は確実な包装をしなければならない。

②　事業者は，前項の容器又は包装の見やすい箇所に石綿等が入っていること及びその取扱い上の注意事項を表示しなければならない。

③　事業者は，石綿等の保管については，一定の場所を定めておかなければならない。

④　事業者は，石綿等の運搬，貯蔵等のために使用した容器又は包装については，当該石綿等の粉じんが発散しないような措置を講じ，保管するときは，一定の場所を定めて集積しておかなければならない。

（根22－①，罰119－①）

【要　旨】

本条は，石綿等の運搬または貯蔵の場合における堅固な容器または確実な包装の使用およびこれらの容器，包装への必要な表示，ならびに保管上の措置等について規定したものである。

【解　説】

(1)　本条の適用は，建築物等解体等作業の現場のみならず，例えば震災被災地における一時仮置き場においても同様であること。また，災害被災地におけるがれきについても，分別等により石綿を含有すると判明したものは同様であること。

(2)　第1項の「確実な包装」については，フレコンバッグやビニール袋等に石綿建材を単に入れるだけでなく，石綿等が包装からあふれ出たり，または包装が破れて石綿等がこぼれ落ちることのないようにするとともに，袋を閉じるなど粉じんの発散を防止する形での包装が必要であること。

(3)　押出し成形セメント板のように包装が困難なものについては，ビニールシートによる覆い，破断面の湿潤化等により，石綿粉じんの発散がないようにする必要があること。なお，かえって労働者のばく露が大きく

ならないよう，フレコンバッグで包装するためにいたずらに細かく破砕することは避けること。

(4)　第1項の措置は，塊状であって，そのままの状態では発じんのおそれがないものについては，適用されない趣旨であること。例えばシステム天井の天井板をそのまま外したこと等により石綿粉じんの発散のおそれがないものについては，「塊状であって，そのままの状態では発じんのおそれがないもの」に該当し，第1項および第2項は適用されないが，同条第3項および第4項の適用はあること。

なお，原形のまま取り外した成形板で発じんのおそれのないものについては，第1項および第2項の規定に基づく包装は必要ないが，破断せずに運搬できるよう，成形板に適した大きさのフレコンバッグによる包装を行うこと。

(5)　第2項の「取扱い上の注意事項」については，石綿等の取扱いに際し健康障害を予防するため，特に留意すべき事項を具体的に表示する必要があること。

（使用された器具等の付着物の除去）

第32条の2　事業者は，石綿等を取り扱い，若しくは試験研究のため製造する作業又は石綿分析用試料等を製造する作業に使用した器具，工具，足場等について，付着した物を除去した後でなければ作業場外に持ち出してはならない。ただし，廃棄のため，容器等に梱包したときは，この限りでない。

②　事業者は，前項の作業の一部を請負人に請け負わせるときは，当該請負人に対し，当該作業に使用した器具，工具，足場等について，廃棄のため，容器等に梱包したときを除き，付着した物を除去した後でなければ作業場外に持ち出してはならない旨を周知させなければならない。

（根22－①，罰119－①）

【要　旨】

本条は，石綿等を取り扱う作業に使用した器具，工具，足場等に付着した

石綿等の粉じんが作業場外に飛散することにより，他の労働者等が石綿等にばく露するおそれがあることから，使用された器具，工具，足場等について，廃棄のために容器等に梱包したときを除き，付着した物を除去した後でなければ，作業場外に持ち出すことを禁止することを規定したものである。また，事業者は，第1項の作業の一部を請負人に請け負わせるときは，当該請負人に対し，使用された器具，工具，足場等について，廃棄のために容器等に梱包したときを除き，付着した物を除去した後でなければ，作業場外に持ち出すことを禁止することを周知させなければならないこととしたこと。

【解　説】

(1)　「器具，工具，足場等」の「等」とは，作業場内において使用され，粉じんが付着した物全てが含まれる趣旨であり，支保工等の仮設機材，高所作業車等の建設機械等も含まれるものであること。

(2)　「付着した物を除去」する方法は，真空掃除機で取り除く方法，湿った雑巾で拭き取る方法，石綿の付着した部材を交換する方法等汚染の程度に応じて適切な方法を用いること。また，フィルタ等の付着した物の除去が困難な物は，廃棄物として処分すること。

（喫煙等の禁止）

第33条　事業者は，石綿等を取り扱い，若しくは試験研究のため製造する作業場又は石綿分析用試料等を製造する作業場における作業に従事する者の喫煙又は飲食について，禁止する旨を見やすい箇所に表示することその他の方法により禁止するとともに，表示以外の方法により禁止したときは，当該作業場において喫煙又は飲食が禁止されている旨を当該作業場の見やすい箇所に表示しなければならない。

(根22-①，罰119-①)

②　前項の作業場において作業に従事する者は，当該作業場で喫煙し，又は飲食してはならない。

(根26，罰120-①)

【要　旨】

　本条は，石綿等を取り扱い，もしくは試験研究のため製造する作業場または石綿分析用試料等を製造する作業場で，作業に従事する者が喫煙，飲食をすることにより石綿等の粉じんを吸入することによる健康障害を予防するため，その禁止等を規定したものであり，あわせて，作業に従事する者にもその遵守を規定したものである。

　喫煙または飲食の禁止の方法としては，必ずしも事業者が常時監視する必要はなく，禁止する旨を見やすい箇所に表示する方法も認められることを条文上明示したこと。なお，これは表示による禁止も可能であることを改めて条文上明示したに過ぎず，表示による禁止が最も適切である等の趣旨を表したものではないこと。

　（掲示）

　第34条　事業者は，石綿等を取り扱い，若しくは試験研究のため製造する作業場又は石綿分析用試料等を製造する作業場には，次の事項を，見やすい箇所に掲示しなければならない。

　　1　石綿等を取り扱い，若しくは試験研究のため製造する作業場又は石綿分析用試料等を製造する作業場である旨

　　2　石綿により生ずるおそれのある疾病の種類及びその症状

　　3　石綿等の取扱い上の注意事項

　　4　当該作業場においては保護具等を使用しなければならない旨及び使用すべき保護具等　　　　　　　　　　　　（根22－①，罰119－①）

【要　旨】

　本条は，石綿等を取り扱い，もしくは試験研究のため製造する作業場または石綿分析用試料等を製造する作業場には，取扱い上の注意事項等を記載した掲示板を労働者以外の者も含めて，見やすい箇所に掲示すべきことを規定したものである。

【解　説】

(1)　掲示すべき事項として，「石綿の人体に及ぼす作用」を掲示する義務があったところ，当該掲示では，有害物の有害性に対する記載が具体的でなく，注意喚起としての効果が十分に得られない可能性があることから，より具体的な内容として，「石綿により生ずるおそれのある疾病の種類及びその症状」を記載しなければならないこととしたこと。

　また，保護具の使用が必要である場合において，確実に必要な保護具が使用されるようにするため，保護具を使用しなければならない旨を掲示すべき事項に追加したこと。

(2)　第４号については取扱いの実態に応じ，保護具の名称を具体的に掲示すること。

（作業の記録）

第35条　事業者は，石綿等の取扱い若しくは試験研究のための製造又は石綿分析用試料等の製造に伴い石綿等の粉じんを発散する場所において常時作業に従事する労働者について，１月を超えない期間ごとに次の事項を記録し，これを当該労働者が当該事業場において常時当該作業に従事しないこととなった日から40年間保存するものとする。

　1　労働者の氏名

　2　石綿等を取り扱い，若しくは試験研究のため製造する作業又は石綿分析用試料等を製造する作業に従事した労働者にあっては，従事した作業の概要，当該作業に従事した期間，当該作業（石綿使用建築物等解体等作業に限る。）に係る事前調査（分析調査を行った場合においては事前調査及び分析調査）の結果の概要並びに次条第１項の記録の概要

　3　石綿等の取扱い若しくは試験研究のための製造又は石綿分析用試料等の製造に伴い石綿等の粉じんを発散する場所における作業（前号の作業を除く。以下この号及び次条第１項第２号において「周辺作業」という。）に従事した労働者（以下この号及び次条第１項第２号において「周辺作業従事者」という。）にあっては，当該場所において他

の労働者が従事した石綿等を取り扱い，若しくは試験研究のため製造
する作業又は石綿分析用試料等を製造する作業の概要，当該周辺作業
従事者が周辺作業に従事した期間，当該場所において他の労働者が従
事した石綿等を取り扱う作業（石綿使用建築物等解体等作業に限
る。）に係る事前調査及び分析調査の結果の概要，次条第1項の記録
の概要並びに保護具等の使用状況

　4　石綿等の粉じんにより著しく汚染される事態が生じたときは，その
概要及び事業者が講じた応急の措置の概要

（根22－①，103－(1)，罰119－①，120－①）

【要　旨】

　本条は，石綿等を製造し，または取り扱う作業場において，常時当該作
業に従事する労働者については，その作業の記録および事故等による汚染
の概要を記録し，これを保存させておくことにより，第36条の作業環境測
定の結果の記録，第37条の作業環境測定結果の評価の記録および第41条の
健康診断の結果の記録とあわせて，石綿等によるばく露状況を把握し，健
康管理に資することとしたものである。

【解　説】

　(1)　記録の保存期間については，石綿による疾患の潜伏期間が長期であ
ることを踏まえ，石綿等を取り扱う作業場において当該労働者が常時当該
作業に従事しないこととなった日から40年間保存するものとしたこと。

　(2)　第2号および第3号の事前調査および分析調査の結果の概要は，様
式第1号に規定する内容と同様のものを保存すれば足り，所轄労働基準監
督署に報告した事前調査結果等の結果の写しを保存することで差し支えな
いこと。

　(3)　第2号の「次条第1項の記録の概要」（作業の実施状況の写真等に
よる記録の概要）は，写真等をそのまま保存する必要はなく，保護具の使
用状況も含めて作業の実施状況について，文章等による簡潔な記載による
記録を保存すれば足りること。

(4)　第３号の周辺作業従事者に係る保護具等の使用状況は，当該周辺作業従事者の保護具等の使用状況であること。

(5)　第４号の「著しく汚染される事態」とは，設備の故障等により石綿等の粉じんを多量に吸入した場合等があること。

(6)　第４号の「その概要」とは，ばく露期間，濃度等の汚染の程度，汚染により生じた健康障害等をいうこと。

（作業計画による作業の記録）

第35条の２　事業者は，石綿使用建築物等解体等作業を行ったときは，当該石綿使用建築物等解体等作業に係る第４条第１項の作業計画に従って石綿使用建築物等解体等作業を行わせたことについて，写真その他実施状況を確認できる方法により記録を作成するとともに，次の事項を記録し，これらを当該石綿使用建築物等解体等作業を終了した日から３年間保存するものとする。

１　当該石綿使用建築物等解体等作業に従事した労働者の氏名及び当該労働者ごとの当該石綿使用建築物等解体等作業に従事した期間

２　周辺作業従事者の氏名及び当該周辺作業従事者ごとの周辺作業に従事した期間

②　事業者は，前項の記録を作成するために必要である場合は，当該記録の作成者又は石綿使用建築物等解体等作業を行う仕事の発注者の労働者（いずれも呼吸用保護具（吹付石綿等除去作業が行われている場所に当該者を立ち入らせるときは，電動ファン付き呼吸用保護具等に限る。）及び作業衣又は保護衣を着用する者に限る。）を第６条第２項第１号及び第６条の２第３項第１号（第６条の３の規定により準用する場合を含む。）の規定により隔離された作業場所に立ち入らせることができる。

（根22－①，103－(1)，罰119－①，120－①）

【要　旨】

　事前調査を適切に行わずに解体等の作業を行った事例，吹き付けられた石綿等があるにもかかわらず法第88条第３項に基づく届出を行わないまま作業を行った事例，必要な石綿ばく露防止のための措置を講じずに作業を

行った事例等が認められた一方，解体工事や改修工事は工事終了後に措置が適切に実施されたかどうかを行政等が確認することは困難である。このため，本条において工事終了後においても，措置が適切に実施されたかどうかを確認することができるよう，作業計画に基づく作業について，写真その他実施状況を確認できる方法により記録し，保存しなければならないこととしたこと。

【解　説】

(1)　第1項の写真その他実施状況を確認できる方法による記録は，石綿則に基づき講ずべき措置の実施状況についての記録であり，次の(ア)から(エ)までに掲げるものが含まれること。

　(ア)　事前調査等を行った部分およびその部分における石綿等の使用の有無の概要に関する掲示，当該作業場において作業に従事する者以外の立入禁止の表示，喫煙・飲食の禁止の表示および次に掲げる事項の掲示の状況が確認できる写真等による記録。

　　①　石綿等を取り扱う作業場である旨

　　②　石綿により生ずるおそれのある疾病の種類およびその性状

　　③　石綿等の取扱い上の注意事項

　　④　当該作業場においては保護具等を使用しなければならない旨および使用すべき保護具等

　(イ)　隔離の状況，集じん・排気装置の設置状況，前室・洗身室・更衣室の設置状況，集じん・排気装置の排気口からの石綿等の粉じんの漏えいの有無の点検結果，前室の負圧に関する点検結果，隔離を解く前に除去が完了したことを確認する措置の実施状況および当該確認を行った者の資格が確認できる写真等による記録（第6条第1項各号に掲げる作業を行う場合に限る。）。

　(ウ)　作業計画に示されている作業の順序に基づいて，同計画に示されている作業の方法，石綿等の粉じんの発散を防止し，または抑制する方法および作業を行う労働者への石綿等の粉じんのばく露を防止

する方法のとおりに作業が行われたことが確認できる写真等による
記録。

　なお，この記録には，第13条の規定に基づく湿潤な状態のものと
する措置（第6条の2第3項または第6条の3に規定する作業を行
うときは常時湿潤な状態に保つ措置）の実施状況および第14条の規
定に基づく呼吸用保護具等の使用状況が確認できる写真等による記
録が含まれること。また，同様の作業を行う場合においても，作業
を行う部屋や階が変わるごとに記録する必要があること。

　㈡　除去等を行った石綿等の運搬または貯蔵を行う際の容器または包
　　装，当該容器等への必要な事項の表示および保管の状況が確認でき
　　る写真等による記録。

(2)　第1項の写真その他実施状況を確認できる方法による記録に当たっ
ては，撮影場所，撮影日時等が特定できるように記録する必要があること。
また，写真その他実施状況を確認できる方法には，動画により記録する方
法が含まれること。

(3)　第2項は，第6条第2項第1号の規定および第6条の2第3項第1
号（第6条の3の規定により準用する場合を含む。）の規定による隔離が
行われている作業場には，当該作業に従事する者（直接作業を行う者だけ
でなく，作業の指揮を行う石綿作業主任者，第6条第3項の規定に基づき
除去が完了したことを確認する者および作業場の管理を行う者を含む。）
以外を立ち入らせることはできないが，第8条第2項および第35条の2第
1項の規定により，第35条の2第1項の記録を作成する者および当該記録
の作成に対し配慮を行う石綿使用建築物等解体等作業を行う仕事の発注者
の労働者を立ち入らせる必要がある場合が考えられることから，これらの
者に限り，作業に従事する者ではなくても，呼吸用保護具の着用等の必要
な措置を講じた上で，立ち入らせることができることとしたこと。

第5章　測　　定

　本章は，石綿等の取扱いもしくは試験研究のための製造または石綿分析
用試料等の製造が行われる作業場について，定期的な作業環境測定，評価
とその記録，評価に基づく改善措置等について規定したものである。

　（測定及びその記録）

第36条　事業者は，令第21条第7号の作業場（石綿等に係るものに限
　　る。）について，6月以内ごとに1回，定期に，石綿の空気中における
　　濃度を測定しなければならない。　　　　　　　　（根65−(1)，罰119−①）

②　事業者は，前項の規定による測定を行ったときは，その都度次の事項
　　を記録し，これを40年間保存しなければならない。

　1　測定日時

　2　測定方法

　3　測定箇所

　4　測定条件

　5　測定結果

　6　測定を実施した者の氏名

　7　測定結果に基づいて当該石綿による労働者の健康障害の予防措置を
　　　講じたときは，当該措置の概要

　　　　　　　　　　　　（根65−(1)，103−(1)，罰119−①，120−①）

【要　旨】

　本条は，石綿等の製造または取扱いが常時行われる屋内作業場について，
その作業環境中の石綿の気中濃度を定期的に測定すること，ならびにその
測定結果についての記録およびその保存について規定したものであること。

【解　説】

　作業環境測定の結果の評価については，第35条と同様の理由により，保
存期間を40年としたものであること。

（測定結果の評価）

第37条　事業者は，石綿に係る屋内作業場について，前条第1項又は法第
　　65条第5項の規定による測定を行ったときは，その都度，速やかに，厚
　　生労働大臣の定める作業環境評価基準に従って，作業環境の管理の状態
　　に応じ，第1管理区分，第2管理区分又は第3管理区分に区分すること
　　により当該測定の結果の評価を行わなければならない。

（根65の2－(2)）

② 　事業者は，前項の規定による評価を行ったときは，その都度次の事項
　　を記録し，これを40年間保存しなければならない。

　　1　評価日時

　　2　評価箇所

　　3　評価結果

　　4　評価を実施した者の氏名　　（根65の2－(3)，103－(1)，罰120－①）

【要　旨】

　本条は，労働安全衛生法第65条の2の規定に基づき，作業環境測定結果
の評価を行わなければならないこと，およびその評価結果についての記録
と保存について規定したものである。

【解　説】

　作業環境測定の結果の評価については，第35条と同様の理由により，保
存期間を40年としたものであること。

（評価の結果に基づく措置）

第38条　事業者は，前条第1項の規定による評価の結果，第3管理区分に
　　区分された場所については，直ちに，施設，設備，作業工程又は作業方
　　法の点検を行い，その結果に基づき，施設又は設備の設置又は整備，作
　　業工程又は作業方法の改善その他作業環境を改善するため必要な措置を
　　講じ，当該場所の管理区分が第1管理区分又は第2管理区分となるよう
　　にしなければならない。

② 事業者は，前項の規定による措置を講じたときは，その効果を確認するため，同項の場所について当該石綿の濃度を測定し，及びその結果の評価を行わなければならない。

③ 事業者は，第 1 項の場所については，労働者に有効な呼吸用保護具を使用させるほか，健康診断の実施その他労働者の健康の保持を図るため必要な措置を講じなければならない。

〈編注：令和 6 年 4 月 1 日から「講じなければならない。」は，「講ずるとともに，前条第 2 項の規定による評価の記録，第 1 項の規定に基づき講ずる措置及び前項の規定に基づく評価の結果を次に掲げるいずれかの方法によって労働者に周知させなければならない。」となり，併せて次の各号が加わる。

1 常時各作業場の見やすい場所に掲示し，又は備え付けること。

2 書面を労働者に交付すること。

3 磁気ディスク，光ディスクその他の記録媒体に記録し，かつ，各作業場に労働者が当該記録の内容を常時確認できる機器を設置すること。〉

④ 事業者は，第 1 項の場所において作業に従事する者（労働者を除く。）に対し，同項の場所については，有効な呼吸用保護具を使用する必要がある旨を周知させなければならない。

（根65の 2 −(1)）

【要　旨】

本条は，評価の結果，第 3 管理区分に区分された場所について講ずべき措置について規定したものである。

【解　説】

(1) 第 1 項の「直ちに」とは，施設，設備，作業工程または作業方法の点検および点検結果に基づく改善措置を直ちに行う趣旨であるが，改善措置については，これに要する合理的な時間については考慮されるものであること。

(2) 第 2 項の「測定」および「評価」は，第 1 項の規定による措置の効果を確認するために行うものであるから，措置を講ずる前に行った方法と同じ方法で行うこと，すなわち作業環境測定基準および作業環境評価基準

に従って行うことが適当であること。

　⑶　第3項の「労働者に有効な呼吸用保護具を使用させる」のは，第1項の規定による措置を講ずるまでの応急的なものであり，呼吸用保護具の使用をもって当該措置に代えることができる趣旨ではないこと。なお，局部的に濃度の高い場所があることにより第3管理区分に区分された場所については，当該場所の労働者のうち，濃度の高い位置で作業を行うものにのみ呼吸用保護具を着用させることとして差し支えないこと。

　⑷　第3項の「健康診断の実施その他労働者の健康の保持を図るため必要な措置」については，作業環境測定の評価の結果，労働者に著しいばく露があったと推定される場合等で，産業医等が必要と認めたときに行うべきものであること。

　⑸　第4項は，事業者は，特定の危険有害業務または作業を行う場所について，当該業務または作業に従事する労働者以外の労働者も含め，全ての労働者に保護具を使用させる義務があるところ，当該場所で作業に従事する労働者以外の者に対して，事業者が指揮命令を行うことはできないため，労働者以外の者については，保護具を使用する必要がある旨を周知させなければならないこととしたこと。

第39条　事業者は，第37条第1項の規定による評価の結果，第2管理区分に区分された場所については，施設，設備，作業工程又は作業方法の点検を行い，その結果に基づき，施設又は設備の設置又は整備，作業工程又は作業方法の改善その他作業環境を改善するため必要な措置を講ずるよう努めなければならない。

〈編注：令和6年4月1日から，「②　前項に定めるもののほか，事業者は，同項の場所については，第37条第2項の規定による評価の記録及び前項の規定に基づき講ずる措置を次に掲げるいずれかの方法によって労働者に周知させなければならない。

1　常時各作業場の見やすい場所に掲示し，又は備え付けること。

2　書面を労働者に交付すること。

3　磁気ディスク，光ディスクその他の記録媒体に記録し，かつ，各作業場に
　労働者が当該記録の内容を常時確認できる機器を設置すること。」が加わ
　る。〉　　　　　　　　　　　　　　　　　　　　　　（根65の２ー(1)）

【要　旨】
　本条は，評価の結果，第２管理区分に区分された場所について講ずべき
措置について規定したものである。

第6章　健康診断

　本章は，石綿等の取扱いもしくは試験研究のための製造または石綿分析
用試料等の製造に伴い石綿の粉じんを発散する場所における業務に常時従
事する労働者に対し，雇入れ時，配置替えして就業させる直前およびその
後の定期において，一定項目の検査による健康診断を行うこと，過去にお
いてその事業場で，石綿等の製造または取扱いに伴い石綿の粉じんを発散
する場所における業務に従事したことのある在籍労働者に対し一定項目の
検査による健康診断を行うこと，およびこれらの健康診断に伴う必要な手
続き等について規定したものである。

　（健康診断の実施）
　第40条　事業者は，令第22条第１項第３号の業務（石綿等の取扱い若しく
　　は試験研究のための製造又は石綿分析用試料等の製造に伴い石綿の粉じ
　　んを発散する場所における業務に限る。）に常時従事する労働者に対し，
　　雇入れ又は当該業務への配置替えの際及びその後６月以内ごとに１回，
　　定期に，次の項目について医師による健康診断を行わなければならない。
　　１　業務の経歴の調査
　　２　石綿によるせき，たん，息切れ，胸痛等の他覚症状又は自覚症状の
　　　既往歴の有無の検査
　　３　せき，たん，息切れ，胸痛等の他覚症状又は自覚症状の有無の検査
　　４　胸部のエックス線直接撮影による検査
　②　事業者は，令第22条第２項の業務（石綿等の製造又は取扱いに伴い石
　　綿の粉じんを発散する場所における業務に限る。）に常時従事させたこ
　　とのある労働者で，現に使用しているものに対し，６月以内ごとに１回，
　　定期に，前項各号に掲げる項目について医師による健康診断を行わなけ
　　ればならない。
　③　事業者は，前二項の健康診断の結果，他覚症状が認められる者，自覚
　　症状を訴える者その他異常の疑いがある者で，医師が必要と認めるもの

については，次の項目について医師による健康診断を行わなければならない。

1　作業条件の調査

2　胸部のエックス線直接撮影による検査の結果，異常な陰影（石綿肺による線維増殖性の変化によるものを除く。）がある場合で，医師が必要と認めるときは，特殊なエックス線撮影による検査，喀痰の細胞診又は気管支鏡検査　　　　　　　　（根66−⑵，罰120−①）

【要　旨】

本条は，労働安全衛生法第66条第2項前段の規定に基づき，石綿等の取扱いもしくは試験研究のための製造または石綿分析用試料等の製造に伴い石綿の粉じんを発散する場所における業務に従事する労働者に対し，定期健康診断等の実施ならびに同法第66条第2項後段の規定に基づき，石綿等の製造または取扱いに伴い石綿の粉じんを発散する場所における業務に従事したことのある在籍労働者に対する定期健康診断の実施とともに，その健康診断項目について規定したものである。

【解　説】

⑴　第1項の「当該業務への配置替えの際」とは，その事業場において，他の業務から本条に規定する受診対象業務に配置転換する直前をいうものであること。

⑵　第2項の「常時従事させたことのある労働者で，現に使用しているもの」とは，その事業場において過去に常時従事させた労働者であってその事業場に在職している者をいい，退職者までを含む趣旨ではないこと。

（健康診断の結果の記録）

第41条　事業者は，前条各項の健康診断（法第66条第5項ただし書の場合において当該労働者が受けた健康診断を含む。次条において「石綿健康診断」という。）の結果に基づき，石綿健康診断個人票（様式第2号）を作成し，これを当該労働者が当該事業場において常時当該業務に従事しないこととなった日から40年間保存しなければならない。

（根66の3，103－⑴，罰120－①）

【要　旨】
　本条は，第40条の健康診断に関する記録の作成および保存について規定したものである。

【解　説】
　⑴　健康診断の記録の保存期間については，第35条と同様の理由により，石綿等を取り扱う事業場において当該労働者が常時当該業務に従事しないこととなった日から40年間保存するものとしたこと。
　⑵　「健康診断個人票」（様式第2号）の裏面の「業務の経歴」欄には，石綿に係る経歴のほか，有機溶剤中毒予防規則（昭和47年労働省令第36号），鉛中毒予防規則（昭和47年労働省令第37号），四アルキル鉛中毒予防規則（昭和47年労働省令第38号），特定化学物質障害予防規則（昭和47年労働省令第39号），電離放射線障害防止規則（昭和47年労働省令第41号）およびじん肺法（昭和35年法律第30号）のそれぞれに掲げる業務に係る経歴についても該当があれば明記すること。
　⑶　「健康診断個人票」については，様式第2号に掲げる項目が充足されていれば，これと異なる様式のものであっても差し支えないこと。

（健康診断の結果についての医師からの意見聴取）
第42条　石綿健康診断の結果に基づく法第66条の4の規定による医師からの意見聴取は，次に定めるところにより行わなければならない。
　1　石綿健康診断が行われた日（法第66条第5項ただし書の場合にあっては，当該労働者が健康診断の結果を証明する書面を事業者に提出した日）から3月以内に行うこと。
　2　聴取した医師の意見を石綿健康診断個人票に記載すること。
②　事業者は，医師から，前項の意見聴取を行う上で必要となる労働者の業務に関する情報を求められたときは，速やかに，これを提供しなければならない。
（根66の4）

【要　旨】

　本条は，労働安全衛生法第66条の４の規定による医師からの意見聴取の手続き等について規定したものである。

【解　説】

　(1)　医師からの意見聴取は労働者の健康状況から緊急に法第66条の５第１項の措置を講ずべき必要がある場合には，できるだけ速やかに行われる必要があること。

　(2)　意見聴取は，事業者が意見を述べる医師に対し，健康診断の個人票の様式の「医師の意見欄」に当該意見を記載させ，これを確認することとすること。

（健康診断の結果の通知）

第42条の２　事業者は，第40条各項の健康診断を受けた労働者に対し，遅滞なく，当該健康診断の結果を通知しなければならない。

(根66の６，罰120－①)

　本条は，第40条の健康診断に関し，受診労働者に対する結果通知について規定したものである。

（健康診断結果報告）

第43条　事業者は，第40条各項の健康診断（定期のものに限る。）を行ったときは，遅滞なく，石綿健康診断結果報告書（様式第３号）を所轄労働基準監督署長に提出しなければならない。（根100－(1)，罰120－⑤)

【要　旨】

　本条は，定期健康診断結果の報告について規定したものである。

【解　説】

　「石綿健康診断結果報告書」は，第40条により定期的に行った健康診断の結果について，所轄労働基準監督署長に遅滞なく（健康診断完了後おおむね１カ月以内に）提出するものとすること。

第7章　保　護　具

　本章は，必要な呼吸用保護具の備え付けおよび適切な保持，ならびに保護具等に付着した石綿等による二次汚染を防止するための措置を規定したものである。

（呼吸用保護具）
第44条　事業者は，石綿等を取り扱い，若しくは試験研究のため製造する作業場又は石綿分析用試料等を製造する作業場には，石綿等の粉じんを吸入することによる労働者の健康障害を予防するため必要な呼吸用保護具を備えなければならない。　　　　　　　　　　（根22－①，罰119－①）

【要　旨】

　本条は，石綿等の取扱いもしくは試験研究のための製造を行う作業場または石綿分析用試料等を製造する作業場における呼吸用保護具の備付けについて規定したものである。

【解　説】

　(1)　本条の「呼吸用保護具」とは，送気マスク等給気式呼吸用保護具（簡易救命器および酸素発生式自己救命器を除く。），防じんマスクならびに面体形およびフード形の電動ファン付き呼吸用保護具をいい，これらのうち，防じんマスクおよび電動ファン付き呼吸用保護具については，国家検定に合格したものであること。

（保護具の数等）
第45条　事業者は，前条の呼吸用保護具については，同時に就業する労働者の人数と同数以上を備え，常時有効かつ清潔に保持しなければならない。　　　　　　　　　　　　　　　　　　　　（根22－①，罰119－①）

【要 旨】

　本条は，第44条により備え付ける呼吸用保護具の数ならびにその効力および清潔の保持について規定したものである。

【解 説】

　本条の「有効」とは，各部の破損，脱落，弛み，湿気の付着，変形，耐用年数の超過等保護具の性能に支障をきたしている状態でないことをいうこと。

　（保護具等の管理）

　第46条　事業者は，第10条第2項，第14条第1項及び第3項，第35条の2第2項，第38条第3項，第44条並びに第48条第6号（第48条の4において準用する場合を含む。次項において同じ。）に規定する保護具等が使用された場合には，他の衣服等から隔離して保管しなければならない。

　②　事業者は，労働者以外の者が第10条第3項，第14条第2項及び第4項，第38条第4項並びに第48条第6号に規定する保護具等を使用したときは，当該者に対し，他の衣服等から隔離して保管する必要がある旨を周知させるとともに，必要に応じ，当該保護具等を使用した者（労働者を除く。）に対し他の衣服等から隔離して保管する場所を提供する等適切に保管が行われるよう必要な配慮をしなければならない。

　③　事業者及び労働者は，第1項の保護具等について，付着した物を除去した後でなければ作業場外に持ち出してはならない。ただし，廃棄のため，容器等に梱包したときは，この限りでない。

　④　事業者は，第2項の保護具等を使用した者（労働者を除く。）に対し，当該保護具等であって，廃棄のため容器等に梱包されていないものについては，付着した物を除去した後でなければ作業場外に持ち出してはならない旨を周知させなければならない。　　　　　（根22－①，罰119－①）

【要 旨】

　第1項および第3項は，使用された保護具等に付着した石綿等の粉じんが作業場外に飛散することにより，他の労働者が石綿等にばく露するおそれがあることから，使用された保護具等を他の衣服等から隔離して保管す

るとともに，廃棄のために容器等に梱包したときを除き，付着した物を除去した後でなければ作業場外に持ち出すことを禁止することを規定したものである。

　第2項は，事業者は，保護具等が使用された場合には，他の衣服等から隔離して保管する義務があるところ，新たに，労働者以外の者が保護具等を使用したときは，当該者に対し，他の衣服等から隔離して保管する必要がある旨を周知させるとともに，必要に応じ，当該者に対し他の衣服等から隔離して保管させる等適切に保管が行われるよう必要な配慮をしなければならないこととする。

　第4項は，事業者及び労働者は，使用した保護具等について，廃棄のため，容器等に梱包したときを除き，付着した物を除去した後でなければ作業場外に持ち出してはならない義務があるところ，新たに，保護具等を使用した労働者以外のものに対し，使用した保護具について，廃棄のため，容器等に梱包したときを除き，付着した物を除去した後でなければ作業場外に持ち出してはならない旨を周知させなければならないこととする。

【解　説】

　(1)　第3項の「付着した物を除去」する方法は，衣類ブラシ，真空掃除機で取り除く方法，作業場内で洗濯する方法等汚染の程度に応じ適切な方法を用いること。また，汚染のひどいものは廃棄物として処分すること。

　(2)　事業者は，請負人ほか労働者以外の者に対して保護具の使用に係る周知を行う際には，当該者が適切な保護具を選択できるよう，労働者に使用させる保護具の種類や性能等について情報提供することが望ましいこと。

　(3)　周知の方法

　事業者は，以下のいずれかの方法により周知させなければならないこと。

　なお，周知させる内容が複雑な場合等で④の口頭による周知が困難なときは，以下の①から③までのいずれかの方法によること。

　①　常時作業場所の見やすい場所に掲示または備えつけることによる周知

② 書面を交付すること（請負契約時に書面で示すことも含む。）による周知

③ 磁気テープ，磁気ディスクその他これらに準ずる物に記録し，かつ，各作業場所に当該記録の内容を常時確認できる機器を設置することによる周知

④ 口頭による周知

(4) 請負人等が講ずべき措置

令和4年厚生労働省令第82号により設けられた事業者による周知は，請負人等に指揮命令を行うことができないことから周知させることとしたものであり，請負人等についても労働者と同等の保護措置が講じられるためには，事業者から必要な措置を周知された請負人等自身が，確実に当該措置を実施することが重要であること。

また，個人事業者が家族従事者を使用するときは，個人事業者は当該家族従事者に対して，必要な措置を確実に実施することが重要であること。

(5) 周知に係る事業者の義務の範囲

令和4年厚生労働省令第82号により設けられた事業者による周知は，周知の内容を請負人等が理解したことの確認までを求めるものではないが，確実に必要な措置が伝わるように分かりやすく周知することが重要であること。その上で，請負人等が自らの判断で保護具を使用しない等，必要な措置を実施しなかった場合において，その実施しなかったことについての責任を当該事業者に求めるものではないこと。

第8章　製　造　等

　本章は，石綿を含有するおそれのある製品の輸入時の措置，石綿等の製造等が禁止されている物（労働安全衛生法第55条）の製造許可基準等について規定したものである。

（石綿を含有するおそれのある製品の輸入時の措置）

第46条の2　石綿をその重量の0.1パーセントを超えて含有するおそれのある製品であって厚生労働大臣が定めるものを輸入しようとする者（当該製品を販売の用に供し，又は営業上使用しようとする場合に限る。）は，当該製品の輸入の際に，厚生労働大臣が定める者が作成した次に掲げる事項を記載した書面を取得し，当該製品中に石綿がその重量の0.1パーセントを超えて含有しないことを当該書面により確認しなければならない。

　1　書面の発行年月日及び書面番号その他の当該書面を特定することができる情報

　2　製品の名称及び型式

　3　分析に係る試料を採取した製品のロット（一の製造期間内に一連の製造工程により均質性を有するように製造された製品の一群をいう。以下この号及び次項において同じ。）を特定するための情報（ロットを構成しない製品であって，製造年月日及び製造番号がある場合はその製造年月日及び製造番号）

　4　分析の日時

　5　分析の方法

　6　分析を実施した者の氏名又は名称

　7　石綿の検出の有無及び検出された場合にあってはその含有率

　②　前項の書面は，当該書面が輸入しようとする製品のロット（ロットを構成しない製品については，輸入しようとする製品）に対応するものであることを明らかにする書面及び同項第6号の分析を実施した者が同項に規定する厚生労働大臣が定める者に該当することを証する書面の写し

が添付されたものでなければならない。

③ 第1項の輸入しようとする者は，同項の書面（前項の規定により添付すべきこととされている書面及び書面の写しを含む。）を，当該製品を輸入した日から起算して3年間保存しなければならない。

【要 旨】

労働安全衛生法第55条で規定する石綿等の製造等の禁止の履行確保を図るため，石綿を含有するおそれのある製品の輸入時の措置等について定めたものである。

【解 説】

(1) 「当該製品を販売の用に供し，又は営業上使用しようとする場合」には，当該製品一品目ごとの価格の合計額が1万円以下である場合は含まれないこと。

(2) 「書面」は，日本語により作成されたものとし，外国語により書面が作成されている場合は，当該書面および当該書面の日本語の正確な翻訳を一体のものとして本項の「書面」として取り扱うこと。

(3) 第2号の「製品の名称」は，輸入後に販売の用に供し，または営業上使用する場合における名称をいうこと。

(4) 第3号の「ロット」および「一の製造期間内に一連の製造工程により均質性を有するように製造された製品の一群」は，いわゆる「製造ロット」，「原料ロット」等と称されることがあること。また，「ロットを特定するための情報」は，ロット番号およびこれに類する記号番号等をいうこと。

(5) 第5号の「分析の方法」は，分析方法を定めた日本産業規格，国際標準化機構（ISO）の規格またはわが国もしくは外国の政府機関が定めた分析方法をいうこと。なお，石綿の分析方法には，「建材中の石綿含有率の分析方法について」（平成18年8月21日付け基発第0821002号）に定める分析方法，国際標準化機構（ISO）の規格22262に定める分析方法または

これらと同等以上の外国の政府機関が定めた分析方法があること。

　(6)　「輸入しようとする製品のロット」は，第1項第3号のロットのうち輸入しようとするロットをいい，いわゆる「輸入ロット」等と称されることがあること。また，「当該書面が輸入しようとする製品のロットに対応するものであることを明らかにする書面」は，当該ロットの仕入れ書（インボイス）またはこれに類する書類に第1項第3号の情報を記載したものをいうこと。

　(7)　「厚生労働大臣が定める者に該当することを証する書面」は，次の書面をいうこと。

　　(ア)　石綿障害予防規則第46条の2第1項の規定に基づき厚生労働大臣が定める製品及び厚生労働大臣が定める者（令和3年厚生労働省告示第201号。以下「告示」という。）第2条第1号に定める者の場合

　　　　石綿障害予防規則第3条第6項の規定に基づき厚生労働大臣が定める者等（令和2年厚生労働省告示第277号。以下「分析調査者告示」という。）第2条の分析調査講習を受講し，同条第4号および第5号の修了考査に合格したことを証する書面。なお，当該書面には，分析調査者告示第2条第3号に掲げる分析の実施方法に係る実技講習のうち，修了したものが明記されている必要があること。

　　(イ)　告示第2条第2号に定める者の場合

　　　　次の①から⑤までに定める資格に係る認定，修了，登録等を受けたことを証する書面

　　　①　公益社団法人日本作業環境測定協会が実施する「石綿分析技術評価事業」により認定されるAランクもしくはBランクの認定分析技術者又は定性分析に係る合格者

　　　②　一般社団法人日本環境測定分析協会が実施する「アスベスト偏光顕微鏡実技研修（建材定性分析エキスパートコース）」の修了者

　　　③　一般社団法人日本環境測定分析協会に登録されている「建材中

のアスベスト定性分析技能試験（技術者対象）合格者」

④　一般社団法人日本環境測定分析協会に登録されている「アスベスト分析法委員会認定JEMCAインストラクター」

⑤　一般社団法人日本繊維状物質研究協会が実施する「石綿の分析精度確保に係るクロスチェック事業」により認定される「建築物及び工作物等の建材中の石綿含有の有無及び程度を判定する分析技術」の合格者

㈷　告示第2条第3号に定める者の場合

国際標準化機構（ISO）および国際電気標準会議（IEC）が定めた規格17025に適合している旨の認定（試験方法の区分が製品（バルク）中の石綿に係る試験に係るものに限る。）を受けたことを証する書面

（令第16条第1項第4号の厚生労働省令で定めるもの等）

第46条の3　令第16条第1項第4号の厚生労働省令で定めるものは，次の各号に掲げる場合の区分に応じ，当該各号に定めるものとする。

1　令第16条第1項第4号イからハまでに掲げる石綿又はこれらの石綿をその重量の0.1パーセントを超えて含有する製剤その他の物（以下この条において「製造等可能石綿等」という。）を製造し，輸入し，又は使用しようとする場合　あらかじめ労働基準監督署長に届け出られたもの

2　製造等可能石綿等を譲渡し，又は提供しようとする場合　製造等可能石綿等の粉じんが発散するおそれがないように，堅固な容器が使用され，又は確実な包装がされたもの

②　前項第1号の規定による届出をしようとする者は，様式第3号の2による届書を，製造等可能石綿等を製造し，輸入し，又は使用する場所を管轄する労働基準監督署長に提出しなければならない。

【要　旨】

石綿分析用試料等の製造が認められる要件等を定めたものである。

【解　説】

第１項第２号の「堅固な容器」や「確実な包装」とは，必要に応じて，運搬時の衝撃や摩耗に耐えうるよう，容器の周囲に緩衝材を配置し，包装を二重とする等，運搬形態に応じた必要な措置を講じたものをいうものであること。

なお，石綿調査の講習を実施する機関が当該講習のために石綿建材のサンプルを受講者に提供しようとする場合（所有権を留保しながら利用させるような場合）において，本規定は，講習で配布する際に容器・包装の措置を講じることを求める趣旨であり，受講者がルーペ等で観察を行うような実技演習時にまで容器・包装の措置を講じていなければならない趣旨ではないこと。

（製造等の禁止の解除手続）

第47条　令第16条第２項第１号の許可（石綿等に係るものに限る。次項において同じ。）を受けようとする者は，様式第４号による申請書を，石綿等を製造し，又は使用しようとする場合にあっては当該石綿等を製造し，又は使用する場所を管轄する労働基準監督署長を経由して当該場所を管轄する都道府県労働局長に，石綿等を輸入しようとする場合にあっては当該輸入する石綿等を使用する場所を管轄する労働基準監督署長を経由して当該場所を管轄する都道府県労働局長に提出しなければならない。　　　　　　　　　　　　　　　　（**根55ただし書，罰116**）

②　都道府県労働局長は，令第16条第２項第１号の許可をしたときは，申請者に対し，様式第５号による許可証を交付するものとする。

【要　旨】

本条は，労働安全衛生法第55条ただし書の規定により，製造等禁止石綿等を試験研究のため製造し，輸入し，または使用する場合の手続について規定したものである。

【解　説】

(1)　同法第55条ただし書の規定による製造は，試験研究する者が直接行

うべきものであり，他に委託して製造することは認められないこと。ただ
し，輸入に当たり，輸入事務の代行を商社等が行うことは差し支えないが，
商社等があらかじめ製造等禁止石綿等を輸入しておき，試験研究者の要請
によって提供することは認められず，したがって，輸入する場合も試験研
究に必要な最小限度の量であることが必要であること。

（石綿等の製造等に係る基準）

第48条　令第16条第2項第2号の厚生労働大臣が定める基準（石綿等に係
るものに限る。）は，次のとおりとする。

1　石綿等を製造する設備は，密閉式の構造のものとすること。ただし，
密閉式の構造とすることが作業の性質上著しく困難である場合におい
て，ドラフトチェンバー内部に当該設備を設けるときは，この限りで
ない。

2　石綿等を製造する設備を設置する場所の床は，水洗によって容易に
掃除できる構造のものとすること。

3　石綿等を製造し，又は使用する者は，当該石綿等による健康障害の
予防について，必要な知識を有する者であること。

4　石綿等を入れる容器については，当該石綿等の粉じんが発散するお
それがないように堅固なものとし，かつ，当該容器の見やすい箇所に，
当該石綿等が入っている旨を表示すること。

5　石綿等の保管については，一定の場所を定め，かつ，その旨を見や
すい箇所に表示すること。

6　石綿等を製造し，又は使用する者は，保護前掛及び保護手袋を使用
すること。

7　石綿等を製造する設備を設置する場所には，当該石綿等の製造作業
中関係者以外の者が立ち入ることを禁止し，かつ，その旨を見やすい
箇所に表示すること。　　　　　　　　　　　（根55ただし書，罰116）

【要　旨】

本条は，労働安全衛生法第55条ただし書および同法施行令第16条第2項
第2号の規定に基づき，石綿等を試験研究のため製造または石綿分析用試

料等の製造をするときの設備基準等を規定したものである。

【解　説】

　第1号の「作業の性質上著しく困難である場合」とは，製造等禁止石綿等を製造するに当たって，その量が少量であるため，工業的な製造設備を設けることが困難であることから，製造装置の密閉化ができず，手動によって操作しなければならない場合をいうものであること。

（製造の許可）

第48条の2　法第56条第1項の許可は，石綿分析用試料等を製造するプラントごとに行うものとする。　　　　　　　　　　　　　（根56−(1)，罰117)

　労働者に重度の健康障害を生じさせるおそれのある物の製造許可は，石綿分析用試料等を製造するプラントごとに行うものとすることを規定したものである。

（許可手続）

第48条の3　法第56条第1項の許可を受けようとする者は，様式第5号の2による申請書を，当該許可に係る石綿分析用試料等を製造する場所を管轄する労働基準監督署長を経由して厚生労働大臣に提出しなければならない。

②　厚生労働大臣は，法第56条第1項の許可をしたときは，申請者に対し，様式第5号の3による許可証（以下この条において「許可証」という。）を交付するものとする。

③　許可証の交付を受けた者は，これを滅失し，又は損傷したときは，様式第5号の4による申請書を第1項の労働基準監督署長を経由して厚生労働大臣に提出し，許可証の再交付を受けなければならない。

④　許可証の交付を受けた者は，氏名（法人にあっては，その名称）を変更したときは，様式第5号の4による申請書を第1項の労働基準監督署長を経由して厚生労働大臣に提出し，許可証の書替えを受けなければならない。　　　　　　　　　　　　　　　　　（根56−(1)，罰117)

製造の許可を受ける際の，申請書および許可証について規定したもので
ある。

（製造許可の基準）
第48条の4　第48条の規定は，石綿分析用試料等の製造に関する法第56条
　　第2項の厚生労働大臣の定める基準について準用する。この場合におい
　　て，第48条第3号及び第6号中「製造し，又は使用する」とあるのは，
　　「製造する」と読み替えるものとする。

石綿分析用試料等の製造に関する基準について規定したものである。

第８章の２　石綿作業主任者技能講習

> **第48条の5**　石綿作業主任者技能講習は，学科講習によって行う。
> ②　学科講習は，石綿に係る次の科目について行う。
> 　1　健康障害及びその予防措置に関する知識
> 　2　作業環境の改善方法に関する知識
> 　3　保護具に関する知識
> 　4　関係法令
> ③　安衛則第80条から第82条の２まで及び前二項に定めるもののほか，石綿作業主任者技能講習の実施について必要な事項は，厚生労働大臣が定める。　　　　　　　　　　　　　　　　　　　　　　　（根76−(3)）

　本条は，学科講習についての科目，受講手続，技能講習修了証の交付，再交付または書替えについて定めたものである。

第9章　報　　告

　本章は，事業を廃止しようとする事業者に対し，必要な記録の所轄労働
基準監督署長への提出を規定したものである。

　（石綿関係記録等の報告）
　第49条　石綿等を取り扱い，若しくは試験研究のため製造する事業者又は
　　石綿分析用試料等を製造する事業者は，事業を廃止しようとするときは，
　　石綿関係記録等報告書（様式第6号）に次の記録及び石綿健康診断個人
　　票又はこれらの写しを添えて，所轄労働基準監督署長に提出するものと
　　する。
　　1　第35条の作業の記録
　　2　第36条第2項の測定の記録
　　3　第41条の石綿健康診断個人票　　　　　（根100－⑴，罰120－⑤）

　本条は，石綿等を取り扱い，もしくは試験研究のため製造する事業者ま
たは石綿分析用試料等を製造する事業者が事業を廃止しようとするときは，
当該石綿等に係る作業環境測定の結果の記録，作業に従事する労働者の作
業の記録および石綿健康診断個人票を所轄労働基準監督署長に提出しなけ
ればならないことを規定したものである。

　（石綿を含有する製品に係る報告）
　第50条　製品を製造し，又は輸入した事業者（当該製品を販売の用に供し，
　　又は営業上使用する場合に限る。）は，当該製品（令第16条第1項第4
　　号及び第9号に掲げるものに限り，法第55条ただし書の要件に該当する
　　ものを除く。）が石綿をその重量の0.1％を超えて含有していることを
　　知った場合には，遅滞なく，次に掲げる事項（当該製品について譲渡又
　　は提供をしていない場合にあっては，第4号に掲げる事項を除く。）に
　　ついて，所轄労働基準監督署長に報告しなければならない。
　　1　製品の名称及び型式

2　製造した者の氏名又は名称

3　製造し，又は輸入した製品の数量

4　譲渡し，又は提供した製品の数量及び譲渡先又は提供先

5　製品の使用に伴う健康障害の発生及び拡大を防止するために行う措置

【要　旨】

　製品を製造し，または輸入した事業者（当該製品を販売の用に供し，または営業上使用する場合に限る。）に対して，当該製品（令第16条第1項第4号および第9号に掲げるものに限り，法第55条ただし書の要件に該当するものを除く。）が石綿をその重量の0.1％を超えて含有していることを知った場合には，遅滞なく，製品の名称および型式等について，所轄労働基準監督署長に報告することを義務付けたものである。

【解　説】

　(1)　「当該製品を販売の用に供し，又は営業上使用する場合」には，製造し，または輸入した製品1品目ごとの価格の合計額が1万円以下である場合は含まれないこと。

　(2)　第1号の「製品の名称」は，販売の用に供し，または営業上使用する場合における名称をいうこと。

　(3)　第5号の「製品の使用に伴う健康障害の発生及び拡大を防止するために行う措置」は，製品の使用停止の呼びかけ，製品の安全な保管方法の提示および製品の回収その他これに類する措置をいうこと。

第3編

関係法令

第8章

関係法令

【労働衛生関係法令】

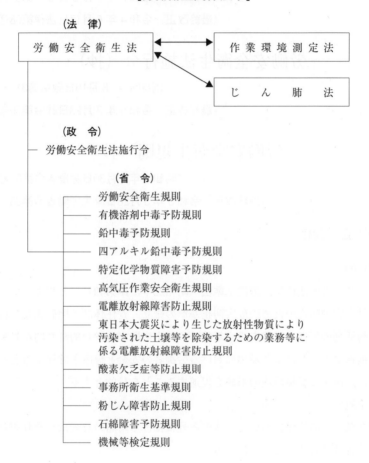

(法　律)

労 働 安 全 衛 生 法	作 業 環 境 測 定 法

じ　ん　肺　法

(政　令)

― 労働安全衛生法施行令

(省　令)

――― 労働安全衛生規則

――― 有機溶剤中毒予防規則

――― 鉛中毒予防規則

――― 四アルキル鉛中毒予防規則

――― 特定化学物質障害予防規則

――― 高気圧作業安全衛生規則

――― 電離放射線障害防止規則

――― 東日本大震災により生じた放射性物質により
　　　汚染された土壌等を除染するための業務等に
　　　係る電離放射線障害防止規則

――― 酸素欠乏症等防止規則

――― 事務所衛生基準規則

――― 粉じん障害防止規則

――― 石綿障害予防規則

――― 機械等検定規則

第1章　労働安全衛生法（抄）・

（昭和47年6月8日法律第57号）

（最終改正　令和4年6月17日法律第68号）

労働安全衛生法施行令（抄）・

（昭和47年8月19日政令第318号）

（最終改正　令和5年3月23日政令第69号）

労働安全衛生規則（抄）

（昭和47年9月30日労働省令第32号）

（最終改正　令和5年3月28日厚生労働省令第33号）

第1章　総則

（目的）

第1条　この法律は，労働基準法（昭和22年法律第49号）と相まつて，労働災害の防止のための危害防止基準の確立，責任体制の明確化及び自主的活動の促進の措置を講ずる等その防止に関する総合的計画的な対策を推進することにより職場における労働者の安全と健康を確保するとともに，快適な職場環境の形成を促進することを目的とする。

（定義）

第2条　この法律において，次の各号に掲げる用語の意義は，それぞれ当該各号に定めるところによる。

　1　労働災害　労働者の就業に係る建設物，設備，原材料，ガス，蒸気，粉じん等により，又は作業行動その他業務に起因して，労働者が負傷し，疾病にかかり，又は死亡することをいう。

　2　労働者　労働基準法第9条に規定する労働者（同居の親族のみを使用する事業又は事務所に使用される者及び家事使用人を除く。）をい

　う。

　3　事業者　事業を行う者で，労働者を使用するものをいう。

3の2　化学物質　元素及び化合物をいう。

　4　作業環境測定　作業環境の実態をは握するため空気環境その他の作
　　業環境について行うデザイン，サンプリング及び分析（解析を含
　　む。）をいう。

（事業者等の責務）

第3条　事業者は，単にこの法律で定める労働災害の防止のための最低基
　準を守るだけでなく，快適な職場環境の実現と労働条件の改善を通じて
　職場における労働者の安全と健康を確保するようにしなければならない。
　また，事業者は，国が実施する労働災害の防止に関する施策に協力する
　ようにしなければならない。

②　機械，器具その他の設備を設計し，製造し，若しくは輸入する者，原
　材料を製造し，若しくは輸入する者又は建設物を建設し，若しくは設計
　する者は，これらの物の設計，製造，輸入又は建設に際して，これらの
　物が使用されることによる労働災害の発生の防止に資するように努めな
　ければならない。

③　建設工事の注文者等仕事を他人に請け負わせる者は，施工方法，工期
　等について，安全で衛生的な作業の遂行をそこなうおそれのある条件を
　附さないように配慮しなければならない。

第4条　労働者は，労働災害を防止するため必要な事項を守るほか，事業
　者その他の関係者が実施する労働災害の防止に関する措置に協力するよ
　うに努めなければならない。

（事業者に関する規定の適用）

第5条　二以上の建設業に属する事業の事業者が，一の場所において行わ
　れる当該事業の仕事を共同連帯して請け負つた場合においては，厚生労
　働省令で定めるところにより，そのうちの1人を代表者として定め，こ
　れを都道府県労働局長に届け出なければならない。

② 前項の規定による届出がないときは，都道府県労働局長が代表者を指名する。

③ 前二項の代表者の変更は，都道府県労働局長に届け出なければ，その効力を生じない。

④ 第1項に規定する場合においては，当該事業を同項又は第2項の代表者のみの事業と，当該代表者のみを当該事業の事業者と，当該事業の仕事に従事する労働者を当該代表者のみが使用する労働者とそれぞれみなして，この法律を適用する。

第3章　安全衛生管理体制

（総括安全衛生管理者）

第10条　事業者は，政令で定める規模の事業場ごとに，厚生労働省令で定めるところにより，総括安全衛生管理者を選任し，その者に安全管理者，衛生管理者又は第25条の2第2項の規定により技術的事項を管理する者の指揮をさせるとともに，次の業務を統括管理させなければならない。

　　1　労働者の危険又は健康障害を防止するための措置に関すること。

　　2　労働者の安全又は衛生のための教育の実施に関すること。

　　3　健康診断の実施その他健康の保持増進のための措置に関すること。

　　4　労働災害の原因の調査及び再発防止対策に関すること。

　　5　前各号に掲げるもののほか，労働災害を防止するため必要な業務で，厚生労働省令で定めるもの

② 総括安全衛生管理者は，当該事業場においてその事業の実施を統括管理する者をもつて充てなければならない。

③ 都道府県労働局長は，労働災害を防止するため必要があると認めるときは，総括安全衛生管理者の業務の執行について事業者に勧告することができる。

労働安全衛生法施行令

（総括安全衛生管理者を選任すべき事業場）

第2条　労働安全衛生法（以下「法」という。）第10条第1項の政令で定める規模の事業場は，次の各号に掲げる業種の区分に応じ，常時当該各号に掲げる数以上の労働者を使用する事業場とする。

1　林業，鉱業，建設業，運送業及び清掃業　100人

2　製造業（物の加工業を含む。），電気業，ガス業，熱供給業，水道業，通信業，各種商品卸売業，家具・建具・じゅう器等卸売業，各種商品小売業，家具・建具・じゅう器小売業，燃料小売業，旅館業，ゴルフ場業，自動車整備業及び機械修理業　300人

3　その他の業種　1,000人

労働安全衛生規則

（総括安全衛生管理者の選任）

第2条　法第10条第1項の規定による総括安全衛生管理者の選任は，総括安全衛生管理者を選任すべき事由が発生した日から14日以内に行なわなければならない。

②　事業者は，総括安全衛生管理者を選任したときは，遅滞なく，様式第3号による報告書を，当該事業場の所在地を管轄する労働基準監督署長（以下「所轄労働基準監督署長」という。）に提出しなければならない。

（総括安全衛生管理者の代理者）

第3条　事業者は，総括安全衛生管理者が旅行，疾病，事故その他やむを得ない事由によつて職務を行なうことができないときは，代理者を選任しなければならない。

（総括安全衛生管理者が統括管理する業務）

第3条の2　法第10条第1項第5号の厚生労働省令で定める業務は，次のとおりとする。

1　安全衛生に関する方針の表明に関すること。

2　法第28条の2第1項又は第57条の3第1項及び第2項の危険性又は有害性等の調査及びその結果に基づき講ずる措置に関すること。

3　安全衛生に関する計画の作成，実施，評価及び改善に関すること。

（安全管理者）

第11条　事業者は，政令で定める業種及び規模の事業場ごとに，厚生労働省令で定める資格を有する者のうちから，厚生労働省令で定めるところにより，安全管理者を選任し，その者に前条第1項各号の業務（第25条の2第2項の規定により技術的事項を管理する者を選任した場合においては，同条第1項各号の措置に該当するものを除く。）のうち安全に係る技術的事項を管理させなければならない。

②　労働基準監督署長は，労働災害を防止するため必要があると認めるときは，事業者に対し，安全管理者の増員又は解任を命ずることができる。

（衛生管理者）

第12条　事業者は，政令で定める規模の事業場ごとに，都道府県労働局長の免許を受けた者その他厚生労働省令で定める資格を有する者のうちから，厚生労働省令で定めるところにより，当該事業場の業務の区分に応じて，衛生管理者を選任し，その者に第10条第1項各号の業務（第25条の2第2項の規定により技術的事項を管理する者を選任した場合においては，同条第1項各号の措置に該当するものを除く。）のうち衛生に係る技術的事項を管理させなければならない。

②　前条第2項の規定は，衛生管理者について準用する。

----労働安全衛生法施行令----

（衛生管理者を選任すべき事業場）

第4条　法第12条第1項の政令で定める規模の事業場は，常時50人以上の労働者を使用する事業場とする。

----労働安全衛生規則----

（衛生管理者の選任）

第7条　法第12条第1項の規定による衛生管理者の選任は，次に定めるところにより行わなければならない。

　1　衛生管理者を選任すべき事由が発生した日から14日以内に選任する

こと。

2　その事業場に専属の者を選任すること。ただし，2人以上の衛生管理者を選任する場合において，当該衛生管理者の中に第10条第3号に掲げる者がいるときは，当該者のうち1人については，この限りでない。

3　次に掲げる業種の区分に応じ，それぞれに掲げる者のうちから選任すること。

　イ　農林畜水産業，鉱業，建設業，製造業（物の加工業を含む。），電気業，ガス業，水道業，熱供給業，運送業，自動車整備業，機械修理業，医療業及び清掃業　第1種衛生管理者免許若しくは衛生工学衛生管理者免許を有する者又は第10条各号に掲げる者

　ロ　その他の業種　第1種衛生管理者免許，第2種衛生管理者免許若しくは衛生工学衛生管理者免許を有する者又は第10条各号に掲げる者

4　次の表の上欄〈編注：左欄〉に掲げる事業場の規模に応じて，同表の下欄〈編注：右欄〉に掲げる数以上の衛生管理者を選任すること。

事業場の規模（常時使用する労働者数）	衛生管理者数
50人以上200人以下	1人
200人を超え500人以下	2人
500人を超え1,000人以下	3人
1,000人を超え2,000人以下	4人
2,000人を超え3,000人以下	5人
3,000人を超える場合	6人

5　次に掲げる事業場にあつては，衛生管理者のうち少なくとも1人を専任の衛生管理者とすること。

　イ　常時1,000人を超える労働者を使用する事業場

　ロ　常時500人を超える労働者を使用する事業場で，坑内労働又は労働基準法施行規則（昭和22年厚生省令第23号）第18条各号に掲げる業務に常時30人以上の労働者を従事させるもの

6　常時500人を超える労働者を使用する事業場で，坑内労働又は労働基準法施行規則第18条第1号，第3号から第5号まで若しくは第9号

に掲げる業務に常時30人以上の労働者を従事させるものにあつては，衛生管理者のうち１人を衛生工学衛生管理者免許を受けた者のうちから選任すること。

② 第２条第２項及び第３条の規定は，衛生管理者について準用する。

（衛生管理者の選任の特例）

第８条 事業者は，前条第１項の規定により衛生管理者を選任することができないやむを得ない事由がある場合で，所轄都道府県労働局長の許可を受けたときは，同項の規定によらないことができる。

（共同の衛生管理者の選任）

第９条 都道府県労働局長は，必要であると認めるときは，地方労働審議会の議を経て，衛生管理者を選任することを要しない二以上の事業場で，同一の地域にあるものについて，共同して衛生管理者を選任すべきことを勧告することができる。

（衛生管理者の資格）

第10条 法第12条第１項の厚生労働省令で定める資格を有する者は，次のとおりとする。

1 医師

2 歯科医師

3 労働衛生コンサルタント

4 前三号に掲げる者のほか，厚生労働大臣の定める者

（衛生管理者の定期巡視及び権限の付与）

第11条 衛生管理者は，少なくとも毎週１回作業場等を巡視し，設備，作業方法又は衛生状態に有害のおそれがあるときは，直ちに，労働者の健康障害を防止するため必要な措置を講じなければならない。

② 事業者は，衛生管理者に対し，衛生に関する措置をなし得る権限を与えなければならない。

（衛生工学に関する事項の管理）

第12条 事業者は，第７条第１項第６号の規定により選任した衛生管理者に，法第10条第１項各号の業務のうち衛生に係る技術的事項で衛生工学に関するものを管理させなければならない。

（安全衛生推進者等）

第12条の2　事業者は，第11条第1項の事業場及び前条第1項の事業場以外の事業場で，厚生労働省令で定める規模のものごとに，厚生労働省令で定めるところにより，安全衛生推進者（第11条第1項の政令で定める業種以外の業種の事業場にあつては，衛生推進者）を選任し，その者に第10条第1項各号の業務（第25条の2第2項の規定により技術的事項を管理する者を選任した場合においては，同条第1項各号の措置に該当するものを除くものとし，第11条第1項の政令で定める業種以外の業種の事業場にあつては，衛生に係る業務に限る。）を担当させなければならない。

┌─労働安全衛生規則─

（安全衛生推進者等を選任すべき事業場）

第12条の2　法第12条の2の厚生労働省令で定める規模の事業場は，常時10人以上50人未満の労働者を使用する事業場とする。

（安全衛生推進者等の選任）

第12条の3　法第12条の2の規定による安全衛生推進者又は衛生推進者（以下「安全衛生推進者等」という。）の選任は，都道府県労働局長の登録を受けた者が行う講習を修了した者その他法第10条第1項各号の業務（衛生推進者にあつては，衛生に係る業務に限る。）を担当するため必要な能力を有すると認められる者のうちから，次に定めるところにより行わなければならない。

1　安全衛生推進者等を選任すべき事由が発生した日から14日以内に選任すること。

2　その事業場に専属の者を選任すること。ただし，労働安全コンサルタント，労働衛生コンサルタントその他厚生労働大臣が定める者のうちから選任するときは，この限りでない。

②　次に掲げる者は，前項の講習の講習科目（安全衛生推進者に係るものに限る。）のうち厚生労働大臣が定めるものの免除を受けることができる。

1　第5条各号に掲げる者
2　第10条各号に掲げる者
（安全衛生推進者等の氏名の周知）
第12条の4　事業者は，安全衛生推進者等を選任したときは，当該安全衛生推進者等の氏名を作業場の見やすい箇所に掲示する等により関係労働者に周知させなければならない。

（産業医等）

第13条　事業者は，政令で定める規模の事業場ごとに，厚生労働省令で定めるところにより，医師のうちから産業医を選任し，その者に労働者の健康管理その他の厚生労働省令で定める事項（以下「労働者の健康管理等」という。）を行わせなければならない。

②　産業医は，労働者の健康管理等を行うのに必要な医学に関する知識について厚生労働省令で定める要件を備えた者でなければならない。

③　産業医は，労働者の健康管理等を行うのに必要な医学に関する知識に基づいて，誠実にその職務を行わなければならない。

④　産業医を選任した事業者は，産業医に対し，厚生労働省令で定めるところにより，労働者の労働時間に関する情報その他の産業医が労働者の健康管理等を適切に行うために必要な情報として厚生労働省令で定めるものを提供しなければならない。

⑤　産業医は，労働者の健康を確保するため必要があると認めるときは，事業者に対し，労働者の健康管理等について必要な勧告をすることができる。この場合において，事業者は，当該勧告を尊重しなければならない。

⑥　事業者は，前項の勧告を受けたときは，厚生労働省令で定めるところにより，当該勧告の内容その他の厚生労働省令で定める事項を衛生委員会又は安全衛生委員会に報告しなければならない。

労働安全衛生法施行令

（産業医を選任すべき事業場）

第5条　法第13条第1項の政令で定める規模の事業場は，常時50人以上の労働者を使用する事業場とする。

労働安全衛生規則

（産業医の選任等）

第13条　法第13条第1項の規定による産業医の選任は，次に定めるところにより行わなければならない。

1　産業医を選任すべき事由が発生した日から14日以内に選任すること。

2　次に掲げる者（イ及びロにあつては，事業場の運営について利害関係を有しない者を除く。）以外の者のうちから選任すること。
　イ　事業者が法人の場合にあつては当該法人の代表者
　ロ　事業者が法人でない場合にあつては事業を営む個人
　ハ　事業場においてその事業の実施を統括管理する者

3　常時1,000人以上の労働者を使用する事業場又は次に掲げる業務に常時500人以上の労働者を従事させる事業場にあつては，その事業場に専属の者を選任すること。
　イ　多量の高熱物体を取り扱う業務及び著しく暑熱な場所における業務
　ロ　多量の低温物体を取り扱う業務及び著しく寒冷な場所における業務
　ハ　ラジウム放射線，エックス線その他の有害放射線にさらされる業務
　ニ　土石，獣毛等のじんあい又は粉末を著しく飛散する場所における業務
　ホ　異常気圧下における業務
　ヘ　さく岩機，鋲打機等の使用によつて，身体に著しい振動を与える業務
　ト　重量物の取扱い等重激な業務
　チ　ボイラー製造等強烈な騒音を発する場所における業務

　　リ　坑内における業務

　　ヌ　深夜業を含む業務

　　ル　水銀，砒素，黄りん，弗化水素酸，塩酸，硝酸，硫酸，青酸，か
　　　性アルカリ，石炭酸その他これらに準ずる有害物を取り扱う業務

　　ヲ　鉛，水銀，クロム，砒素，黄りん，弗化水素，塩素，塩酸，硝酸，
　　　亜硫酸，硫酸，一酸化炭素，二硫化炭素，青酸，ベンゼン，アニリ
　　　ンその他これらに準ずる有害物のガス，蒸気又は粉じんを発散する
　　　場所における業務

　　ワ　病原体によつて汚染のおそれが著しい業務

　　カ　その他厚生労働大臣が定める業務

　4　常時3,000人をこえる労働者を使用する事業場にあつては，2人以
　　上の産業医を選任すること。

②　第2条第2項の規定は，産業医について準用する。ただし，学校保健
　安全法（昭和33年法律第56号）第23条（就学前の子どもに関する教育，
　保育等の総合的な提供の推進に関する法律（平成18年法律第77号。以下
　この項及び第44条の2第1項において「認定こども園法」という。）第
　27条において準用する場合を含む。）の規定により任命し，又は委嘱さ
　れた学校医で，当該学校（同条において準用する場合にあつては，認定
　こども園法第2条第7項に規定する幼保連携型認定こども園）において
　産業医の職務を行うこととされたものについては，この限りでない。

③　第8条の規定は，産業医について準用する。この場合において，同条
　中「前条第1項」とあるのは，「第13条第1項」と読み替えるものとす
　る。

④　事業者は，産業医が辞任したとき又は産業医を解任したときは，遅滞
　なく，その旨及びその理由を衛生委員会又は安全衛生委員会に報告しな
　ければならない。

（産業医及び産業歯科医の職務等）

第14条　法第13条第1項の厚生労働省令で定める事項は，次に掲げる事項
　で医学に関する専門的知識を必要とするものとする。

　1　健康診断の実施及びその結果に基づく労働者の健康を保持するため
　　の措置に関すること。

 2　法第66条の8第1項，第68条の8の2第1項及び第66条の8の4第1項に規定する面接指導並びに法第66条の9に規定する必要な措置の実施並びにこれらの結果に基づく労働者の健康を保持するための措置に関すること。

 3　法第66条の10第1項に規定する心理的な負担の程度を把握するための検査の実施並びに同条第3項に規定する面接指導の実施及びその結果に基づく労働者の健康を保持するための措置に関すること。

 4　作業環境の維持管理に関すること。

 5　作業の管理に関すること。

 6　前各号に掲げるもののほか，労働者の健康管理に関すること。

 7　健康教育，健康相談その他労働者の健康の保持増進を図るための措置に関すること。

 8　衛生教育に関すること。

 9　労働者の健康障害の原因の調査及び再発防止のための措置に関すること。

② 法第13条第2項の厚生労働省令で定める要件を備えた者は，次のとおりとする。

 1　法第13条第1項に規定する労働者の健康管理等（以下「労働者の健康管理等」という。）を行うのに必要な医学に関する知識についての研修であつて厚生労働大臣の指定する者（法人に限る。）が行うものを修了した者

 2　産業医の養成等を行うことを目的とする医学の正規の課程を設置している産業医科大学その他の大学であつて厚生労働大臣が指定するものにおいて当該課程を修めて卒業した者であつて，その大学が行う実習を履修したもの

 3　労働衛生コンサルタント試験に合格した者で，その試験の区分が保健衛生であるもの

 4　学校教育法による大学において労働衛生に関する科目を担当する教授，准教授又は講師（常時勤務する者に限る。）の職にあり，又はあつた者

 5　前各号に掲げる者のほか，厚生労働大臣が定める者

③　産業医は，第１項各号に掲げる事項について，総括安全衛生管理者に
　対して勧告し，又は衛生管理者に対して指導し，若しくは助言すること
　ができる。

④　事業者は，産業医が法第13条第５項の規定による勧告をしたこと又は
　前項の規定による勧告，指導若しくは助言をしたことを理由として，産
　業医に対し，解任その他不利益な取扱いをしないようにしなければなら
　ない。

⑤　事業者は，令第22条第３項の業務に常時50人以上の労働者を従事させ
　る事業場については，第１項各号に掲げる事項のうち当該労働者の歯又
　はその支持組織に関する事項について，適時，歯科医師の意見を聴くよ
　うにしなければならない。

⑥　前項の事業場の労働者に対して法第66条第３項の健康診断を行なつた
　歯科医師は，当該事業場の事業者又は総括安全衛生管理者に対し，当該
　労働者の健康障害（歯又はその支持組織に関するものに限る。）を防止
　するため必要な事項を勧告することができる。

⑦　産業医は，労働者の健康管理等を行うために必要な医学に関する知識
　及び能力の維持向上に努めなければならない。

（産業医に対する情報の提供）

第14条の2　法第13条第４項の厚生労働省令で定める情報は，次に掲げる
　情報とする。

　1　法第66条の５第１項，第66条の８第５項（法第66条の８の２第２項
　　又は第66条の８の４第２項において読み替えて準用する場合を含
　　む。）又は第66条の10第６項の規定により既に講じた措置又は講じよ
　　うとする措置の内容に関する情報（これらの措置を講じない場合にあ
　　つては，その旨及びその理由）

　2　第52条の２第１項，第52条の７の２第１項又は第52条の７の４第１
　　項の超えた時間が１月当たり80時間を超えた労働者の氏名及び当該労
　　働者に係る当該超えた時間に関する情報

　3　前二号に掲げるもののほか，労働者の業務に関する情報であつて産
　　業医が労働者の健康管理等を適切に行うために必要と認めるもの

②　法第13条第４項の規定による情報の提供は，次の各号に掲げる情報の

区分に応じ，当該各号に定めるところにより行うものとする。

1　前項第1号に掲げる情報　法第66条の4，第66条の8第4項（法第66条の8の2第2項又は第66条の8の4第2項において準用する場合を含む。）又は第66条の10第5項の規定による医師又は歯科医師からの意見聴取を行つた後，遅滞なく提供すること。

2　前項第2号に掲げる情報　第52条の2第2項（第52条の7の2第2項又は第52条の7の4第2項において準用する場合を含む。）の規定により同号の超えた時間の算定を行つた後，速やかに提供すること。

3　前項第3号に掲げる情報　産業医から当該情報の提供を求められた後，速やかに提供すること。

（産業医による勧告等）

第14条の3　産業医は，法第13条第5項の勧告をしようとするときは，あらかじめ，当該勧告の内容について，事業者の意見を求めるものとする。

②　事業者は，法第13条第5項の勧告を受けたときは，次に掲げる事項を記録し，これを3年間保存しなければならない。

1　当該勧告の内容

2　当該勧告を踏まえて講じた措置の内容（措置を講じない場合にあつては，その旨及びその理由）

③　法第13条第6項の規定による報告は，同条第5項の勧告を受けた後遅滞なく行うものとする。

④　法第13条第6項の厚生労働省令で定める事項は，次に掲げる事項とする。

1　当該勧告の内容

2　当該勧告を踏まえて講じた措置又は講じようとする措置の内容（措置を講じない場合にあつては，その旨及びその理由）

（産業医に対する権限の付与等）

第14条の4　事業者は，産業医に対し，第14条第1項各号に掲げる事項をなし得る権限を与えなければならない。

②　前項の権限には，第14条第1項各号に掲げる事項に係る次に掲げる事項に関する権限が含まれるものとする。

1　事業者又は総括安全衛生管理者に対して意見を述べること。

　2　第14条第1項各号に掲げる事項を実施するために必要な情報を労働者から収集すること。

　3　労働者の健康を確保するため緊急の必要がある場合において，労働者に対して必要な措置をとるべきことを指示すること。

（産業医の定期巡視）

第15条　産業医は，少なくとも毎月1回（産業医が，事業者から，毎月1回以上，次に掲げる情報の提供を受けている場合であつて，事業者の同意を得ているときは，少なくとも2月に1回）作業場等を巡視し，作業方法又は衛生状態に有害のおそれがあるときは，直ちに，労働者の健康障害を防止するため必要な措置を講じなければならない。

　1　第11条第1項の規定により衛生管理者が行う巡視の結果

　2　前号に掲げるもののほか，労働者の健康障害を防止し，又は労働者の健康を保持するために必要な情報であつて，衛生委員会又は安全衛生委員会における調査審議を経て事業者が産業医に提供することとしたもの

第13条の2　事業者は，前条第1項の事業場以外の事業場については，労働者の健康管理等を行うのに必要な医学に関する知識を有する医師その他厚生労働省令で定める者に労働者の健康管理等の全部又は一部を行わせるように努めなければならない。

②　前条第4項の規定は，前項に規定する者に労働者の健康管理等の全部又は一部を行わせる事業者について準用する。この場合において，同条第4項中「提供しなければ」とあるのは，「提供するように努めなければ」と読み替えるものとする。

　　──労働安全衛生規則──

（産業医を選任すべき事業場以外の事業場の労働者の健康管理等）

第15条の2　法第13条の2第1項の厚生労働省令で定める者は，労働者の健康管理等を行うのに必要な知識を有する保健師とする。

②　事業者は，法第13条第1項の事業場以外の事業場について，法第13条の2第1項に規定する者に労働者の健康管理等の全部又は一部を行わせ

るに当たつては，労働者の健康管理等を行う同項に規定する医師の選任，国が法第19条の3に規定する援助として行う労働者の健康管理等に係る業務についての相談その他の必要な援助の事業の利用等に努めるものとする。

③　第14条の2第1項の規定は法第13条の2第2項において準用する法第13条第4項の厚生労働省令で定める情報について，第14条の2第2項の規定は法第13条の2第2項において準用する法第13条第4項の規定による情報の提供について，それぞれ準用する。

第13条の3　事業者は，産業医又は前条第1項に規定する者による労働者の健康管理等の適切な実施を図るため，産業医又は同項に規定する者が労働者からの健康相談に応じ，適切に対応するために必要な体制の整備その他の必要な措置を講ずるように努めなければならない。

（作業主任者）

第14条　事業者は，高圧室内作業その他の労働災害を防止するための管理を必要とする作業で，政令で定めるものについては，都道府県労働局長の免許を受けた者又は都道府県労働局長の登録を受けた者が行う技能講習を修了した者のうちから，厚生労働省令で定めるところにより，当該作業の区分に応じて，作業主任者を選任し，その者に当該作業に従事する労働者の指揮その他の厚生労働省令で定める事項を行わせなければならない。

労働安全衛生法施行令

（作業主任者を選任すべき作業）

第6条　法第14条の政令で定める作業は，次のとおりとする。

1〜22　略

23　石綿若しくは石綿をその重量の0.1パーセントを超えて含有する製剤その他の物（以下「石綿等」という。）を取り扱う作業（試験研究のため取り扱う作業を除く。）又は石綿等を試験研究のため製造する作業若しくは第16条第1項第4号イからハまでに掲げる石綿で同号の

厚生労働省令で定めるもの若しくはこれらの石綿をその重量の0.1
パーセントを超えて含有する製剤その他の物（以下「石綿分析用試料
等」という。）を製造する作業

　　労働安全衛生規則

（作業主任者の選任）

第16条　法第14条の規定による作業主任者の選任は，別表第1の上欄〈編
　注：左欄〉に掲げる作業の区分に応じて，同表の中欄に掲げる資格を有
　する者のうちから行なうものとし，その作業主任者の名称は，同表の下
　欄〈編注：右欄〉に掲げるとおりとする。

②　略

別表第1（抄）（第16条，第17条関係）

作業の区分	資格を有する者	名　　称
令第6条第23号の作業	石綿作業主任者技能講習を修了した者	石綿作業主任者

（作業主任者の職務の分担）

第17条　事業者は，別表第1の上欄〈編注：左欄〉に掲げる一の作業を同
　一の場所で行なう場合において，当該作業に係る作業主任者を2人以上
　選任したときは，それぞれの作業主任者の職務の分担を定めなければな
　らない。

（作業主任者の氏名等の周知）

第18条　事業者は，作業主任者を選任したときは，当該作業主任者の氏名
　及びその者に行なわせる事項を作業場の見やすい箇所に掲示する等によ
　り関係労働者に周知させなければならない。

（統括安全衛生責任者）

第15条　事業者で，一の場所において行う事業の仕事の一部を請負人に
　請け負わせているもの（当該事業の仕事の一部を請け負わせる契約が
　二以上あるため，その者が二以上あることとなるときは，当該請負契約
　のうちの最も先次の請負契約における注文者とする。以下「元方事業
　者」という。）のうち，建設業その他政令で定める業種に属する事業

（以下「特定事業」という。）を行う者（以下「特定元方事業者」とい
う。）は，その労働者及びその請負人（元方事業者の当該事業の仕事が
数次の請負契約によつて行われるときは，当該請負人の請負契約の後次
のすべての請負契約の当事者である請負人を含む。以下「関係請負人」
という。）の労働者が当該場所において作業を行うときは，これらの労
働者の作業が同一の場所において行われることによつて生ずる労働災害
を防止するため，統括安全衛生責任者を選任し，その者に元方安全衛生
管理者の指揮をさせるとともに，第30条第1項各号の事項を統括管理さ
せなければならない。ただし，これらの労働者の数が政令で定める数未
満であるときは，この限りでない。

② 統括安全衛生責任者は，当該場所においてその事業の実施を統括管理
する者をもつて充てなければならない。

③ 第30条第4項の場合において，同項のすべての労働者の数が政令で定
める数以上であるときは，当該指名された事業者は，これらの労働者に
関し，これらの労働者の作業が同一の場所において行われることによつ
て生ずる労働災害を防止するため，統括安全衛生責任者を選任し，その
者に元方安全衛生管理者の指揮をさせるとともに，同条第1項各号の事
項を統括管理させなければならない。この場合においては，当該指名さ
れた事業者及び当該指名された事業者以外の事業者については，第1項
の規定は，適用しない。

④ 第1項又は前項に定めるもののほか，第25条の2第1項に規定する仕
事が数次の請負契約によつて行われる場合においては，第1項又は前項
の規定により統括安全衛生責任者を選任した事業者は，統括安全衛生責
任者に第30条の3第5項において準用する第25条の2第2項の規定によ
り技術的事項を管理する者の指揮をさせるとともに，同条第1項各号の
措置を統括管理させなければならない。

⑤ 第10条第3項の規定は，統括安全衛生責任者の業務の執行について準
用する。この場合において，同項中「事業者」とあるのは，「当該統括

安全衛生責任者を選任した事業者」と読み替えるものとする。

労働安全衛生法施行令

（統括安全衛生責任者を選任すべき業種等）

第7条　法第15条第1項の政令で定める業種は，造船業とする。

② 法第15条第1項ただし書及び第3項の政令で定める労働者の数は，次の各号に掲げる仕事の区分に応じ，当該各号に定める数とする。

　1　ずい道等の建設の仕事，橋梁の建設の仕事（作業場所が狭いこと等により安全な作業の遂行が損なわれるおそれのある場所として厚生労働省令で定める場所において行われるものに限る。）又は圧気工法による作業を行う仕事　常時30人

　2　前号に掲げる仕事以外の仕事　常時50人

（元方安全衛生管理者）

第15条の2　前条第1項又は第3項の規定により統括安全衛生責任者を選任した事業者で，建設業その他政令で定める業種に属する事業を行うものは，厚生労働省令で定める資格を有する者のうちから，厚生労働省令で定めるところにより，元方安全衛生管理者を選任し，その者に第30条第1項各号の事項のうち技術的事項を管理させなければならない。

② 第11条第2項の規定は，元方安全衛生管理者について準用する。この場合において，同項中「事業者」とあるのは，「当該元方安全衛生管理者を選任した事業者」と読み替えるものとする。

（店社安全衛生管理者）

第15条の3　建設業に属する事業の元方事業者は，その労働者及び関係請負人の労働者が一の場所（これらの労働者の数が厚生労働省令で定める数未満である場所及び第15条第1項又は第3項の規定により統括安全衛生責任者を選任しなければならない場所を除く。）において作業を行うときは，当該場所において行われる仕事に係る請負契約を締結している事業場ごとに，これらの労働者の作業が同一の場所で行われることによつて生ずる労働災害を防止するため，厚生労働省令で定める資格を有す

る者のうちから，厚生労働省令で定めるところにより，店社安全衛生管理者を選任し，その者に，当該事業場で締結している当該請負契約に係る仕事を行う場所における第30条第1項各号の事項を担当する者に対する指導その他厚生労働省令で定める事項を行わせなければならない。

②　第30条第4項の場合において，同項のすべての労働者の数が厚生労働省令で定める数以上であるとき（第15条第1項又は第3項の規定により統括安全衛生責任者を選任しなければならないときを除く。）は，当該指名された事業者で建設業に属する事業の仕事を行うものは，当該場所において行われる仕事に係る請負契約を締結している事業場ごとに，これらの労働者に関し，これらの労働者の作業が同一の場所で行われることによつて生ずる労働災害を防止するため，厚生労働省令で定める資格を有する者のうちから，厚生労働省令で定めるところにより，店社安全衛生管理者を選任し，その者に，当該事業場で締結している当該請負契約に係る仕事を行う場所における第30条第1項各号の事項を担当する者に対する指導その他厚生労働省令で定める事項を行わせなければならない。この場合においては，当該指名された事業者及び当該指名された事業者以外の事業者については，前項の規定は適用しない。

（安全衛生責任者）

第16条　第15条第1項又は第3項の場合において，これらの規定により統括安全衛生責任者を選任すべき事業者以外の請負人で，当該仕事を自ら行うものは，安全衛生責任者を選任し，その者に統括安全衛生責任者との連絡その他の厚生労働省令で定める事項を行わせなければならない。

②　前項の規定により安全衛生責任者を選任した請負人は，同項の事業者に対し，遅滞なく，その旨を通報しなければならない。

（安全委員会）

第17条　事業者は，政令で定める業種及び規模の事業場ごとに，次の事項を調査審議させ，事業者に対し意見を述べさせるため，安全委員会を設けなければならない。

  1 労働者の危険を防止するための基本となるべき対策に関すること。

  2 労働災害の原因及び再発防止対策で，安全に係るものに関すること。

  3 前二号に掲げるもののほか，労働者の危険の防止に関する重要事項

② 安全委員会の委員は，次の者をもつて構成する。ただし，第1号の者である委員（以下「第1号の委員」という。）は，1人とする。

  1 総括安全衛生管理者又は総括安全衛生管理者以外の者で当該事業場においてその事業の実施を統括管理するもの若しくはこれに準ずる者のうちから事業者が指名した者

  2 安全管理者のうちから事業者が指名した者

  3 当該事業場の労働者で，安全に関し経験を有するもののうちから事業者が指名した者

③ 安全委員会の議長は，第1号の委員がなるものとする。

④ 事業者は，第1号の委員以外の委員の半数については，当該事業場に労働者の過半数で組織する労働組合があるときにおいてはその労働組合，労働者の過半数で組織する労働組合がないときにおいては労働者の過半数を代表する者の推薦に基づき指名しなければならない。

⑤ 前二項の規定は，当該事業場の労働者の過半数で組織する労働組合との間における労働協約に別段の定めがあるときは，その限度において適用しない。

（衛生委員会）

第18条 事業者は，政令で定める規模の事業場ごとに，次の事項を調査審議させ，事業者に対し意見を述べさせるため，衛生委員会を設けなければならない。

  1 労働者の健康障害を防止するための基本となるべき対策に関すること。

  2 労働者の健康の保持増進を図るための基本となるべき対策に関すること。

  3 労働災害の原因及び再発防止対策で，衛生に係るものに関すること。

　　4　前三号に掲げるもののほか，労働者の健康障害の防止及び健康の保
　　　持増進に関する重要事項
②　衛生委員会の委員は，次の者をもつて構成する。ただし，第1号の者
　　である委員は，1人とする。
　　1　総括安全衛生管理者又は総括安全衛生管理者以外の者で当該事業場
　　　においてその事業の実施を統括管理するもの若しくはこれに準ずる者
　　　のうちから事業者が指名した者
　　2　衛生管理者のうちから事業者が指名した者
　　3　産業医のうちから事業者が指名した者
　　4　当該事業場の労働者で，衛生に関し経験を有するもののうちから事
　　　業者が指名した者
③　事業者は，当該事業場の労働者で，作業環境測定を実施している作業
　　環境測定士であるものを衛生委員会の委員として指名することができる。
④　前条第3項から第5項までの規定は，衛生委員会について準用する。
　　この場合において，同条第3項及び第4項中「第1号の委員」とあるの
　　は，「第18条第2項第1号の者である委員」と読み替えるものとする。

労働安全衛生法施行令

（衛生委員会を設けるべき事業場）
　第9条　法第18条第1項の政令で定める規模の事業場は，常時50人以上の
　　労働者を使用する事業場とする。

（安全衛生委員会）
第19条　事業者は，第17条及び前条の規定により安全委員会及び衛生委員
　　会を設けなければならないときは，それぞれの委員会の設置に代えて，
　　安全衛生委員会を設置することができる。
②　安全衛生委員会の委員は，次の者をもつて構成する。ただし，第1号
　　の者である委員は，1人とする。
　　1　総括安全衛生管理者又は総括安全衛生管理者以外の者で当該事業場

　　においてその事業の実施を統括管理するもの若しくはこれに準ずる者
　　のうちから事業者が指名した者
　2　安全管理者及び衛生管理者のうちから事業者が指名した者
　3　産業医のうちから事業者が指名した者
　4　当該事業場の労働者で，安全に関し経験を有するもののうちから事
　　業者が指名した者
　5　当該事業場の労働者で，衛生に関し経験を有するもののうちから事
　　業者が指名した者
③　事業者は，当該事業場の労働者で，作業環境測定を実施している作業
　　環境測定士であるものを安全衛生委員会の委員として指名することがで
　　きる。
④　第17条第3項から第5項までの規定は，安全衛生委員会について準用
　　する。この場合において，同条第3項及び第4項中「第1号の委員」と
　　あるのは，「第19条第2項第1号の者である委員」と読み替えるものと
　　する。
（安全管理者等に対する教育等）
第19条の2　事業者は，事業場における安全衛生の水準の向上を図るため，
　　安全管理者，衛生管理者，安全衛生推進者，衛生推進者その他労働災害
　　の防止のための業務に従事する者に対し，これらの者が従事する業務に
　　関する能力の向上を図るための教育，講習等を行い，又はこれらを受け
　　る機会を与えるように努めなければならない。
②　厚生労働大臣は，前項の教育，講習等の適切かつ有効な実施を図るた
　　め必要な指針を公表するものとする。
③　厚生労働大臣は，前項の指針に従い，事業者又はその団体に対し，必
　　要な指導等を行うことができる。

―――労働安全衛生規則―――

第24条　法第19条の2第2項の規定による指針の公表は，当該指針の名称及び趣旨を官報に掲載するとともに，当該指針を厚生労働省労働基準局及び都道府県労働局において閲覧に供することにより行うものとする。

第4章　労働者の危険又は健康障害を防止するための措置

（事業者の講ずべき措置等）

第20条　事業者は，次の危険を防止するため必要な措置を講じなければならない。

1　機械，器具その他の設備（以下「機械等」という。）による危険

2　爆発性の物，発火性の物，引火性の物等による危険

3　電気，熱その他のエネルギーによる危険

第21条　事業者は，掘削，採石，荷役，伐木等の業務における作業方法から生ずる危険を防止するため必要な措置を講じなければならない。

②　事業者は，労働者が墜落するおそれのある場所，土砂等が崩壊するおそれのある場所等に係る危険を防止するため必要な措置を講じなければならない。

第22条　事業者は，次の健康障害を防止するため必要な措置を講じなければならない。

1　原材料，ガス，蒸気，粉じん，酸素欠乏空気，病原体等による健康障害

2　放射線，高温，低温，超音波，騒音，振動，異常気圧等による健康障害

3　計器監視，精密工作等の作業による健康障害

4　排気，排液又は残さい物による健康障害

第23条　事業者は，労働者を就業させる建設物その他の作業場について，通路，床面，階段等の保全並びに換気，採光，照明，保温，防湿，休養，

避難及び清潔に必要な措置その他労働者の健康，風紀及び生命の保持の
ため必要な措置を講じなければならない。

第24条　事業者は，労働者の作業行動から生ずる労働災害を防止するため
必要な措置を講じなければならない。

第25条　事業者は，労働災害発生の急迫した危険があるときは，直ちに作
業を中止し，労働者を作業場から退避させる等必要な措置を講じなけれ
ばならない。

第25条の2　建設業その他政令で定める業種に属する事業の仕事で，政令
で定めるものを行う事業者は，爆発，火災等が生じたことに伴い労働者
の救護に関する措置がとられる場合における労働災害の発生を防止する
ため，次の措置を講じなければならない。

　1　労働者の救護に関し必要な機械等の備付け及び管理を行うこと。

　2　労働者の救護に関し必要な事項についての訓練を行うこと。

　3　前二号に掲げるもののほか，爆発，火災等に備えて，労働者の救護
　　に関し必要な事項を行うこと。

②　前項に規定する事業者は，厚生労働省令で定める資格を有する者のう
ちから，厚生労働省令で定めるところにより，同項各号の措置のうち技
術的事項を管理する者を選任し，その者に当該技術的事項を管理させな
ければならない。

第26条　労働者は，事業者が第20条から第25条まで及び前条第1項の規定
に基づき講ずる措置に応じて，必要な事項を守らなければならない。

第27条　第20条から第25条まで及び第25条の2第1項の規定により事業者
が講ずべき措置及び前条の規定により労働者が守らなければならない事
項は，厚生労働省令で定める。

②　前項の厚生労働省令を定めるに当たつては，公害（環境基本法（平成
5年法律第91号）第2条第3項に規定する公害をいう。）その他一般公
衆の災害で，労働災害と密接に関連するものの防止に関する法令の趣旨
に反しないように配慮しなければならない。

（技術上の指針等の公表等）

第28条　厚生労働大臣は，第20条から第25条まで及び第25条の2第1項の規定により事業者が講ずべき措置の適切かつ有効な実施を図るため必要な業種又は作業ごとの技術上の指針を公表するものとする。

②　厚生労働大臣は，前項の技術上の指針を定めるに当たつては，中高年齢者に関して，特に配慮するものとする。

③　厚生労働大臣は，次の化学物質で厚生労働大臣が定めるものを製造し，又は取り扱う事業者が当該化学物質による労働者の健康障害を防止するための指針を公表するものとする。

　　1　第57条の4第4項の規定による勧告又は第57条の5第1項の規定による指示に係る化学物質

　　2　前号に掲げる化学物質以外の化学物質で，がんその他の重度の健康障害を労働者に生ずるおそれのあるもの

④　厚生労働大臣は，第1項又は前項の規定により，技術上の指針又は労働者の健康障害を防止するための指針を公表した場合において必要があると認めるときは，事業者又はその団体に対し，当該技術上の指針又は労働者の健康障害を防止するための指針に関し必要な指導等を行うことができる。

（事業者の行うべき調査等）

第28条の2　事業者は，厚生労働省令で定めるところにより，建設物，設備，原材料，ガス，蒸気，粉じん等による，又は作業行動その他業務に起因する危険性又は有害性等（第57条第1項の政令で定める物及び第57条の2第1項に規定する通知対象物による危険性又は有害性等を除く。）を調査し，その結果に基づいて，この法律又はこれに基づく命令の規定による措置を講ずるほか，労働者の危険又は健康障害を防止するため必要な措置を講ずるように努めなければならない。ただし，当該調査のうち，化学物質，化学物質を含有する製剤その他の物で労働者の危険又は健康障害を生ずるおそれのあるものに係るもの以外のものについては，

製造業その他厚生労働省令で定める業種に属する事業者に限る。

②　厚生労働大臣は，前条第1項及び第3項に定めるもののほか，前項の措置に関して，その適切かつ有効な実施を図るため必要な指針を公表するものとする。

③　厚生労働大臣は，前項の指針に従い，事業者又はその団体に対し，必要な指導，援助等を行うことができる。

労働安全衛生規則

（危険性又は有害性等の調査）

第24条の11　法第28条の2第1項の危険性又は有害性等の調査は，次に掲げる時期に行うものとする。

　1　建設物を設置し，移転し，変更し，又は解体するとき。

　2　設備，原材料等を新規に採用し，又は変更するとき。

　3　作業方法又は作業手順を新規に採用し，又は変更するとき。

　4　前三号に掲げるもののほか，建設物，設備，原材料，ガス，蒸気，粉じん等による，又は作業行動その他業務に起因する危険性又は有害性等について変化が生じ，又は生ずるおそれがあるとき。

②　法第28条の2第1項ただし書の厚生労働省令で定める業種は，令第2条第1号に掲げる業種及び同条第2号に掲げる業種（製造業を除く。）とする。

（指針の公表）

第24条の12　第24条の規定は，法第28条の2第2項の規定による指針の公表について準用する。

（機械に関する危険性等の通知）

第24条の13　労働者に危険を及ぼし，又は労働者の健康障害をその使用により生ずるおそれのある機械（以下単に「機械」という。）を譲渡し，又は貸与する者（次項において「機械譲渡者等」という。）は，文書の交付等により当該機械に関する次に掲げる事項を，当該機械の譲渡又は貸与を受ける相手方の事業者（次項において「相手方事業者」という。）に通知するよう努めなければならない。

　1　型式，製造番号その他の機械を特定するために必要な事項

　　2　機械のうち，労働者に危険を及ぼし，又は労働者の健康障害をその
　　　使用により生ずるおそれのある箇所に関する事項
　　3　機械に係る作業のうち，前号の箇所に起因する危険又は健康障害を
　　　生ずるおそれのある作業に関する事項
　　4　前号の作業ごとに生ずるおそれのある危険又は健康障害のうち最も
　　　重大なものに関する事項
　　5　前各号に掲げるもののほか，その他参考となる事項
②　厚生労働大臣は，相手方事業者の法第28条の2第1項の調査及び同項
　　の措置の適切かつ有効な実施を図ることを目的として機械譲渡者等が行
　　う前項の通知を促進するため必要な指針を公表することができる。
（危険有害化学物質等に関する危険性又は有害性等の表示等）
第24条の14　化学物質，化学物質を含有する製剤その他の労働者に対する
　　危険又は健康障害を生ずるおそれのある物で厚生労働大臣が定めるもの
　　　（令第18条各号及び令別表第3第1号に掲げる物を除く。次項及び第24
　　条の16において「危険有害化学物質等」という。）を容器に入れ，又は
　　包装して，譲渡し，又は提供する者は，その容器又は包装（容器に入れ，
　　かつ，包装して，譲渡し，又は提供するときにあつては，その容器）に
　　次に掲げるものを表示するように努めなければならない。
　　1　次に掲げる事項
　　　イ　名称
　　　ロ　人体に及ぼす作用
　　　ハ　貯蔵又は取扱い上の注意
　　　ニ　表示をする者の氏名（法人にあつては，その名称），住所及び電
　　　　話番号
　　　ホ　注意喚起語
　　　ヘ　安定性及び反応性
　　2　当該物を取り扱う労働者に注意を喚起するための標章で厚生労働大
　　　臣が定めるもの
②　危険有害化学物質等を前項に規定する方法以外の方法により譲渡し，
　　又は提供する者は，同項各号の事項を記載した文書を，譲渡し，又は提
　　供する相手方に交付するよう努めなければならない。

第24条の15　特定危険有害化学物質等（化学物質，化学物質を含有する製剤その他の労働者に対する危険又は健康障害を生ずるおそれのある物で厚生労働大臣が定めるもの（法第57条の2第1項に規定する通知対象物を除く。）をいう。以下この条及び次条において同じ。）を譲渡し，又は提供する者は，特定危険有害化学物質等に関する次に掲げる事項（前条第2項に規定する者にあつては，同条第1項に規定する事項を除く。）を，文書若しくは磁気ディスク，光ディスクその他の記録媒体の交付，ファクシミリ装置を用いた送信若しくは電子メールの送信又は当該事項が記載されたホームページのアドレス（二次元コードその他のこれに代わるものを含む。）及び当該アドレスに係るホームページの閲覧を求める旨の伝達により，譲渡し，又は提供する相手方の事業者に通知し，当該相手方が閲覧できるように努めなければならない。

1　名称
2　成分及びその含有量
3　物理的及び化学的性質
4　人体に及ぼす作用
5　貯蔵又は取扱い上の注意
6　流出その他の事故が発生した場合において講ずべき応急の措置
7　通知を行う者の氏名（法人にあつては，その名称），住所及び電話番号
8　危険性又は有害性の要約
9　安定性及び反応性
10　適用される法令〈編注：令和6年4月1日から，11は12となり，10は11となり，「10　想定される用途及び当該用途における使用上の注意」が加わる。〉
11　その他参考となる事項

②　特定危険有害化学物質等を譲渡し，又は提供する者は，前項第4項の事項について，直近の確認を行つた日から起算して5年以内ごとに1回，最新の科学的知見に基づき，変更を行う必要性の有無を確認し，変更を行う必要があると認めるときは，当該確認をした日から1年以内に，当該事項に変更を行うように努めなければならない。

③　特定危険有害化学物質等を譲渡し，又は提供する者は，第1項の規定
により通知した事項に変更を行う必要が生じたときは，文書若しくは磁
気ディスク，光ディスクその他の記録媒体の交付，ファクシミリ装置を
用いた送信若しくは電子メールの送信又は当該事項が記載されたホーム
ページのアドレス（二次元コードその他のこれに代わるものを含む。）
及び当該アドレスに係るホームページの閲覧を求める旨の伝達により，
変更後の同項各号の事項を，速やかに，譲渡し，又は提供した相手方の
事業者に通知し，当該相手方が閲覧できるように努めなければならない。

第24条の16　厚生労働大臣は，危険有害化学物質等又は特定危険有害化学
物質等の譲渡又は提供を受ける相手方の事業者の法第28条の2第1項の
調査及び同項の措置の適切かつ有効な実施を図ることを目的として危険
有害化学物質等又は特定危険有害化学物質等を譲渡し，又は提供する者
が行う前二条の規定による表示又は通知を促進するため必要な指針を公
表することができる。

（元方事業者の講ずべき措置等）

第29条　元方事業者は，関係請負人及び関係請負人の労働者が，当該仕事
に関し，この法律又はこれに基づく命令の規定に違反しないよう必要な
指導を行なわなければならない。

②　元方事業者は，関係請負人又は関係請負人の労働者が，当該仕事に関
し，この法律又はこれに基づく命令の規定に違反していると認めるとき
は，是正のため必要な指示を行なわなければならない。

③　前項の指示を受けた関係請負人又はその労働者は，当該指示に従わな
ければならない。

第29条の2　建設業に属する事業の元方事業者は，土砂等が崩壊するおそ
れのある場所，機械等が転倒するおそれのある場所その他の厚生労働省
令で定める場所において関係請負人の労働者が当該事業の仕事の作業を
行うときは，当該関係請負人が講ずべき当該場所に係る危険を防止する
ための措置が適正に講ぜられるように，技術上の指導その他の必要な措

置を講じなければならない。

（特定元方事業者等の講ずべき措置）

第30条 特定元方事業者は，その労働者及び関係請負人の労働者の作業が同一の場所において行われることによつて生ずる労働災害を防止するため，次の事項に関する必要な措置を講じなければならない。

1 協議組織の設置及び運営を行うこと。

2 作業間の連絡及び調整を行うこと。

3 作業場所を巡視すること。

4 関係請負人が行う労働者の安全又は衛生のための教育に対する指導及び援助を行うこと。

5 仕事を行う場所が仕事ごとに異なることを常態とする業種で，厚生労働省令で定めるものに属する事業を行う特定元方事業者にあつては，仕事の工程に関する計画及び作業場所における機械，設備等の配置に関する計画を作成するとともに，当該機械，設備等を使用する作業に関し関係請負人がこの法律又はこれに基づく命令の規定に基づき講ずべき措置についての指導を行うこと。

6 前各号に掲げるもののほか，当該労働災害を防止するため必要な事項

② 特定事業の仕事の発注者（注文者のうち，その仕事を他の者から請け負わないで注文している者をいう。以下同じ。）で，特定元方事業者以外のものは，一の場所において行なわれる特定事業の仕事を二以上の請負人に請け負わせている場合において，当該場所において当該仕事に係る二以上の請負人の労働者が作業を行なうときは，厚生労働省令で定めるところにより，請負人で当該仕事を自ら行なう事業者であるもののうちから，前項に規定する措置を講ずべき者として1人を指名しなければならない。一の場所において行なわれる特定事業の仕事の全部を請け負つた者で，特定元方事業者以外のもののうち，当該仕事を二以上の請負人に請け負わせている者についても，同様とする。

③　前項の規定による指名がされないときは，同項の指名は，労働基準監督署長がする。

④　第2項又は前項の規定による指名がされたときは，当該指名された事業者は，当該場所において当該仕事の作業に従事するすべての労働者に関し，第1項に規定する措置を講じなければならない。この場合においては，当該指名された事業者及び当該指名された事業者以外の事業者については，第1項の規定は，適用しない。

第30条の2　製造業その他政令で定める業種に属する事業（特定事業を除く。）の元方事業者は，その労働者及び関係請負人の労働者の作業が同一の場所において行われることによつて生ずる労働災害を防止するため，作業間の連絡及び調整を行うことに関する措置その他必要な措置を講じなければならない。

②　前条第2項の規定は，前項に規定する事業の仕事の発注者について準用する。この場合において，同条第2項中「特定元方事業者」とあるのは「元方事業者」と，「特定事業の仕事を二以上」とあるのは「仕事を二以上」と，「前項」とあるのは「次条第1項」と，「特定事業の仕事の全部」とあるのは「仕事の全部」と読み替えるものとする。

③　前項において準用する前条第2項の規定による指名がされないときは，同項の指名は，労働基準監督署長がする。

④　第2項において準用する前条第2項又は前項の規定による指名がされたときは，当該指名された事業者は，当該場所において当該仕事の作業に従事するすべての労働者に関し，第1項に規定する措置を講じなければならない。この場合においては，当該指名された事業者及び当該指名された事業者以外の事業者については，同項の規定は，適用しない。

第30条の3　第25条の2第1項に規定する仕事が数次の請負契約によつて行われる場合（第4項の場合を除く。）においては，元方事業者は，当該場所において当該仕事の作業に従事するすべての労働者に関し，同条第1項各号の措置を講じなければならない。この場合においては，当該

元方事業者及び当該元方事業者以外の事業者については，同項の規定は，適用しない。

② 第30条第2項の規定は，第25条の2第1項に規定する仕事の発注者について準用する。この場合において，第30条第2項中「特定元方事業者」とあるのは「元方事業者」と，「特定事業の仕事を二以上」とあるのは「仕事を二以上」と，「前項に規定する措置」とあるのは「第25条の2第1項各号の措置」と，「特定事業の仕事の全部」とあるのは「仕事の全部」と読み替えるものとする。

③ 前項において準用する第30条第2項の規定による指名がされないときは，同項の指名は，労働基準監督署長がする。

④ 第2項において準用する第30条第2項又は前項の規定による指名がされたときは，当該指名された事業者は，当該場所において当該仕事の作業に従事するすべての労働者に関し，第25条の2第1項各号の措置を講じなければならない。この場合においては，当該指名された事業者及び当該指名された事業者以外の事業者については，同項の規定は，適用しない。

⑤ 第25条の2第2項の規定は，第1項に規定する元方事業者及び前項の指名された事業者について準用する。この場合においては，当該元方事業者及び当該指名された事業者並びに当該元方事業者及び当該指名された事業者以外の事業者については，同条第2項の規定は，適用しない。

（注文者の講ずべき措置）

第31条 特定事業の仕事を自ら行う注文者は，建設物，設備又は原材料（以下「建設物等」という。）を，当該仕事を行う場所においてその請負人（当該仕事が数次の請負契約によつて行われるときは，当該請負人の請負契約の後次のすべての請負契約の当事者である請負人を含む。第31条の4において同じ。）の労働者に使用させるときは，当該建設物等について，当該労働者の労働災害を防止するため必要な措置を講じなければならない。

② 前項の規定は，当該事業の仕事が数次の請負契約によつて行なわれる

ことにより同一の建設物等について同項の措置を講ずべき注文者が二以上あることとなるときは，後次の請負契約の当事者である注文者については，適用しない。

第31条の2　化学物質，化学物質を含有する製剤その他の物を製造し，又は取り扱う設備で政令で定めるものの改造その他の厚生労働省令で定める作業に係る仕事の注文者は，当該物について，当該仕事に係る請負人の労働者の労働災害を防止するため必要な措置を講じなければならない。

第31条の3　建設業に属する事業の仕事を行う二以上の事業者の労働者が一の場所において機械で厚生労働省令で定めるものに係る作業（以下この条において「特定作業」という。）を行う場合において，特定作業に係る仕事を自ら行う発注者又は当該仕事の全部を請け負つた者で，当該場所において当該仕事の一部を請け負わせているものは，厚生労働省令で定めるところにより，当該場所において特定作業に従事するすべての労働者の労働災害を防止するため必要な措置を講じなければならない。

②　前項の場合において，同項の規定により同項に規定する措置を講ずべき者がいないときは，当該場所において行われる特定作業に係る仕事の全部を請負人に請け負わせている建設業に属する事業の元方事業者又は第30条第2項若しくは第3項の規定により指名された事業者で建設業に属する事業を行うものは，前項に規定する措置を講ずる者を指名する等当該場所において特定作業に従事するすべての労働者の労働災害を防止するため必要な配慮をしなければならない。

（違法な指示の禁止）

第31条の4　注文者は，その請負人に対し，当該仕事に関し，その指示に従つて当該請負人の労働者を労働させたならば，この法律又はこれに基づく命令の規定に違反することとなる指示をしてはならない。

（請負人の講ずべき措置等）

第32条　第30条第1項又は第4項の場合において，同条第1項に規定する措置を講ずべき事業者以外の請負人で，当該仕事を自ら行うものは，こ

れらの規定により講ぜられる措置に応じて，必要な措置を講じなければ
ならない。

② 　第30条の2第1項又は第4項の場合において，同条第1項に規定する
措置を講ずべき事業者以外の請負人で，当該仕事を自ら行うものは，こ
れらの規定により講ぜられる措置に応じて，必要な措置を講じなければ
ならない。

③ 　第30条の3第1項又は第4項の場合において，第25条の2第1項各号
の措置を講ずべき事業者以外の請負人で，当該仕事を自ら行うものは，
第30条の3第1項又は第4項の規定により講ぜられる措置に応じて，必
要な措置を講じなければならない。

④ 　第31条第1項の場合において，当該建設物等を使用する労働者に係る
事業者である請負人は，同項の規定により講ぜられる措置に応じて，必
要な措置を講じなければならない。

⑤ 　第31条の2の場合において，同条に規定する仕事に係る請負人は，同
条の規定により講ぜられる措置に応じて，必要な措置を講じなければな
らない。

⑥ 　第30条第1項若しくは第4項，第30条の2第1項若しくは第4項，第
30条の3第1項若しくは第4項，第31条第1項又は第31条の2の場合に
おいて，労働者は，これらの規定又は前各項の規定により講ぜられる措
置に応じて，必要な事項を守らなければならない。

⑦ 　第1項から第5項までの請負人及び前項の労働者は，第30条第1項の
特定元方事業者等，第30条の2第1項若しくは第30条の3第1項の元方
事業者等，第31条第1項若しくは第31条の2の注文者又は第1項から第
5項までの請負人が第30条第1項若しくは第4項，第30条の2第1項若
しくは第4項，第30条の3第1項若しくは第4項，第31条第1項，第31
条の2又は第1項から第5項までの規定に基づく措置の実施を確保する
ためにする指示に従わなければならない。

（建築物貸与者の講ずべき措置）

第34条　建築物で，政令で定めるものを他の事業者に貸与する者（以下「建築物貸与者」という。）は，当該建築物の貸与を受けた事業者の事業に係る当該建築物による労働災害を防止するため必要な措置を講じなければならない。ただし，当該建築物の全部を一の事業者に貸与するときは，この限りでない。

労働安全衛生法施行令

（法第34条の政令で定める建築物）

第11条　法第34条の政令で定める建築物は，事務所又は工場の用に供される建築物とする。

（厚生労働省令への委任）

第36条　第30条第1項若しくは第4項，第30条の2第1項若しくは第4項，第30条の3第1項若しくは第4項，第31条第1項，第31条の2，第32条第1項から第5項まで，第33条第1項若しくは第2項又は第34条の規定によりこれらの規定に定める者が講ずべき措置及び第32条第6項又は第33条第3項の規定によりこれらの規定に定める者が守らなければならない事項は，厚生労働省令で定める。

第5章　機械等並びに危険物及び有害物に関する規制

第1節　機械等に関する規制

（譲渡等の制限等）

第42条　特定機械等以外の機械等で，別表第2に掲げるものその他危険若しくは有害な作業を必要とするもの，危険な場所において使用するもの又は危険若しくは健康障害を防止するため使用するもののうち，政令で定めるものは，厚生労働大臣が定める規格又は安全装置を具備しなければ，譲渡し，貸与し，又は設置してはならない。

別表第2（第42条関係）

1～7　略

8　防じんマスク

9～15　略

16　電動ファン付き呼吸用保護具

　労働安全衛生規則

（規格に適合した機械等の使用）

第27条　事業者は，法別表第２に掲げる機械等及び令第13条第３項各号に
　掲げる機械等については，法第42条の厚生労働大臣が定める規格又は安
　全装置を具備したものでなければ，使用してはならない。

（型式検定）

第44条の２　第42条の機械等のうち，別表第４に掲げる機械等で政令で定
　めるものを製造し，又は輸入した者は，厚生労働省令で定めるところに
　より，厚生労働大臣の登録を受けた者（以下「登録型式検定機関」とい
　う。）が行う当該機械等の型式についての検定を受けなければならない。
　ただし，当該機械等のうち輸入された機械等で，その型式について次項
　の検定が行われた機械等に該当するものは，この限りでない。

②　前項に定めるもののほか，次に掲げる場合には，外国において同項本
　文の機械等を製造した者（以下この項及び第44条の４において「外国製
　造者」という。）は，厚生労働省令で定めるところにより，当該機械等の
　型式について，自ら登録型式検定機関が行う検定を受けることができる。

　1　当該機械等を本邦に輸出しようとするとき。

　2　当該機械等を輸入した者が外国製造者以外の者（以下この号におい
　　て単に「他の者」という。）である場合において，当該外国製造者が
　　当該他の者について前項の検定が行われることを希望しないとき。

③　登録型式検定機関は，前二項の検定（以下「型式検定」という。）を
　受けようとする者から申請があつた場合には，当該申請に係る型式の機
　械等の構造並びに当該機械等を製造し，及び検査する設備等が厚生労働
　省令で定める基準に適合していると認めるときでなければ，当該型式を

型式検定に合格させてはならない。

④　登録型式検定機関は，型式検定に合格した型式について，型式検定合格証を申請者に交付する。

⑤　型式検定を受けた者は，当該型式検定に合格した型式の機械等を本邦において製造し，又は本邦に輸入したときは，当該機械等に，厚生労働省令で定めるところにより，型式検定に合格した型式の機械等である旨の表示を付さなければならない。型式検定に合格した型式の機械等を本邦に輸入した者（当該型式検定を受けた者以外の者に限る。）についても，同様とする。

⑥　型式検定に合格した型式の機械等以外の機械等には，前項の表示を付し，又はこれと紛らわしい表示を付してはならない。

⑦　第1項本文の機械等で，第5項の表示が付されていないものは，使用してはならない。

別表第4（第44条の2関係）

1〜4　略

5　防じんマスク

6〜12　略

13　電動ファン付き呼吸用保護具

労働安全衛生法施行令

（型式検定を受けるべき機械等）

第14条の2　法第44条の2第1項の政令で定める機械等は，次に掲げる機械等（本邦の地域内で使用されないことが明らかな場合を除く。）とする。

1〜4　略

5　防じんマスク（ろ過材及び面体を有するものに限る。）

6〜12　略

13　電動ファン付き呼吸用保護具〈編注：令和5年10月1日から，「防じん機能を有する電動ファン付き呼吸用保護具」となる。〉

〈編注：令和5年10月1日から，「14　防毒機能を有する電動ファン付き呼吸用保護具（ハロゲンガス用又は有機ガス用のものその他厚生労働省令で定め

るものに限る。)」が加わる。〉

（型式検定合格証の有効期間等）

第44条の3　型式検定合格証の有効期間（次項の規定により型式検定合格証の有効期間が更新されたときにあつては，当該更新された型式検定合格証の有効期間）は，前条第1項本文の機械等の種類に応じて，厚生労働省令で定める期間とする。

②　型式検定合格証の有効期間の更新を受けようとする者は，厚生労働省令で定めるところにより，型式検定を受けなければならない。

（定期自主検査）

第45条　事業者は，ボイラーその他の機械等で，政令で定めるものについて，厚生労働省令で定めるところにより，定期に自主検査を行ない，及びその結果を記録しておかなければならない。

②～④　略

> ------労働安全衛生法施行令------
>
> （定期に自主検査を行うべき機械等）
>
> 　第15条　法第45条第1項の政令で定める機械等は，次のとおりとする。
>
> 　　1～8　略
>
> 　　9　局所排気装置，プッシュプル型換気装置，除じん装置，排ガス処理装置及び排液処理装置で，厚生労働省令で定めるもの
>
> 　以下略

　第2節　危険物及び有害物に関する規制

（製造等の禁止）

第55条　黄りんマッチ，ベンジジン，ベンジジンを含有する製剤その他の労働者に重度の健康障害を生ずる物で，政令で定めるものは，製造し，輸入し，譲渡し，提供し，又は使用してはならない。ただし，試験研究のため製造し，輸入し，又は使用する場合で，政令で定める要件に該当

するときは，この限りでない。

労働安全衛生法施行令

（製造等が禁止される有害物等）

第16条　法第55条の政令で定める物は，次のとおりとする。

　1〜3　略

　4　石綿（次に掲げる物で厚生労働省令で定めるものを除く。）

　　イ　石綿の分析のための試料の用に供される石綿

　　ロ　石綿の使用状況の調査に関する知識又は技能の習得のための教育
　　　の用に供される石綿

　　ハ　イ又はロに掲げる物の原料又は材料として使用される石綿

　5〜8　略

　9　第2号，第3号若しくは第5号から第7号までに掲げる物をその重
　　量の1パーセントを超えて含有し，又は第4号に掲げる物をその重量
　　の0.1パーセントを超えて含有する製剤その他の物

②　法第55条ただし書の政令で定める要件は，次のとおりとする。

　1　製造，輸入又は使用について，厚生労働省令で定めるところにより，
　　あらかじめ，都道府県労働局長の許可を受けること。この場合におい
　　て，輸入貿易管理令（昭和24年政令第414号）第9条第1項の規定に
　　よる輸入割当てを受けるべき物の輸入については，同項の輸入割当て
　　を受けたことを証する書面を提出しなければならない。

　2　厚生労働大臣が定める基準に従つて製造し，又は使用すること。

（製造の許可）

第56条　ジクロルベンジジン，ジクロルベンジジンを含有する製剤その他
　の労働者に重度の健康障害を生ずるおそれのある物で，政令で定めるも
　のを製造しようとする者は，厚生労働省令で定めるところにより，あら
　かじめ，厚生労働大臣の許可を受けなければならない。

②〜⑥　略

労働安全衛生法施行令

（製造の許可を受けるべき有害物）

第17条　法第56条第１項の政令で定める物は，別表第３第１号に掲げる第一類物質及び石綿分析用試料等とする。

（表示等）

第57条　爆発性の物，発火性の物，引火性の物その他の労働者に危険を生ずるおそれのある物若しくはベンゼン，ベンゼンを含有する製剤その他の労働者に健康障害を生ずるおそれのある物で政令で定めるもの又は前条第１項の物を容器に入れ，又は包装して，譲渡し，又は提供する者は，厚生労働省令で定めるところにより，その容器又は包装（容器に入れ，かつ，包装して，譲渡し，又は提供するときにあつては，その容器）に次に掲げるものを表示しなければならない。ただし，その容器又は包装のうち，主として一般消費者の生活の用に供するためのものについては，この限りでない。

　1　次に掲げる事項

　　イ　名称

　　ロ　人体に及ぼす作用

　　ハ　貯蔵又は取扱い上の注意

　　ニ　イからハまでに掲げるもののほか，厚生労働省令で定める事項

　2　当該物を取り扱う労働者に注意を喚起するための標章で厚生労働大臣が定めるもの

②　前項の政令で定める物又は前条第１項の物を前項に規定する方法以外の方法により譲渡し，又は提供する者は，厚生労働省令で定めるところにより，同項各号の事項を記載した文書を，譲渡し，又は提供する相手方に交付しなければならない。

労働安全衛生法施行令

（名称等を表示すべき危険物及び有害物）

第18条　法第57条第1項の政令で定める物は，次のとおりとする。

　1　略

　2　別表第9に掲げる物を含有する製剤その他の物で，厚生労働省令で
　　定めるもの

　3　略

労働安全衛生規則

（名称等を表示すべき危険物及び有害物）

第30条　令第18条第2号の厚生労働省令で定める物は，別表第2の上欄
　　〈編注：左欄〉に掲げる物を含有する製剤その他の物（同欄に掲げる物
　　の含有量が同表の中欄に定める値である物並びに四アルキル鉛を含有す
　　る製剤その他の物（加鉛ガソリンに限る。）及びニトログリセリンを含
　　有する製剤その他の物（98パーセント以上の不揮発性で水に溶けない鈍
　　感剤で鈍性化した物であつて，ニトログリセリンの含有量が1パーセン
　　ト未満のものに限る。）を除く。）とする。ただし，運搬中及び貯蔵中に
　　おいて固体以外の状態にならず，かつ，粉状にならない物（次の各号の
　　いずれかに該当するものを除く。）を除く。

　1　危険物（令別表第1に掲げる危険物をいう。以下同じ。）

　2　危険物以外の可燃性の物等爆発又は火災の原因となるおそれのある
　　物

　3　酸化カルシウム，水酸化ナトリウム等を含有する製剤その他の物で
　　あつて皮膚に対して腐食の危険を生ずるもの

（文書の交付等）

第57条の2　労働者に危険若しくは健康障害を生ずるおそれのある物で政
　　令で定めるもの又は第56条第1項の物（以下この条及び次条第1項にお
　　いて「通知対象物」という。）を譲渡し，又は提供する者は，文書の交
　　付その他厚生労働省令で定める方法により通知対象物に関する次の事項

　　（前条第2項に規定する者にあつては，同項に規定する事項を除く。）
　を，譲渡し，又は提供する相手方に通知しなければならない。ただし，
　主として一般消費者の生活の用に供される製品として通知対象物を譲渡
　し，又は提供する場合については，この限りでない。
　1　名称
　2　成分及びその含有量
　3　物理的及び化学的性質
　4　人体に及ぼす作用
　5　貯蔵又は取扱い上の注意
　6　流出その他の事故が発生した場合において講ずべき応急の措置
　7　前各号に掲げるもののほか，厚生労働省令で定める事項
②　通知対象物を譲渡し，又は提供する者は，前項の規定により通知した
　事項に変更を行う必要が生じたときは，文書の交付その他厚生労働省令
　で定める方法により，変更後の同項各号の事項を，速やかに，譲渡し，
　又は提供した相手方に通知するよう努めなければならない。
③　前二項に定めるもののほか，前二項の通知に関し必要な事項は，厚生
　労働省令で定める。

労働安全衛生法施行令

　（名称等を通知すべき危険物及び有害物）
　第18条の2　法第57条の2第1項の政令で定める物は，次のとおりとする。
　　1　略
　　2　別表第9に掲げる物を含有する製剤その他の物で，厚生労働省令で
　　　定めるもの
　　3　略

　別表9　名称等を表示し，又は通知すべき危険物及び有害物（第18条，第
　　18条の2関係）（抄）
　39の2　石綿（第16条第1項第4号イからハまでに掲げる物で同号の厚生
　　労働省令で定めるものに限る。）

┌─ 労働安全衛生規則 ─────────────────────

（名称等を通知すべき危険物及び有害物）

第34条の2　令第18条の2第2号の厚生労働省令で定める物は，別表第2
　　の上欄〈編注：左欄〉に掲げる物を含有する製剤その他の物（同欄に掲
　　げる物の含有量が同表の下欄〈編注：右欄〉に定める値である物及びニ
　　トログリセリンを含有する製剤その他の物（98パーセント以上の不揮発
　　性で水に溶けない鈍感剤で鈍性化した物であつて，ニトログリセリンの
　　含有量が0.1パーセント未満のものに限る。）を除く。）とする。

別表第2（第30条，第34条の2関係）（抄）

物	第30条に規定する含有量（重量パーセント）	第34条の2に規定する含有量（重量パーセント）
石綿（令第16条第1項第4号イからハまでに掲げる物で同号の厚生労働省令で定めるものに限る。）	0.1パーセント未満	0.1パーセント未満

└─────────────────────────────────

（第57条第1項の政令で定める物及び通知対象物について事業者が行うべ
　　き調査等）

第57条の3　事業者は，厚生労働省令で定めるところにより，第57条第1
　　項の政令で定める物及び通知対象物による危険性又は有害性等を調査し
　　なければならない。

②　事業者は，前項の調査の結果に基づいて，この法律又はこれに基づく
　　命令の規定による措置を講ずるほか，労働者の危険又は健康障害を防止
　　するため必要な措置を講ずるように努めなければならない。

③　厚生労働大臣は，第28条第1項及び第3項に定めるもののほか，前二
　　項の措置に関して，その適切かつ有効な実施を図るため必要な指針を公
　　表するものとする。

④　厚生労働大臣は，前項の指針に従い，事業者又はその団体に対し，必
　　要な指導，援助等を行うことができる。

（化学物質の有害性の調査）

第57条の4　化学物質による労働者の健康障害を防止するため，既存の化学物質として政令で定める化学物質（第3項の規定によりその名称が公表された化学物質を含む。）以外の化学物質（以下この条において「新規化学物質」という。）を製造し，又は輸入しようとする事業者は，あらかじめ，厚生労働省令で定めるところにより，厚生労働大臣の定める基準に従つて有害性の調査（当該新規化学物質が労働者の健康に与える影響についての調査をいう。以下この条において同じ。）を行い，当該新規化学物質の名称，有害性の調査の結果その他の事項を厚生労働大臣に届け出なければならない。ただし，次の各号のいずれかに該当するときその他政令で定める場合は，この限りでない。

1　当該新規化学物質に関し，厚生労働省令で定めるところにより，当該新規化学物質について予定されている製造又は取扱いの方法等からみて労働者が当該新規化学物質にさらされるおそれがない旨の厚生労働大臣の確認を受けたとき。

2　当該新規化学物質に関し，厚生労働省令で定めるところにより，既に得られている知見等に基づき厚生労働省令で定める有害性がない旨の厚生労働大臣の確認を受けたとき。

3　当該新規化学物質を試験研究のため製造し，又は輸入しようとするとき。

4　当該新規化学物質が主として一般消費者の生活の用に供される製品（当該新規化学物質を含有する製品を含む。）として輸入される場合で，厚生労働省令で定めるとき。

②　有害性の調査を行つた事業者は，その結果に基づいて，当該新規化学物質による労働者の健康障害を防止するため必要な措置を速やかに講じなければならない。

③　厚生労働大臣は，第1項の規定による届出があつた場合（同項第2号の規定による確認をした場合を含む。）には，厚生労働省令で定めるところにより，当該新規化学物質の名称を公表するものとする。

④　厚生労働大臣は，第1項の規定による届出があつた場合には，厚生労働省令で定めるところにより，有害性の調査の結果について学識経験者の意見を聴き，当該届出に係る化学物質による労働者の健康障害を防止するため必要があると認めるときは，届出をした事業者に対し，施設又は設備の設置又は整備，保護具の備付けその他の措置を講ずべきことを勧告することができる。

⑤　前項の規定により有害性の調査の結果について意見を求められた学識経験者は，当該有害性の調査の結果に関して知り得た秘密を漏らしてはならない。ただし，労働者の健康障害を防止するためやむを得ないときは，この限りでない。

第57条の5　厚生労働大臣は，化学物質で，がんその他の重度の健康障害を労働者に生ずるおそれのあるものについて，当該化学物質による労働者の健康障害を防止するため必要があると認めるときは，厚生労働省令で定めるところにより，当該化学物質を製造し，輸入し，又は使用している事業者その他厚生労働省令で定める事業者に対し，政令で定める有害性の調査（当該化学物質が労働者の健康障害に及ぼす影響についての調査をいう。）を行い，その結果を報告すべきことを指示することができる。

②　前項の規定による指示は，化学物質についての有害性の調査に関する技術水準，調査を実施する機関の整備状況，当該事業者の調査の能力等を総合的に考慮し，厚生労働大臣の定める基準に従つて行うものとする。

③　厚生労働大臣は，第1項の規定による指示を行おうとするときは，あらかじめ，厚生労働省令で定めるところにより，学識経験者の意見を聴かなければならない。

④　第1項の規定による有害性の調査を行つた事業者は，その結果に基づいて，当該化学物質による労働者の健康障害を防止するため必要な措置を速やかに講じなければならない。

⑤　第3項の規定により第1項の規定による指示について意見を求められ

た学識経験者は，当該指示に関して知り得た秘密を漏らしてはならない。ただし，労働者の健康障害を防止するためやむを得ないときは，この限りでない。

第6章　労働者の就業に当たつての措置

（安全衛生教育）

第59条　事業者は，労働者を雇い入れたときは，当該労働者に対し，厚生労働省令で定めるところにより，その従事する業務に関する安全又は衛生のための教育を行なわなければならない。

②　前項の規定は，労働者の作業内容を変更したときについて準用する。

③　事業者は，危険又は有害な業務で，厚生労働省令で定めるものに労働者をつかせるときは，厚生労働省令で定めるところにより，当該業務に関する安全又は衛生のための特別の教育を行なわなければならない。

労働安全衛生規則

（雇入れ時等の教育）

第35条　事業者は，労働者を雇い入れ，又は労働者の作業内容を変更したときは，当該労働者に対し，遅滞なく，次の事項のうち当該労働者が従事する業務に関する安全又は衛生のため必要な事項について，教育を行なわなければならない。ただし，令第2条第3号に掲げる業種の事業場の労働者については，第1号から第4号までの事項についての教育を省略することができる。〈編注：令和6年4月1日から，ただし書が削除となる。〉

1　機械等，原材料等の危険性又は有害性及びこれらの取扱い方法に関すること。

2　安全装置，有害物抑制装置又は保護具の性能及びこれらの取扱い方法に関すること。

3　作業手順に関すること。

4　作業開始時の点検に関すること。

　　5　当該業務に関して発生するおそれのある疾病の原因及び予防に関す
　　　ること。

　　6　整理，整頓及び清潔の保持に関すること。

　　7　事故時等における応急措置及び退避に関すること。

　　8　前各号に掲げるもののほか，当該業務に関する安全又は衛生のため
　　　に必要な事項

②　事業者は，前項各号に掲げる事項の全部又は一部に関し十分な知識及
　び技能を有していると認められる労働者については，当該事項について
　の教育を省略することができる。

（特別教育を必要とする業務）

第36条　法第59条第３項の厚生労働省令で定める危険又は有害な業務は，
　　次のとおりとする。

　　1～36　略

　　37　石綿障害予防規則（平成17年厚生労働省令第21号。以下「石綿則」
　　　という。）第４条第１項に掲げる作業に係る業務

　　38～41　略

（特別教育の科目の省略）

第37条　事業者は，法第59条第３項の特別の教育（以下「特別教育」とい
　　う。）の科目の全部又は一部について十分な知識及び技能を有している
　　と認められる労働者については，当該科目についての特別教育を省略す
　　ることができる。

（特別教育の記録の保存）

第38条　事業者は，特別教育を行なつたときは，当該特別教育の受講者，
　　科目等の記録を作成して，これを３年間保存しておかなければならない。

（特別教育の細目）

第39条　前二条及び第592条の７に定めるもののほか，第36条第１号から
　　第13号まで，第27号，第30号から第36号まで及び第39号から第41号まで
　　に掲げる業務に係る特別教育の実施について必要な事項は，厚生労働大
　　臣が定める。

第60条　事業者は，その事業場の業種が政令で定めるものに該当するとき

は，新たに職務につくこととなつた職長その他の作業中の労働者を直接
指導又は監督する者（作業主任者を除く。）に対し，次の事項について，
厚生労働省令で定めるところにより，安全又は衛生のための教育を行な
わなければならない。

1　作業方法の決定及び労働者の配置に関すること。

2　労働者に対する指導又は監督の方法に関すること。

3　前二号に掲げるもののほか，労働災害を防止するため必要な事項で，
　厚生労働省令で定めるもの

労働安全衛生法施行令

（職長等の教育を行うべき業種）

第19条　法第60条の政令で定める業種は，次のとおりとする。

　1　建設業

　2　製造業。ただし，次に掲げるものを除く。

　　イ　たばこ製造業

　　ロ　繊維工業（紡績業及び染色整理業を除く。）

　　ハ　衣服その他の繊維製品製造業

　　ニ　紙加工品製造業（セロファン製造業を除く。）

　3　電気業

　4　ガス業

　5　自動車整備業

　6　機械修理業

労働安全衛生規則

（職長等の教育）

第40条　法第60条第3号の厚生労働省令で定める事項は，次のとおりとす
　る。

　1　法第28条の2第1項又は第57条の3第1項及び第2項の危険性又は
　　有害性等の調査及びその結果に基づき講ずる措置に関すること。

　2　異常時等における措置に関すること。

　　　3　その他現場監督者として行うべき労働災害防止活動に関すること。

②　法第60条の安全又は衛生のための教育は，次の表の上欄〈編注：左欄〉に掲げる事項について，同表の下欄〈編注：右欄〉に掲げる時間以上行わなければならないものとする。

事　　　項	時　　　間
法第60条第1号に掲げる事項 　1　作業手順の定め方 　2　労働者の適正な配置の方法	2時間
法第60条第2号に掲げる事項 　1　指導及び教育の方法 　2　作業中における監督及び指示の方法	2.5時間
前項第1号に掲げる事項 　1　危険性又は有害性等の調査の方法 　2　危険性又は有害性等の調査の結果に基づき講ずる措置 　3　設備，作業等の具体的な改善の方法	4時間
前項第2号に掲げる事項 　1　異常時における措置 　2　災害発生時における措置	1.5時間
前項第3号に掲げる事項 　1　作業に係る設備及び作業場所の保守管理の方法 　2　労働災害防止についての関心の保持及び労働者の創意工夫を引き出す方法	2時間

③　事業者は，前項の表の上欄〈編注：左欄〉に掲げる事項の全部又は一部について十分な知識及び技能を有していると認められる者については，当該事項に関する教育を省略することができる。

（指定事業場等における安全衛生教育の計画及び実施結果報告）

第40条の3　事業者は，指定事業場又は所轄都道府県労働局長が労働災害の発生率等を考慮して指定する事業場について，法第59条又は第60条の規定に基づく安全又は衛生のための教育に関する具体的な計画を作成しなければならない。

②　前項の事業者は，4月1日から翌年3月31日までに行つた法第59条又は第60条の規定に基づく安全又は衛生のための教育の実施結果を，毎年4月30日までに，様式第4号の5により，所轄労働基準監督署長に報告しなければならない。

第60条の2　事業者は，前二条に定めるもののほか，その事業場における安全衛生の水準の向上を図るため，危険又は有害な業務に現に就いている者に対し，その従事する業務に関する安全又は衛生のための教育を行うように努めなければならない。

②　厚生労働大臣は，前項の教育の適切かつ有効な実施を図るため必要な指針を公表するものとする。

③　厚生労働大臣は，前項の指針に従い，事業者又はその団体に対し，必要な指導等を行うことができる。

労働安全衛生規則

（指針の公表）

第40条の2　第24条の規定は，法第60条の2第2項の規定による指針の公表について準用する。

（就業制限）

第61条　事業者は，クレーンの運転その他の業務で，政令で定めるものについては，都道府県労働局長の当該業務に係る免許を受けた者又は都道府県労働局長の登録を受けた者が行う当該業務に係る技能講習を修了した者その他厚生労働省令で定める資格を有する者でなければ，当該業務に就かせてはならない。

②　前項の規定により当該業務につくことができる者以外の者は，当該業務を行なつてはならない。

③　第1項の規定により当該業務につくことができる者は，当該業務に従事するときは，これに係る免許証その他その資格を証する書面を携帯していなければならない。

④　職業能力開発促進法（昭和44年法律第64号）第24条第1項（同法第27条の2第2項において準用する場合を含む。）の認定に係る職業訓練を受ける労働者について必要がある場合においては，その必要の限度で，前三項の規定について，厚生労働省令で別段の定めをすることができる。

（中高年齢者等についての配慮）

第62条　事業者は，中高年齢者その他労働災害の防止上その就業に当たつ
て特に配慮を必要とする者については，これらの者の心身の条件に応じ
て適正な配置を行なうように努めなければならない。

第7章　健康の保持増進のための措置

（作業環境測定）

第65条　事業者は，有害な業務を行う屋内作業場その他の作業場で，政令
で定めるものについて，厚生労働省令で定めるところにより，必要な作
業環境測定を行い，及びその結果を記録しておかなければならない。

②　前項の規定による作業環境測定は，厚生労働大臣の定める作業環境測
定基準に従つて行わなければならない。

③　厚生労働大臣は，第1項の規定による作業環境測定の適切かつ有効な
実施を図るため必要な作業環境測定指針を公表するものとする。

④　厚生労働大臣は，前項の作業環境測定指針を公表した場合において必
要があると認めるときは，事業者若しくは作業環境測定機関又はこれら
の団体に対し，当該作業環境測定指針に関し必要な指導等を行うことが
できる。

⑤　都道府県労働局長は，作業環境の改善により労働者の健康を保持する
必要があると認めるときは，労働衛生指導医の意見に基づき，厚生労働
省令で定めるところにより，事業者に対し，作業環境測定の実施その他
必要な事項を指示することができる。

労働安全衛生法施行令

（作業環境測定を行うべき作業場）

第21条　法第65条第1項の政令で定める作業場は，次のとおりとする。

　1〜6　略

　7　別表第3第1号若しくは第2号に掲げる特定化学物質（同号34の2に掲げる物及び同号37に掲げる物で同号34の2に係るものを除く。）を製造し，若しくは取り扱う屋内作業場（同号3の3，11の2，13の2，15，15の2，18の2から18の4まで，19の2から19の4まで，22の2から22の5まで，23の2，33の2若しくは34の3に掲げる物又は同号37に掲げる物で同号3の3，11の2，13の2，15，15の2，18の2から18の4まで，19の2から19の4まで，22の2から22の5まで，23の2，33の2若しくは34の3に係るものを製造し，又は取り扱う作業で厚生労働省令で定めるものを行うものを除く。），石綿等を取り扱い，若しくは試験研究のため製造する屋内作業場若しくは石綿分析用試料等を製造する屋内作業場又はコークス炉上において若しくはコークス炉に接してコークス製造の作業を行う場合の当該作業場

　以下略

労働安全衛生規則

（作業環境測定の指示）

第42条の3　法第65条第5項の規定による指示は，作業環境測定を実施すべき作業場その他必要な事項を記載した文書により行うものとする。

（作業環境測定の結果の評価等）

第65条の2　事業者は，前条第1項又は第5項の規定による作業環境測定の結果の評価に基づいて，労働者の健康を保持するため必要があると認められるときは，厚生労働省令で定めるところにより，施設又は設備の設置又は整備，健康診断の実施その他の適切な措置を講じなければならない。

②　事業者は，前項の評価を行うに当たつては，厚生労働省令で定めると

ころにより，厚生労働大臣の定める作業環境評価基準に従つて行わなけ
ればならない。

③　事業者は，前項の規定による作業環境測定の結果の評価を行つたとき
は，厚生労働省令で定めるところにより，その結果を記録しておかなけ
ればならない。

（作業の管理）

第65条の3　事業者は，労働者の健康に配慮して，労働者の従事する作業
を適切に管理するように努めなければならない。

（作業時間の制限）

第65条の4　事業者は，潜水業務その他の健康障害を生ずるおそれのある
業務で，厚生労働省令で定めるものに従事させる労働者については，厚
生労働省令で定める作業時間についての基準に違反して，当該業務に従
事させてはならない。

（健康診断）

第66条　事業者は，労働者に対し，厚生労働省令で定めるところにより，
医師による健康診断（第66条の10第1項に規定する検査を除く。以下こ
の条及び次条において同じ。）を行わなければならない。

②　事業者は，有害な業務で，政令で定めるものに従事する労働者に対し，
厚生労働省令で定めるところにより，医師による特別の項目についての
健康診断を行なわなければならない。有害な業務で，政令で定めるもの
に従事させたことのある労働者で，現に使用しているものについても，
同様とする。

③　事業者は，有害な業務で，政令で定めるものに従事する労働者に対し，
厚生労働省令で定めるところにより，歯科医師による健康診断を行なわ
なければならない。

④　都道府県労働局長は，労働者の健康を保持するため必要があると認め
るときは，労働衛生指導医の意見に基づき，厚生労働省令で定めるとこ
ろにより，事業者に対し，臨時の健康診断の実施その他必要な事項を指

示することができる。

⑤　労働者は，前各項の規定により事業者が行なう健康診断を受けなければならない。ただし，事業者の指定した医師又は歯科医師が行なう健康診断を受けることを希望しない場合において，他の医師又は歯科医師の行なうこれらの規定による健康診断に相当する健康診断を受け，その結果を証明する書面を事業者に提出したときは，この限りでない。

労働安全衛生法施行令

（健康診断を行うべき有害な業務）

第22条　法第66条第2項前段の政令で定める有害な業務は，次のとおりとする。

　1～2　略

　3　別表第3第1号若しくは第2号に掲げる特定化学物質（同号5及び31の2に掲げる物並びに同号37に掲げる物で同号5又は31の2に係るものを除く。）を製造し，若しくは取り扱う業務（同号8若しくは32に掲げる物又は同号37に掲げる物で同号8若しくは32に係るものを製造する事業場以外の事業場においてこれらの物を取り扱う業務及び同号3の3，11の2，13の2，15，15の2，18の2から18の4まで，19の2から19の4まで，22の2から22の5まで，23の2，33の2若しくは34の3に掲げる物又は同号37に掲げる物で同号3の3，11の2，13の2，15，15の2，18の2から18の4まで，19の2から19の4まで，22の2から22の5まで，23の2，33の2若しくは34の3に係るものを製造し，又は取り扱う業務で厚生労働省令で定めるものを除く。），第16条第1項各号に掲げる物（同項第4号に掲げる物及び同項第9号に掲げる物で同項第4号に係るものを除く。）を試験研究のため製造し，若しくは使用する業務又は石綿等の取扱い若しくは試験研究のための製造若しくは石綿分析用試料等の製造に伴い石綿の粉じんを発散する場所における業務

　4～6　略

---

② 　法第66条第2項後段の政令で定める有害な業務は，次の物を製造し，若しくは取り扱う業務（第11号若しくは第22号に掲げる物又は第24号に掲げる物で第11号若しくは第22号に係るものを製造する事業場以外の事業場においてこれらの物を取り扱う業務，第12号若しくは第16号に掲げる物又は第24号に掲げる物で第12号若しくは第16号に係るものを鉱石から製造する事業場以外の事業場においてこれらの物を取り扱う業務及び第9号の2，第13号の2，第14号の2，第14号の3，第15号の2から第15号の4まで，第16号の2若しくは第22号の2に掲げる物又は第24号に掲げる物で第9号の2，第13号の2，第14号の2，第14号の3，第15号の2から第15号の4まで，第16号の2若しくは第22号の2に係るものを製造し，又は取り扱う業務で厚生労働省令で定めるものを除く。）又は石綿等の製造若しくは取扱いに伴い石綿の粉じんを発散する場所における業務とする。

　1〜24　略

③ 　略

─労働安全衛生規則─

（雇入時の健康診断）

第43条　事業者は，常時使用する労働者を雇い入れるときは，当該労働者に対し，次の項目について医師による健康診断を行わなければならない。ただし，医師による健康診断を受けた後，3月を経過しない者を雇い入れる場合において，その者が当該健康診断の結果を証明する書面を提出したときは，当該健康診断の項目に相当する項目については，この限りでない。

　1　既往歴及び業務歴の調査

　2　自覚症状及び他覚症状の有無の検査

　3　身長，体重，腹囲，視力及び聴力（1,000ヘルツ及び4,000ヘルツの音に係る聴力をいう。次条第1項第3号において同じ。）の検査

　4　胸部エックス線検査

　5　血圧の測定

6　血色素量及び赤血球数の検査（次条第1項第6号において「貧血検査」という。）

7　血清グルタミックオキサロアセチックトランスアミナーゼ（GOT），血清グルタミックピルビックトランスアミナーゼ（GPT）及びガンマ－グルタミルトランスペプチダーゼ（γ－GTP）の検査（次条第1項第7号において「肝機能検査」という。）

8　低比重リポ蛋白コレステロール（LDLコレステロール），高比重リポ蛋白コレステロール（HDLコレステロール）及び血清トリグリセライドの量の検査（次条第1項第8号において「血中脂質検査」という。）

9　血糖検査

10　尿中の糖及び蛋白の有無の検査（次条第1項第10号において「尿検査」という。）

11　心電図検査

（定期健康診断）

第44条　事業者は，常時使用する労働者（第45条第1項に規定する労働者を除く。）に対し，1年以内ごとに1回，定期に，次の項目について医師による健康診断を行わなければならない。

1　既往歴及び業務歴の調査

2　自覚症状及び他覚症状の有無の検査

3　身長，体重，腹囲，視力及び聴力の検査

4　胸部エックス線検査及び喀痰検査

5　血圧の測定

6　貧血検査

7　肝機能検査

8　血中脂質検査

9　血糖検査

10　尿検査

11　心電図検査

②　第1項第3号，第4号，第6号から第9号まで及び第11号に掲げる項目については，厚生労働大臣が定める基準に基づき，医師が必要でないと認めるときは，省略することができる。

③　第１項の健康診断は，前条，第45条の２又は法第66条第２項前段の健康診断を受けた者（前条ただし書に規定する書面を提出した者を含む。）については，当該健康診断の実施の日から１年間に限り，その者が受けた当該健康診断の項目に相当する項目を省略して行うことができる。

④　第１項第３号に掲げる項目（聴力の検査に限る。）は，45歳未満の者（35歳及び40歳の者を除く。）については，同項の規定にかかわらず，医師が適当と認める聴力（1,000ヘルツ又は4,000ヘルツの音に係る聴力を除く。）の検査をもつて代えることができる。

（満15歳以下の者の健康診断の特例）

第44条の２　事業者は，前二条の健康診断を行おうとする日の属する年度（４月１日から翌年３月31日までをいう。以下この条において同じ。）において満15歳以下の年齢に達する者で，当該年度において学校保健安全法第11条又は第13条（認定こども園法第27条において準用する場合を含む。）の規定による健康診断を受けたもの又は受けることが予定されているものについては，前二条の規定にかかわらず，これらの規定による健康診断（学校教育法による中学校若しくはこれに準ずる学校若しくは義務教育学校を卒業した者又は中等教育学校の前期課程を修了した者に係る第43条の健康診断を除く。）を行わないことができる。

②　前二条の健康診断を行おうとする日の属する年度において満15歳以下の年齢に達する者で，前項に規定する者以外のものについては，医師が必要でないと認めるときは，当該健康診断の項目の全部又は一部を省略することができる。

（特定業務従事者の健康診断）

第45条　事業者は，第13条第１項第３号に掲げる業務に常時従事する労働者に対し，当該業務への配置替えの際及び６月以内ごとに１回，定期に，第44条第１項各号に掲げる項目について医師による健康診断を行わなければならない。この場合において，同項第４号の項目については，１年以内ごとに１回，定期に，行えば足りるものとする。

②　前項の健康診断（定期のものに限る。）は，前回の健康診断において第44条第1項第6号から第9号まで及び第11号に掲げる項目について健康診断を受けた者については，前項の規定にかかわらず，医師が必要でないと認めるときは，当該項目の全部又は一部を省略して行うことができる。

③　第44条第2項及び第3項の規定は，第1項の健康診断について準用する。この場合において，同条第3項中「1年間」とあるのは，「6月間」と読み替えるものとする。

④　第1項の健康診断（定期のものに限る。）の項目のうち第44条第1項第3号に掲げる項目（聴力の検査に限る。）は，前回の健康診断において当該項目について健康診断を受けた者又は45歳未満の者（35歳及び40歳の者を除く。）については，第1項の規定にかかわらず，医師が適当と認める聴力（1,000ヘルツ又は4,000ヘルツの音に係る聴力を除く。）の検査をもつて代えることができる。

（海外派遣労働者の健康診断）

第45条の2　事業者は，労働者を本邦外の地域に6月以上派遣しようとするときは，あらかじめ，当該労働者に対し，第44条第1項各号に掲げる項目及び厚生労働大臣が定める項目のうち医師が必要であると認める項目について，医師による健康診断を行わなければならない。

②　事業者は，本邦外の地域に6月以上派遣した労働者を本邦の地域内における業務に就かせるとき（一時的に就かせるときを除く。）は，当該労働者に対し，第44条第1項各号に掲げる項目及び厚生労働大臣が定める項目のうち医師が必要であると認める項目について，医師による健康診断を行わなければならない。

③　第1項の健康診断は，第43条，第44条，前条又は法第66条第2項前段の健康診断を受けた者（第43条第1項ただし書に規定する書面を提出した者を含む。）については，当該健康診断の実施の日から6月間に限り，その者が受けた当該健康診断の項目に相当する項目を省略して行うことができる。

④　第44条第2項の規定は，第1項及び第2項の健康診断について準用する。この場合において，同条第2項中「，第4号，第6号から第9号まで及び第11号」とあるのは，「及び第4号」と読み替えるものとする。

第46条　削除

（給食従業員の検便）

第47条　事業者は，事業に附属する食堂又は炊事場における給食の業務に従事する労働者に対し，その雇入れの際又は当該業務への配置替えの際，検便による健康診断を行なわなければならない。

（歯科医師による健康診断）

第48条　事業者は，令第22条第3項の業務に常時従事する労働者に対し，その雇入れの際，当該業務への配置替えの際及び当該業務についた後6月以内ごとに1回，定期に，歯科医師による健康診断を行なわなければならない。

（健康診断の指示）

第49条　法第66条第4項の規定による指示は，実施すべき健康診断の項目，健康診断を受けるべき労働者の範囲その他必要な事項を記載した文書により行なうものとする。

（労働者の希望する医師等による健康診断の証明）

第50条　法第66条第5項ただし書の書面は，当該労働者の受けた健康診断の項目ごとに，その結果を記載したものでなければならない。

（自発的健康診断の結果の提出）

第66条の2　午後10時から午前5時まで（厚生労働大臣が必要であると認める場合においては，その定める地域又は期間については午後11時から午前6時まで）の間における業務（以下「深夜業」という。）に従事する労働者であつて，その深夜業の回数その他の事項が深夜業に従事する労働者の健康の保持を考慮して厚生労働省令で定める要件に該当するものは，厚生労働省令で定めるところにより，自ら受けた健康診断（前条第5項ただし書の規定による健康診断を除く。）の結果を証明する書面を事業者に提出することができる。

（健康診断の結果の記録）

第66条の3　事業者は，厚生労働省令で定めるところにより，第66条第1項から第4項まで及び第5項ただし書並びに前条の規定による健康診断の結果を記録しておかなければならない。

（健康診断の結果についての医師等からの意見聴取）

第66条の4　事業者は，第66条第1項から第4項まで若しくは第5項ただし書又は第66条の2の規定による健康診断の結果（当該健康診断の項目に異常の所見があると診断された労働者に係るものに限る。）に基づき，当該労働者の健康を保持するために必要な措置について，厚生労働省令で定めるところにより，医師又は歯科医師の意見を聴かなければならない。

┌─労働安全衛生規則─

（自発的健康診断）

第50条の2　法第66条の2の厚生労働省令で定める要件は，常時使用され，同条の自ら受けた健康診断を受けた日前6月間を平均して1月当たり4回以上同条の深夜業に従事したこととする。

第50条の3　前条で定める要件に該当する労働者は，第44条第1項各号に掲げる項目の全部又は一部について，自ら受けた医師による健康診断の結果を証明する書面を事業者に提出することができる。ただし，当該健康診断を受けた日から3月を経過したときは，この限りでない。

第50条の4　法第66条の2の書面は，当該労働者の受けた健康診断の項目ごとに，その結果を記載したものでなければならない。

（健康診断結果の記録の作成）

第51条　事業者は，第43条，第44条若しくは第45条から第48条までの健康診断若しくは法第66条第4項の規定による指示を受けて行つた健康診断（同条第5項ただし書の場合において当該労働者が受けた健康診断を含む。次条において「第43条等の健康診断」という。）又は法第66条の2の自ら受けた健康診断の結果に基づき，健康診断個人票（様式第5号）を作成して，これを5年間保存しなければならない。

（健康診断の結果についての医師等からの意見聴取）

第51条の2　第43条等の健康診断の結果に基づく法第66条の4の規定による医師又は歯科医師からの意見聴取は，次に定めるところにより行わなければならない。

　1　第43条等の健康診断が行われた日（法第66条第5項ただし書の場合にあつては，当該労働者が健康診断の結果を証明する書面を事業者に提出した日）から3月以内に行うこと。

　2　聴取した医師又は歯科医師の意見を健康診断個人票に記載すること。

② 法第66条の2の自ら受けた健康診断の結果に基づく法第66条の4の規定による医師からの意見聴取は，次に定めるところにより行わなければならない。

　1　当該健康診断の結果を証明する書面が事業者に提出された日から2月以内に行うこと。

　2　聴取した医師の意見を健康診断個人票に記載すること。

③　事業者は，医師又は歯科医師から，前二項の意見聴取を行う上で必要となる労働者の業務に関する情報を求められたときは，速やかに，これを提供しなければならない。

（指針の公表）

第51条の3　第24条の規定は，法第66条の5第2項の規定による指針の公表について準用する。

（健康診断の結果の通知）

第51条の4　事業者は，法第66条第4項又は第43条，第44条若しくは第45条から第48条までの健康診断を受けた労働者に対し，遅滞なく，当該健康診断の結果を通知しなければならない。

（健康診断結果報告）

第52条　常時50人以上の労働者を使用する事業者は，第44条又は第45条の健康診断（定期のものに限る。）を行つたときは，遅滞なく，定期健康診断結果報告書（様式第6号）を所轄労働基準監督署長に提出しなければならない。

②　事業者は，第48条の健康診断（定期のものに限る。）を行つたときは，遅滞なく，有害な業務に係る歯科健康診断結果報告書（様式第6号の2）を所轄労働基準監督署長に提出しなければならない。

（健康診断実施後の措置）

第66条の5　事業者は，前条の規定による医師又は歯科医師の意見を勘案し，その必要があると認めるときは，当該労働者の実情を考慮して，就業場所の変更，作業の転換，労働時間の短縮，深夜業の回数の減少等の措置を講ずるほか，作業環境測定の実施，施設又は設備の設置又は整備，当該医師又は歯科医師の意見の衛生委員会若しくは安全衛生委員会又は労働時間等設定改善委員会(労働時間等の設定の改善に関する特別措置法(平成4年法律第90号)第7条に規定する労働時間等設定改善委員会をいう。以下同じ。)への報告その他の適切な措置を講じなければならない。

②　厚生労働大臣は，前項の規定により事業者が講ずべき措置の適切かつ有効な実施を図るため必要な指針を公表するものとする。

③　厚生労働大臣は，前項の指針を公表した場合において必要があると認めるときは，事業者又はその団体に対し，当該指針に関し必要な指導等を行うことができる。

（健康診断の結果の通知）

第66条の6　事業者は，第66条第1項から第4項までの規定により行う健康診断を受けた労働者に対し，厚生労働省令で定めるところにより，当該健康診断の結果を通知しなければならない。

（保健指導等）

第66条の7　事業者は，第66条第1項の規定による健康診断若しくは当該健康診断に係る同条第5項ただし書の規定による健康診断又は第66条の2の規定による健康診断の結果，特に健康の保持に努める必要があると認める労働者に対し，医師又は保健師による保健指導を行うように努めなければならない。

②　労働者は，前条の規定により通知された健康診断の結果及び前項の規定による保健指導を利用して，その健康の保持に努めるものとする。

（面接指導等）

第66条の8　事業者は，その労働時間の状況その他の事項が労働者の健康の保持を考慮して厚生労働省令で定める要件に該当する労働者（次条第1項に規定する者及び第66条の8の4第1項に規定する者を除く。以下この条において同じ。）に対し，厚生労働省令で定めるところにより，医師による面接指導（問診その他の方法により心身の状況を把握し，これに応じて面接により必要な指導を行うことをいう。以下同じ。）を行わなければならない。

②　労働者は，前項の規定により事業者が行う面接指導を受けなければならない。ただし，事業者の指定した医師が行う面接指導を受けることを希望しない場合において，他の医師の行う同項の規定による面接指導に相当する面接指導を受け，その結果を証明する書面を事業者に提出したときは，この限りでない。

③　事業者は，厚生労働省令で定めるところにより，第1項及び前項ただ
　　し書の規定による面接指導の結果を記録しておかなければならない。

④　事業者は，第1項又は第2項ただし書の規定による面接指導の結果に
　　基づき，当該労働者の健康を保持するために必要な措置について，厚生
　　労働省令で定めるところにより，医師の意見を聴かなければならない。

⑤　事業者は，前項の規定による医師の意見を勘案し，その必要があると
　　認めるときは，当該労働者の実情を考慮して，就業場所の変更，作業の
　　転換，労働時間の短縮，深夜業の回数の減少等の措置を講ずるほか，当
　　該医師の意見の衛生委員会若しくは安全衛生委員会又は労働時間等設定
　　改善委員会への報告その他の適切な措置を講じなければならない。

第66条の8の2　事業者は，その労働時間が労働者の健康の保持を考慮し
　　て厚生労働省令で定める時間を超える労働者（労働基準法第36条第11項
　　に規定する業務に従事する者（同法第41条各号に掲げる者及び第66条の
　　8の4第1項に規定する者を除く。）に限る。）に対し，厚生労働省令で
　　定めるところにより，医師による面接指導を行わなければならない。

②　前条第2項から第5項までの規定は，前項の事業者及び労働者につい
　　て準用する。この場合において，同条第5項中「作業の転換」とあるの
　　は，「職務内容の変更，有給休暇（労働基準法第39条の規定による有給
　　休暇を除く。）の付与」と読み替えるものとする。

第66条の8の3　事業者は，第66条の8第1項又は前条第1項の規定によ
　　る面接指導を実施するため，厚生労働省令で定める方法により，労働者
　　（次条第1項に規定する者を除く。）の労働時間の状況を把握しなけれ
　　ばならない。

第66条の8の4　事業者は，労働基準法第41条の2第1項の規定により労
　　働する労働者であつて，その健康管理時間（同項第3号に規定する健康
　　管理時間をいう。）が当該労働者の健康の保持を考慮して厚生労働省令
　　で定める時間を超えるものに対し，厚生労働省令で定めるところにより，
　　医師による面接指導を行わなければならない。

②　第66条の8第2項から第5項までの規定は，前項の事業者及び労働者について準用する。この場合において，同条第5項中「就業場所の変更，作業の転換，労働時間の短縮，深夜業の回数の減少等」とあるのは，「職務内容の変更，有給休暇（労働基準法第39条の規定による有給休暇を除く。）の付与，健康管理時間（第66条の8の4第1項に規定する健康管理時間をいう。）が短縮されるための配慮等」と読み替えるものとする。

第66条の9　事業者は，第66条の8第1項，第66条の8の2第1項又は前条第1項の規定により面接指導を行う労働者以外の労働者であつて健康への配慮が必要なものについては，厚生労働省令で定めるところにより，必要な措置を講ずるように努めなければならない。

─────労働安全衛生規則─────

（面接指導の対象となる労働者の要件等）

第52条の2　法第66条の8第1項の厚生労働省令で定める要件は，休憩時間を除き1週間当たり40時間を超えて労働させた場合におけるその超えた時間が1月当たり80時間を超え，かつ，疲労の蓄積が認められる者であることとする。ただし，次項の期日前1月以内に法第66条の8第1項又は第66条の8の2第1項に規定する面接指導を受けた労働者その他これに類する労働者であつて法第66条の8第1項に規定する面接指導（以下この節において「法第66条の8の面接指導」という。）を受ける必要がないと医師が認めたものを除く。

②　前項の超えた時間の算定は，毎月1回以上，一定の期日を定めて行わなければならない。

③　事業者は，第1項の超えた時間の算定を行つたときは，速やかに，同項の超えた時間が1月当たり80時間を超えた労働者に対し，当該労働者に係る当該超えた時間に関する情報を通知しなければならない。

（面接指導の実施方法等）

第52条の3　法第66条の8の面接指導は，前条第1項の要件に該当する労働者の申出により行うものとする。

②　前項の申出は，前条第2項の期日後，遅滞なく，行うものとする。

③　事業者は，労働者から第1項の申出があつたときは，遅滞なく，法第66条の8の面接指導を行わなければならない。

④　産業医は，前条第1項の要件に該当する労働者に対して，第1項の申出を行うよう勧奨することができる。

（面接指導における確認事項）

第52条の4　医師は，法第66条の8の面接指導を行うに当たつては，前条第1項の申出を行つた労働者に対し，次に掲げる事項について確認を行うものとする。

1　当該労働者の勤務の状況

2　当該労働者の疲労の蓄積の状況

3　前号に掲げるもののほか，当該労働者の心身の状況

（労働者の希望する医師による面接指導の証明）

第52条の5　法第66条の8第2項ただし書の書面は，当該労働者の受けた法第66条の8の面接指導について，次に掲げる事項を記載したものでなければならない。

1　実施年月日

2　当該労働者の氏名

3　法第66条の8の面接指導を行つた医師の氏名

4　当該労働者の疲労の蓄積の状況

5　前号に掲げるもののほか，当該労働者の心身の状況

（面接指導結果の記録の作成）

第52条の6　事業者は，法第66条の8の面接指導（法第66条の8第2項ただし書の場合において当該労働者が受けたものを含む。次条において同じ。）の結果に基づき，当該法第66条の8の面接指導の結果の記録を作成して，これを5年間保存しなければならない。

②　前項の記録は，前条各号に掲げる事項及び法第66条の8第4項の規定による医師の意見を記載したものでなければならない。

（面接指導の結果についての医師からの意見聴取）

第52条の7　法第66条の8の面接指導の結果に基づく法第66条の8第4項の規定による医師からの意見聴取は，当該法第66条の8の面接指導が行

われた後（同条第2項ただし書の場合にあつては，当該労働者が当該法第66条の8の面接指導の結果を証明する書面を事業者に提出した後），遅滞なく行わなければならない。

（法第66条の8の2第1項の厚生労働省令で定める時間等）

第52条の7の2　法第66条の8の2第1項の厚生労働省令で定める時間は，休憩時間を除き1週間当たり40時間を超えて労働させた場合におけるその超えた時間について，1月当たり100時間とする。

②　第52条の2第2項，第52条の3第1項及び第52条の4から前条までの規定は，法第66条の8の2第1項に規定する面接指導について準用する。この場合において，第52条の2第2項中「前項」とあるのは「第52条の7の2第1項」と，第52条の3第1項中「前条第1項の要件に該当する労働者の申出により」とあるのは「前条第2項の期日後，遅滞なく」と，第52条の4中「前条第1項の申出を行つた労働者」とあるのは「労働者」と読み替えるものとする。

（法第66条の8の3の厚生労働省令で定める方法等）

第52条の7の3　法第66条の8の3の厚生労働省令で定める方法は，タイムカードによる記録，パーソナルコンピュータ等の電子計算機の使用時間の記録等の客観的な方法その他の適切な方法とする。

②　事業者は，前項に規定する方法により把握した労働時間の状況の記録を作成し，3年間保存するための必要な措置を講じなければならない。

（法第66条の8の4第1項の厚生労働省令で定める時間等）

第52条の7の4　法第66条の8の4第1項の厚生労働省令で定める時間は，1週間当たりの健康管理時間（労働基準法（昭和22年法律第49号）第41条の2第1項第3号に規定する健康管理時間をいう。）が40時間を超えた場合におけるその超えた時間について，1月当たり100時間とする。

②　第52条の2第2項，第52条の3第1項及び第52条の4から第52条の7までの規定は，法第66条の8の4第1項に規定する面接指導について準用する。この場合において，第52条の2第2項中「前項」とあるのは「第52条の7の4第1項」と，第52条の3第1項中「前条第1項の要件に該当する労働者の申出により」とあるのは「前条第2項の期日後，遅滞なく，」と，第52条の4中「前条第1項の申出を行つた労働者」とあるのは「労働者」と読み替えるものとする。

（法第66条の9の必要な措置の実施）

第52条の8　法第66条の9の必要な措置は，法第66条の8の面接指導の実施又は法第66条の8の面接指導に準ずる措置（第3項に該当する者にあつては，法第66条の8の4第1項に規定する面接指導の実施）とする。

②　労働基準法第41条の2第1項の規定により労働する労働者以外の労働者に対して行う法第66条の9の必要な措置は，事業場において定められた当該必要な措置の実施に関する基準に該当する者に対して行うものとする。

③　労働基準法第41条の2第1項の規定により労働する労働者に対して行う法第66条の9の必要な措置は，当該労働者の申出により行うものとする。

（心理的な負担の程度を把握するための検査等）

第66条の10　事業者は，労働者に対し，厚生労働省令で定めるところにより，医師，保健師その他の厚生労働省令で定める者（以下この条において「医師等」という。）による心理的な負担の程度を把握するための検査を行わなければならない。

②　事業者は，前項の規定により行う検査を受けた労働者に対し，厚生労働省令で定めるところにより，当該検査を行つた医師等から当該検査の結果が通知されるようにしなければならない。この場合において，当該医師等は，あらかじめ当該検査を受けた労働者の同意を得ないで，当該労働者の検査の結果を事業者に提供してはならない。

③　事業者は，前項の規定による通知を受けた労働者であつて，心理的な負担の程度が労働者の健康の保持を考慮して厚生労働省令で定める要件に該当するものが医師による面接指導を受けることを希望する旨を申し出たときは，当該申出をした労働者に対し，厚生労働省令で定めるところにより，医師による面接指導を行わなければならない。この場合において，事業者は，労働者が当該申出をしたことを理由として，当該労働者に対し，不利益な取扱いをしてはならない。

④　事業者は，厚生労働省令で定めるところにより，前項の規定による面
接指導の結果を記録しておかなければならない。

⑤　事業者は，第3項の規定による面接指導の結果に基づき，当該労働者
の健康を保持するために必要な措置について，厚生労働省令で定めると
ころにより，医師の意見を聴かなければならない。

⑥　事業者は，前項の規定による医師の意見を勘案し，その必要があると
認めるときは，当該労働者の実情を考慮して，就業場所の変更，作業の
転換，労働時間の短縮，深夜業の回数の減少等の措置を講ずるほか，当
該医師の意見の衛生委員会若しくは安全衛生委員会又は労働時間等設定
改善委員会への報告その他の適切な措置を講じなければならない。

⑦　厚生労働大臣は，前項の規定により事業者が講ずべき措置の適切かつ
有効な実施を図るため必要な指針を公表するものとする。

⑧　厚生労働大臣は，前項の指針を公表した場合において必要があると認
めるときは，事業者又はその団体に対し，当該指針に関し必要な指導等
を行うことができる。

⑨　国は，心理的な負担の程度が労働者の健康の保持に及ぼす影響に関す
る医師等に対する研修を実施するよう努めるとともに，第2項の規定に
より通知された検査の結果を利用する労働者に対する健康相談の実施そ
の他の当該労働者の健康の保持増進を図ることを促進するための措置を
講ずるよう努めるものとする。

┌─労働安全衛生規則─────────────────────

（心理的な負担の程度を把握するための検査の実施方法）

第52条の9　事業者は，常時使用する労働者に対し，1年以内ごとに1回，
定期に，次に掲げる事項について法第66条の10第1項に規定する心理的
な負担の程度を把握するための検査（以下この節において「検査」とい
う。）を行わなければならない。

1　職場における当該労働者の心理的な負担の原因に関する項目

2　当該労働者の心理的な負担による心身の自覚症状に関する項目

3　職場における他の労働者による当該労働者への支援に関する項目

（検査の実施者等）

第52条の10　法第66条の10第1項の厚生労働省令で定める者は，次に掲げる者（以下この節において「医師等」という。）とする。

1　医師

2　保健師

3　検査を行うために必要な知識についての研修であつて厚生労働大臣が定めるものを修了した歯科医師，看護師，精神保健福祉士又は公認心理師

②　検査を受ける労働者について解雇，昇進又は異動に関して直接の権限を持つ監督的地位にある者は，検査の実施の事務に従事してはならない。

（検査結果等の記録の作成等）

第52条の11　事業者は，第52条の13第2項に規定する場合を除き，検査を行つた医師等による当該検査の結果の記録の作成の事務及び当該検査の実施の事務に従事した者による当該記録の保存の事務が適切に行われるよう，必要な措置を講じなければならない。

（検査結果の通知）

第52条の12　事業者は，検査を受けた労働者に対し，当該検査を行つた医師等から，遅滞なく，当該検査の結果が通知されるようにしなければならない。

（労働者の同意の取得等）

第52条の13　法第66条の10第2項後段の規定による労働者の同意の取得は，書面又は電磁的記録（電子的方式，磁気的方式その他人の知覚によつては認識することができない方式で作られる記録であつて，電子計算機による情報処理の用に供されるものをいう。以下同じ。）によらなければならない。

②　事業者は，前項の規定により検査を受けた労働者の同意を得て，当該検査を行つた医師等から当該労働者の検査の結果の提供を受けた場合には，当該検査の結果に基づき，当該検査の結果の記録を作成して，これを5年間保存しなければならない。

（検査結果の集団ごとの分析等）

第52条の14　事業者は，検査を行つた場合は，当該検査を行つた医師等に，当該検査の結果を当該事業場の当該部署に所属する労働者の集団その他の一定規模の集団ごとに集計させ，その結果について分析させるよう努めなければならない。

②　事業者は，前項の分析の結果を勘案し，その必要があると認めるときは，当該集団の労働者の実情を考慮して，当該集団の労働者の心理的な負担を軽減するための適切な措置を講ずるよう努めなければならない。

（面接指導の対象となる労働者の要件）

第52条の15　法第66条の10第3項の厚生労働省令で定める要件は，検査の結果，心理的な負担の程度が高い者であつて，同項に規定する面接指導（以下この節において「面接指導」という。）を受ける必要があると当該検査を行つた医師等が認めたものであることとする。

（面接指導の実施方法等）

第52条の16　法第66条の10第3項の規定による申出（以下この条及び次条において「申出」という。）は，前条の要件に該当する労働者が検査の結果の通知を受けた後，遅滞なく行うものとする。

②　事業者は，前条の要件に該当する労働者から申出があつたときは，遅滞なく，面接指導を行わなければならない。

③　検査を行つた医師等は，前条の要件に該当する労働者に対して，申出を行うよう勧奨することができる。

（面接指導における確認事項）

第52条の17　医師は，面接指導を行うに当たつては，申出を行つた労働者に対し，第52条の9各号に掲げる事項のほか，次に掲げる事項について確認を行うものとする。

　1　当該労働者の勤務の状況

　2　当該労働者の心理的な負担の状況

　3　前号に掲げるもののほか，当該労働者の心身の状況

（面接指導結果の記録の作成）

第52条の18　事業者は，面接指導の結果に基づき，当該面接指導の結果の記録を作成して，これを5年間保存しなければならない。

② 前項の記録は，前条各号に掲げる事項のほか，次に掲げる事項を記載したものでなければならない。

1 実施年月日

2 当該労働者の氏名

3 面接指導を行つた医師の氏名

4 法第66条の10第5項の規定による医師の意見

（面接指導の結果についての医師からの意見聴取）

第52条の19 面接指導の結果に基づく法第66条の10第5項の規定による医師からの意見聴取は，面接指導が行われた後，遅滞なく行わなければならない。

（指針の公表）

第52条の20 第24条の規定は，法第66条の10第7項の規定による指針の公表について準用する。

（検査及び面接指導結果の報告）

第52条の21 常時50人以上の労働者を使用する事業者は，1年以内ごとに1回，定期に，心理的な負担の程度を把握するための検査結果等報告書（様式第6号の3）を所轄労働基準監督署長に提出しなければならない。

（健康管理手帳）

第67条 都道府県労働局長は，がんその他の重度の健康障害を生ずるおそれのある業務で，政令で定めるものに従事していた者のうち，厚生労働省令で定める要件に該当する者に対し，離職の際に又は離職の後に，当該業務に係る健康管理手帳を交付するものとする。ただし，現に当該業務に係る健康管理手帳を所持している者については，この限りでない。

② 政府は，健康管理手帳を所持している者に対する健康診断に関し，厚生労働省令で定めるところにより，必要な措置を行なう。

③ 健康管理手帳の交付を受けた者は，当該健康管理手帳を他人に譲渡し，又は貸与してはならない。

④ 健康管理手帳の様式その他健康管理手帳について必要な事項は，厚生労働省令で定める。

　労働安全衛生法施行令

（健康管理手帳を交付する業務）

第23条　法第67条第1項の政令で定める業務は，次のとおりとする。

　1～10　略

　11　石綿等の製造又は取扱いに伴い石綿の粉じんを発散する場所におけ
　　る業務

　12～15　略

　労働安全衛生規則

（健康管理手帳の交付）

第53条　法第67条第1項の厚生労働省令で定める要件に該当する者は，労
　働基準法の施行の日以降において，次の表の上欄〈編注：左欄〉に掲げ
　る業務に従事し，その従事した業務に応じて，離職の際に又は離職の後
　に，それぞれ，同表の下欄〈編注：右欄〉に掲げる要件に該当する者そ
　の他厚生労働大臣が定める要件に該当する者とする。

業　　　務	要　　　　件
（略）	
令第23条第11号の業務（石綿等（令第6条第23号に規定する石綿等をいう。以下同じ。）を製造し，又は取り扱う業務に限る。）	次のいずれかに該当すること。 1　両肺野に石綿による不整形陰影があり，又は石綿による胸膜肥厚があること。 2　石綿等の製造作業，石綿等が使用されている保温材，耐火被覆材等の張付け，補修若しくは除去の作業，石綿等の吹付けの作業又は石綿等が吹き付けられた建築物，工作物等の解体，破砕等の作業（吹き付けられた石綿等の除去の作業を含む。）に1年以上従事した経験を有し，かつ，初めて石綿等の粉じんにばく露した日から10年以上を経過していること。 3　石綿等を取り扱う作業（前号の作業を除く。）に10年以上従事した経験を有していること。 4　前二号に掲げる要件に準ずるものとして厚生労働大臣が定める要件に該当すること。
令第23条第11号の業務（石綿等を製造し，又は取り扱う業務を除く。）	両肺野に石綿による不整形陰影があり，又は石綿による胸膜肥厚があること。

┌─────────────────────────────────────┐
│　　　　　　　　　（略）　　　　　　　　　│
└─────────────────────────────────────┘

②　健康管理手帳（以下「手帳」という。）の交付は，前項に規定する要件に該当する者の申請に基づいて，所轄都道府県労働局長（離職の後に同項に規定する要件に該当する者にあつては，その者の住所を管轄する都道府県労働局長）が行うものとする。

③　前項の申請をしようとする者は，健康管理手帳交付申請書（様式第7号）に第1項の要件に該当する事実を証する書類（当該書類がない場合には，当該事実についての申立て書）（令第23条第8号又は第11号の業務に係る前項の申請（同号の業務に係るものについては，第1項の表令第23条第11号の業務（石綿等（令第6条第23号に規定する石綿等をいう。以下同じ。）を製造し，又は取り扱う業務に限る。）の項第2号から第4号までの要件に該当することを理由とするものを除く。）をしようとする者にあつては，胸部のエックス線直接撮影又は特殊なエックス線撮影による写真を含む。）を添えて，所轄都道府県労働局長（離職の後に第1項の要件に該当する者にあつては，その者の住所を管轄する都道府県労働局長）に提出しなければならない。

（手帳の様式）

第54条　手帳は，様式第8号による。

（受診の勧告）

第55条　都道府県労働局長は，手帳を交付するときは，当該手帳の交付を受ける者に対し，厚生労働大臣が定める健康診断を受けることを勧告するものとする。

第56条　都道府県労働局長は，前条の勧告をするときは，手帳の交付を受ける者に対し，その者が受ける健康診断の回数，方法その他当該健康診断を受けることについて必要な事項を通知するものとする。

（手帳の提出等）

第57条　手帳の交付を受けた者（以下「手帳所持者」という。）は，第55条の勧告に係る健康診断（以下この条において「健康診断」という。）を受けるときは，手帳を当該健康診断を行なう医療機関に提出しなければならない。

②　前項の医療機関は，手帳所持者に対し健康診断を行なつたときは，その結果をその者の手帳に記載しなければならない。

③　第 1 項の医療機関は，手帳所持者に対し健康診断を行つたときは，遅滞なく，様式第 9 号による報告書を当該医療機関の所在地を管轄する都道府県労働局長に提出しなければならない。

（手帳の書替え）

第58条　手帳所持者は，氏名又は住所を変更したときは，30日以内に，健康管理手帳書替申請書（様式第10号）に手帳を添えてその者の住所を管轄する都道府県労働局長に提出し，手帳の書替えを受けなければならない。

（手帳の再交付）

第59条　手帳所持者は，手帳を滅失し，又は損傷したときは，健康管理手帳再交付申請書（様式第10号）をその者の住所を管轄する都道府県労働局長に提出し，手帳の再交付を受けなければならない。

②　手帳を損傷した者が前項の申請をするときは，当該申請書にその手帳を添えなければならない。

③　手帳所持者は，手帳の再交付を受けた後，滅失した手帳を発見したときは，速やかに，これを第 1 項の都道府県労働局長に返還しなければならない。

（手帳の返還）

第60条　手帳所持者が死亡したときは，当該手帳所持者の相続人又は法定代理人は，遅滞なく，手帳をその者の住所を管轄する都道府県労働局長に返還しなければならない。

（病者の就業禁止）

第68条　事業者は，伝染性の疾病その他の疾病で，厚生労働省令で定めるものにかかつた労働者については，厚生労働省令で定めるところにより，その就業を禁止しなければならない。

（受動喫煙の防止）

第68条の 2　事業者は，室内又はこれに準ずる環境における労働者の受動

喫煙（健康増進法（平成14年法律第103号）第28条第3号に規定する受動喫煙をいう。第71条第1項において同じ。）を防止するため，当該事業者及び事業場の実情に応じ適切な措置を講ずるよう努めるものとする。

（健康教育等）

第69条　事業者は，労働者に対する健康教育及び健康相談その他労働者の健康の保持増進を図るため必要な措置を継続的かつ計画的に講ずるように努めなければならない。

②　労働者は，前項の事業者が講ずる措置を利用して，その健康の保持増進に努めるものとする。

（体育活動等についての便宜供与等）

第70条　事業者は，前条第1項に定めるもののほか，労働者の健康の保持増進を図るため，体育活動，レクリエーションその他の活動についての便宜を供与する等必要な措置を講ずるように努めなければならない。

（健康の保持増進のための指針の公表等）

第70条の2　厚生労働大臣は，第69条第1項の事業者が講ずべき健康の保持増進のための措置に関して，その適切かつ有効な実施を図るため必要な指針を公表するものとする。

②　厚生労働大臣は，前項の指針に従い，事業者又はその団体に対し，必要な指導等を行うことができる。

```
┌─労働安全衛生規則──────────────────────┐
│ 第61条の2　第24条の規定は，法第70条の2第1項の規定による指針の公 │
│   表について準用する。                              │
└────────────────────────────────┘
```

（国の援助）

第71条　国は，労働者の健康の保持増進に関する措置の適切かつ有効な実施を図るため，必要な資料の提供，作業環境測定及び健康診断の実施の促進，受動喫煙の防止のための設備の設置の促進，事業場における健康教育等に関する指導員の確保及び資質の向上の促進その他の必要な援助

に努めるものとする。

② 　国は，前項の援助を行うに当たつては，中小企業者に対し，特別の配慮をするものとする。

第7章の2　快適な職場環境の形成のための措置

（事業者の講ずる措置）

第71条の2　事業者は，事業場における安全衛生の水準の向上を図るため，次の措置を継続的かつ計画的に講ずることにより，快適な職場環境を形成するように努めなければならない。

1　作業環境を快適な状態に維持管理するための措置

2　労働者の従事する作業について，その方法を改善するための措置

3　作業に従事することによる労働者の疲労を回復するための施設又は設備の設置又は整備

4　前三号に掲げるもののほか，快適な職場環境を形成するため必要な措置

（快適な職場環境の形成のための指針の公表等）

第71条の3　厚生労働大臣は，前条の事業者が講ずべき快適な職場環境の形成のための措置に関して，その適切かつ有効な実施を図るため必要な指針を公表するものとする。

② 　厚生労働大臣は，前項の指針に従い，事業者又はその団体に対し，必要な指導等を行うことができる。

（国の援助）

第71条の4　国は，事業者が講ずる快適な職場環境を形成するための措置の適切かつ有効な実施に資するため，金融上の措置，技術上の助言，資料の提供その他の必要な援助に努めるものとする。

┌─**労働安全衛生規則**────────────────────────────┐

　第61条の3　都道府県労働局長は，事業者が快適な職場環境の形成のため
　　の措置の実施に関し必要な計画を作成し，提出した場合において，当該
　　計画が法第71条の3の指針に照らして適切なものであると認めるときは，
　　その旨の認定をすることができる。

　②　都道府県労働局長は，法第71条の4の援助を行うに当たつては，前項
　　の認定を受けた事業者に対し，特別の配慮をするものとする。

└──────────────────────────────────────┘

第8章　免許等

（技能講習）

第76条　第14条又は第61条第1項の技能講習（以下「技能講習」という。）
　　は，別表第18に掲げる区分ごとに，学科講習又は実技講習によつて行う。

②　技能講習を行なつた者は，当該技能講習を修了した者に対し，厚生労
　　働省令で定めるところにより，技能講習修了証を交付しなければならない。

③　技能講習の受講資格及び受講手続その他技能講習の実施について必要
　　な事項は，厚生労働省令で定める。

別表第18（第76条関係）

　1～22　略

　23　石綿作業主任者技能講習

　24～37　略

┌─**労働安全衛生規則**────────────────────────────┐

　（受講手続）

　第80条　技能講習を受けようとする者は，技能講習受講申込書（様式第15
　　号）を当該技能講習を行う登録教習機関に提出しなければならない。

　（技能講習修了証の交付）

　第81条　技能講習を行つた登録教習機関は，当該講習を修了した者に対し，
　　遅滞なく，技能講習修了証（様式第17号）を交付しなければならない。

　（技能講習修了証の再交付等）

第82条　技能講習修了証の交付を受けた者で，当該技能講習に係る業務に
　　現に就いているもの又は就こうとするものは，これを滅失し，又は損傷
　　したときは，第3項に規定する場合を除き，技能講習修了証再交付申込
　　書（様式第18号）を技能講習修了証の交付を受けた登録教習機関に提出
　　し，技能講習修了証の再交付を受けなければならない。

②　　前項に規定する者は，氏名を変更したときは，第3項に規定する場合
　　を除き，技能講習修了証書替申込書（様式第18号）を技能講習修了証の
　　交付を受けた登録教習機関に提出し，技能講習修了証の書替えを受けな
　　ければならない。

③　　第1項に規定する者は，技能講習修了証の交付を受けた登録教習機関
　　が当該技能講習の業務を廃止した場合（当該登録を取り消された場合及
　　び当該登録がその効力を失つた場合を含む。）及び労働安全衛生法及び
　　これに基づく命令に係る登録及び指定に関する省令（昭和47年労働省令
　　第44号）第24条第1項ただし書に規定する場合に，これを滅失し，若し
　　くは損傷したとき又は氏名を変更したときは，技能講習修了証明書交付
　　申込書（様式第18号）を同項ただし書に規定する厚生労働大臣が指定す
　　る機関に提出し，当該技能講習を修了したことを証する書面の交付を受
　　けなければならない。

④　　前項の場合において，厚生労働大臣が指定する機関は，同項の書面の
　　交付を申し込んだ者が同項に規定する技能講習以外の技能講習を修了し
　　ているときは，当該技能講習を行つた登録教習機関からその者の当該技
　　能講習の修了に係る情報の提供を受けて，その者に対して，同項の書面
　　に当該技能講習を修了した旨を記載して交付することができる。

（技能講習の細目）

第83条　第79条から前条までに定めるもののほか，法別表第18第1号から
　　第17号まで及び第28号から第35号までに掲げる技能講習の実施について
　　必要な事項は，厚生労働大臣が定める。

第10章　監督等

（計画の届出等）

第88条　事業者は，機械等で，危険若しくは有害な作業を必要とするもの，危険な場所において使用するもの又は危険若しくは健康障害を防止するため使用するもののうち，厚生労働省令で定めるものを設置し，若しくは移転し，又はこれらの主要構造部分を変更しようとするときは，その計画を当該工事の開始の日の30日前までに，厚生労働省令で定めるところにより，労働基準監督署長に届け出なければならない。ただし，第28条の2第1項に規定する措置その他の厚生労働省令で定める措置を講じているものとして，厚生労働省令で定めるところにより労働基準監督署長が認定した事業者については，この限りでない。〈編注：労働安全衛生規則第85条，第86条および別表第7第25号で，石綿等の粉じんが発散する屋内作業場に設ける発散抑制の設備に係る届出事項について規定されている。〉

②　事業者は，建設業に属する事業の仕事のうち重大な労働災害を生ずるおそれがある特に大規模な仕事で，厚生労働省令で定めるものを開始しようとするときは，その計画を当該仕事の開始の日の30日前までに，厚生労働省令で定めるところにより，厚生労働大臣に届け出なければならない。

③　事業者は，建設業その他政令で定める業種に属する事業の仕事（建設業に属する事業にあつては，前項の厚生労働省令で定める仕事を除く。）で，厚生労働省令で定めるものを開始しようとするときは，その計画を当該仕事の開始の日の14日前までに，厚生労働省令で定めるところにより，労働基準監督署長に届け出なければならない。

④　事業者は，第1項の規定による届出に係る工事のうち厚生労働省令で定める工事の計画，第2項の厚生労働省令で定める仕事の計画又は前項の規定による届出に係る仕事のうち厚生労働省令で定める仕事の計画を作成するときは，当該工事に係る建設物若しくは機械等又は当該仕事か

ら生ずる労働災害の防止を図るため，厚生労働省令で定める資格を有す
る者を参画させなければならない。

⑤　前三項の規定（前項の規定のうち，第1項の規定による届出に係る部
分を除く。）は，当該仕事が数次の請負契約によつて行われる場合にお
いて，当該仕事を自ら行う発注者がいるときは当該発注者以外の事業者，
当該仕事を自ら行う発注者がいないときは元請負人以外の事業者につい
ては，適用しない。

⑥　労働基準監督署長は第1項又は第3項の規定による届出があつた場合
において，厚生労働大臣は第2項の規定による届出があつた場合におい
て，それぞれ当該届出に係る事項がこの法律又はこれに基づく命令の規
定に違反すると認めるときは，当該届出をした事業者に対し，その届出
に係る工事若しくは仕事の開始を差し止め，又は当該計画を変更すべき
ことを命ずることができる。

⑦　厚生労働大臣又は労働基準監督署長は，前項の規定による命令（第2
項又は第3項の規定による届出をした事業者に対するものに限る。）を
した場合において，必要があると認めるときは，当該命令に係る仕事の
発注者（当該仕事を自ら行う者を除く。）に対し，労働災害の防止に関
する事項について必要な勧告又は要請を行うことができる。

┌─労働安全衛生規則─

（計画の届出等）

第86条　事業者は，別表第7の上欄に掲げる機械等を設置し，若しくは移
　　転し，又はこれらの主要構造部分を変更しようとするときは，法第88
　　条第1項の規定により，様式第20号による届書に，当該機械等の種類に
　　応じて同表の中欄に掲げる事項を記載した書面及び同表の下欄に掲げる
　　図面等を添えて，所轄労働基準監督署長に提出しなければならない。

②　略

③　石綿則第47条第1項又は第48条の3第1項の規定による申請をした者
　　が行う別表第7の25の項の上欄に掲げる機械等〈編注：石綿等の粉じんが
　　発散する屋内作業場に設ける発散抑制の設備〉の設置については，法第88
　　条第1項の規定による届出は要しないものとする。

　第90条　法第88条第3項の厚生労働省令で定める仕事は，次のとおりとする。

　　1〜5　略

　　5の2　建築物，工作物又は船舶（鋼製の船舶に限る。次号において同じ。）に吹き付けられている石綿等（石綿等が使用されている仕上げ用塗り材を除く。）の除去，封じ込め又は囲い込みの作業を行う仕事

　　5の3　建築物，工作物又は船舶に張り付けられている石綿等が使用されている保温材，耐火被覆材（耐火性能を有する被覆材をいう。）等の除去，封じ込め又は囲い込みの作業（石綿等の粉じんを著しく発散するおそれのあるものに限る。）を行う仕事

　　5の4〜7　略

（建設業に係る計画の届出）

　第91条　建設業に属する事業の仕事について法第88条第2項の規定による届出をしようとする者は，様式第21号による届書に次の書類及び圧気工法による作業を行う仕事に係る場合にあつては圧気工法作業摘要書（様式第21号の2）を添えて厚生労働大臣に提出しなければならない。ただし，圧気工法作業摘要書を提出する場合においては，次の書類の記載事項のうち圧気工法作業摘要書の記載事項と重複する部分の記入は，要しないものとする。

　　1　仕事を行う場所の周囲の状況及び四隣との関係を示す図面

　　2　建設等をしようとする建設物等の概要を示す図面

　　3　工事用の機械，設備，建設物等の配置を示す図面

　　4　工法の概要を示す書面又は図面

　　5　労働災害を防止するための方法及び設備の概要を示す書面又は図面

　　6　工程表

　②　前項の規定は，法第88条第3項の規定による届出について準用する。この場合において，同項中「厚生労働大臣」とあるのは，「所轄労働基準監督署長」と読み替えるものとする。

（報告等）

第100条　厚生労働大臣，都道府県労働局長又は労働基準監督署長は，こ

の法律を施行するため必要があると認めるときは，厚生労働省令で定めるところにより，事業者，労働者，機械等貸与者，建築物貸与者又はコンサルタントに対し，必要な事項を報告させ，又は出頭を命ずることができる。

②　厚生労働大臣，都道府県労働局長又は労働基準監督署長は，この法律を施行するため必要があると認めるときは，厚生労働省令で定めるところにより，登録製造時等検査機関等に対し，必要な事項を報告させることができる。

③　労働基準監督官は，この法律を施行するため必要があると認めるときは，事業者又は労働者に対し，必要な事項を報告させ，又は出頭を命ずることができる。

第11章　雑則

（法令等の周知）

第101条　事業者は，この法律及びこれに基づく命令の要旨を常時各作業場の見やすい場所に掲示し，又は備え付けることその他の厚生労働省令で定める方法により，労働者に周知させなければならない。

②　産業医を選任した事業者は，その事業場における産業医の業務の内容その他の産業医の業務に関する事項で厚生労働省令で定めるものを，常時各作業場の見やすい場所に掲示し，又は備え付けることその他の厚生労働省令で定める方法により，労働者に周知させなければならない。

③　前項の規定は，第13条の2第1項に規定する者に労働者の健康管理等の全部又は一部を行わせる事業者について準用する。この場合において，前項中「周知させなければ」とあるのは，「周知させるように努めなければ」と読み替えるものとする。

④　事業者は，第57条の2第1項又は第2項の規定により通知された事項を，化学物質，化学物質を含有する製剤その他の物で当該通知された事項に係るものを取り扱う各作業場の見やすい場所に常時掲示し，又は備

え付けることその他の厚生労働省令で定める方法により，当該物を取り
扱う労働者に周知させなければならない。

（書類の保存等）

第103条　事業者は，厚生労働省令で定めるところにより，この法律又は
これに基づく命令の規定に基づいて作成した書類（次項及び第3項の帳
簿を除く。）を，保存しなければならない。

②　登録製造時等検査機関，登録性能検査機関，登録個別検定機関，登録
型式検定機関，検査業者，指定試験機関，登録教習機関，指定コンサル
ト試験機関又は指定登録機関は，厚生労働省令で定めるところにより，
製造時等検査，性能検査，個別検定，型式検定，特定自主検査，免許試
験，技能講習，教習，労働安全コンサルタント試験，労働衛生コンサル
タント試験又はコンサルタントの登録に関する事項で，厚生労働省令で
定めるものを記載した帳簿を備え，これを保存しなければならない。

③　コンサルタントは，厚生労働省令で定めるところにより，その業務に
関する事項で，厚生労働省令で定めるものを記載した帳簿を備え，これ
を保存しなければならない。

（心身の状態に関する情報の取扱い）

第104条　事業者は，この法律又はこれに基づく命令の規定による措置の
実施に関し，労働者の心身の状態に関する情報を収集し，保管し，又は
使用するに当たつては，労働者の健康の確保に必要な範囲内で労働者の
心身の状態に関する情報を収集し，並びに当該収集の目的の範囲内でこ
れを保管し，及び使用しなければならない。ただし，本人の同意がある
場合その他正当な事由がある場合は，この限りでない。

②　事業者は，労働者の心身の状態に関する情報を適正に管理するために
必要な措置を講じなければならない。

③　厚生労働大臣は，前二項の規定により事業者が講ずべき措置の適切か
つ有効な実施を図るため必要な指針を公表するものとする。

④　厚生労働大臣は，前項の指針を公表した場合において必要があると認

めるときは，事業者又はその団体に対し，当該指針に関し必要な指導等
を行うことができる。

（健康診断等に関する秘密の保持）

第105条　第65条の2第1項及び第66条第1項から第4項までの規定によ
る健康診断，第66条の8第1項，第66条の8の2第1項及び第66条の8
の4第1項の規定による面接指導，第66条の10第1項の規定による検査
又は同条第3項の規定による面接指導の実施の事務に従事した者は，そ
の実施に関して知り得た労働者の秘密を漏らしてはならない。

（疫学的調査等）

第108条の2　厚生労働大臣は，労働者がさらされる化学物質等又は労働
者の従事する作業と労働者の疾病との相関関係をは握するため必要があ
ると認めるときは，疫学的調査その他の調査（以下この条において「疫
学的調査等」という。）を行うことができる。

②　厚生労働大臣は，疫学的調査等の実施に関する事務の全部又は一部を，
疫学的調査等について専門的知識を有する者に委託することができる。

③　厚生労働大臣又は前項の規定による委託を受けた者は，疫学的調査等
の実施に関し必要があると認めるときは，事業者，労働者その他の関係
者に対し，質問し，又は必要な報告若しくは書類の提出を求めることが
できる。

④　第2項の規定により厚生労働大臣が委託した疫学的調査等の実施の事
務に従事した者は，その実施に関して知り得た秘密を漏らしてはならな
い。ただし，労働者の健康障害を防止するためやむを得ないときは，こ
の限りでない。

（手数料）

第112条　次の者は，政令で定めるところにより，手数料を国（指定試験
機関が行う免許試験を受けようとする者にあつては指定試験機関，指定
コンサルタント試験機関が行う労働安全コンサルタント試験又は労働衛
生コンサルタント試験を受けようとする者にあつては指定コンサルタン

ト試験機関，指定登録機関が行う登録を受けようとする者にあつては指
定登録機関）に納付しなければならない。

1　免許を受けようとする者

1の2　第14条，第61条第1項又は第75条第3項の登録の更新を受けよ
うとする者

2　技能講習（登録教習機関が行うものを除く。）を受けようとする者

3　第37条第1項の許可を受けようとする者

4　第38条の検査（登録製造時等検査機関が行うものを除く。）を受け
ようとする者

4の2　第38条第1項，第41条第2項，第44条第1項若しくは第44条の
2第1項の登録又はその更新を受けようとする者

5　検査証の再交付又は書替え（登録製造時等検査機関が行うものを除
く。）を受けようとする者

6　性能検査（登録性能検査機関が行うものを除く。）を受けようとす
る者

7　個別検定（登録個別検定機関が行うものを除く。）を受けようとす
る者

7の2　型式検定（登録型式検定機関が行うものを除く。）を受けよう
とする者

8　第56条第1項の許可を受けようとする者

9　第72条第1項の免許証の再交付又は書替えを受けようとする者

10　免許の有効期間の更新を受けようとする者

11　免許試験を受けようとする者

12　労働安全コンサルタント試験又は労働衛生コンサルタント試験を受
けようとする者

13　第84条第1項の登録を受けようとする者

②　前項の規定により指定試験機関，指定コンサルタント試験機関又は指
定登録機関に納められた手数料は，それぞれ，指定試験機関，指定コン

サルタント試験機関又は指定登録機関の収入とする。

（公示）

第112条の2　厚生労働大臣は，次の場合には，厚生労働省令で定めるところにより，その旨を官報で告示しなければならない。

1　第38条第1項，第41条第2項，第44条第1項又は第44条の2第1項の規定による登録をしたとき。

2　第44条の4の規定により型式検定合格証の効力を失わせたとき。

3　第47条の2又は第49条（第53条の3から第54条の2までにおいてこれらの規定を準用する場合を含む。）の規定による届出があつたとき。

4　第53条第1項（第53条の3から第54条の2までにおいて準用する場合を含む。）の規定により登録を取り消し，又は製造時等検査，性能検査，個別検定若しくは型式検定の業務の全部若しくは一部の停止を命じたとき。

5　第53条第2項（第53条の3から第54条の2までにおいて準用する場合を含む。）の規定により登録を取り消したとき。

6　第53条の2（第53条の3から第54条の2まで及び第77条第3項において準用する場合を含む。）の規定により都道府県労働局長，労働基準監督署長若しくは厚生労働大臣が製造時等検査，性能検査，個別検定，型式検定若しくは技能講習の業務の全部若しくは一部を自ら行うものとするとき，又は都道府県労働局長，労働基準監督署長若しくは厚生労働大臣が自ら行つていた製造時等検査，性能検査，個別検定，型式検定若しくは技能講習の業務の全部若しくは一部を行わないものとするとき。

7　第75条の2第1項，第83条の2又は第85条の2第1項の規定による指定をしたとき。

8　第75条の10（第83条の3及び第85条の3において準用する場合を含む。）の許可をしたとき。

9　第75条の11第1項（第83条の3及び第85条の3において準用する場

　合を含む。）の規定による取消しをしたとき。

10　第75条の11第2項（第83条の3及び第85条の3において準用する場
　合を含む。）の規定により指定を取り消し，又は試験事務若しくはコ
　ンサルタント試験事務の全部若しくは一部若しくは登録事務の停止を
　命じたとき。

11　第75条の12第1項（第83条の3及び第85条の3において準用する場
　合を含む。以下この号において同じ。）の規定により都道府県労働局
　長若しくは厚生労働大臣が試験事務若しくはコンサルタント試験事務
　の全部若しくは一部若しくは登録事務を自ら行うものとするとき，又
　は同項の規定により都道府県労働局長若しくは厚生労働大臣が自ら行
　つていた試験事務若しくはコンサルタント試験事務の全部若しくは一
　部若しくは登録事務を行わないものとするとき。

② 都道府県労働局長は，次の場合には，厚生労働省令で定めるところに
　より，その旨を公示しなければならない。

1　第14条，第61条第1項又は第75条第3項の規定による登録をしたと
　き。

2　第77条第3項において準用する第47条の2又は第49条の規定による
　届出があつたとき。

3　第77条第3項において準用する第53条第1項の規定により登録を取
　り消し，又は技能講習若しくは教習の業務の全部若しくは一部の停止
　を命じたとき。

第12章　罰則

第116条　第55条の規定に違反した者は，3年以下の懲役又は300万円以下
　の罰金に処する。

第119条　次の各号のいずれかに該当する者は，6月以下の懲役又は50万
　円以下の罰金に処する。

1　第14条，第20条から第25条まで，第25条の2第1項，第30条の3第

　　1 項若しくは第 4 項，第31条第 1 項，第31条の 2 ，第33条第 1 項若し
　　くは第 2 項，第34条，第35条，第38条第 1 項，第40条第 1 項，第42条，
　　第43条，第44条第 6 項，第44条の 2 第 7 項，第56条第 3 項若しくは第
　　4 項，第57条の 4 第 5 項，第57条の 5 第 5 項，第59条第 3 項，第61条
　　第 1 項，第65条第 1 項，第65条の 4 ，第68条，第89条第 5 項（第89条
　　の 2 第 2 項において準用する場合を含む。），第97条第 2 項，第105条
　　又は第108条の 2 第 4 項の規定に違反した者

　2　第43条の 2 ，第56条第 5 項，第88条第 6 項，第98条第 1 項又は第99
　　条第 1 項の規定による命令に違反した者

　3　第57条第 1 項の規定による表示をせず，若しくは虚偽の表示をし，
　　又は同条第 2 項の規定による文書を交付せず，若しくは虚偽の文書を
　　交付した者

　4　第61条第 4 項の規定に基づく厚生労働省令に違反した者

〈編注：第116条および第119条は，令和 4 年 6 月17日法律第68号により改正され，刑法
等一部改正法「刑法等の一部を改正する法律＝令和 4 年 6 月17日法律第67号」施行日
から施行
第116条および第119条中「懲役」を「拘禁刑」に改める。〉

第120条　次の各号のいずれかに該当する者は，50万円以下の罰金に処す
　　る。

　1　第10条第 1 項，第11条第 1 項，第12条第 1 項，第13条第 1 項，第15
　　条第 1 項，第 3 項若しくは第 4 項，第15条の 2 第 1 項，第16条第 1 項，
　　第17条第 1 項，第18条第 1 項，第25条の 2 第 2 項（第30条の 3 第 5 項
　　において準用する場合を含む。），第26条，第30条第 1 項若しくは第 4
　　項，第30条の 2 第 1 項若しくは第 4 項，第32条第 1 項から第 6 項まで，
　　第33条第 3 項，第40条第 2 項，第44条第 5 項，第44条の 2 第 6 項，第
　　45条第 1 項若しくは第 2 項，第57条の 4 第 1 項，第59条第 1 項（同条
　　第 2 項において準用する場合を含む。），第61条第 2 項，第66条第 1 項
　　から第 3 項まで，第66条の 3 ，第66条の 6 ，第66条の 8 の 2 第 1 項，
　　第66条の 8 の 4 第 1 項，第87条第 6 項，第88条第 1 項から第 4 項まで，

第101条第 1 項又は第103条第 1 項の規定に違反した者

2　第11条第 2 項（第12条第 2 項及び第15条の 2 第 2 項において準用する場合を含む。），第57条の 5 第 1 項，第65条第 5 項，第66条第 4 項，第98条第 2 項又は第99条第 2 項の規定による命令又は指示に違反した者

3　第44条第 4 項又は第44条の 2 第 5 項の規定による表示をせず，又は虚偽の表示をした者

4　第91条第 1 項若しくは第 2 項，第94条第 1 項又は第96条第 1 項，第 2 項若しくは第 4 項の規定による立入り，検査，作業環境測定，収去若しくは検診を拒み，妨げ，若しくは忌避し，又は質問に対して陳述をせず，若しくは虚偽の陳述をした者

5　第100条第 1 項又は第 3 項の規定による報告をせず，若しくは虚偽の報告をし，又は出頭しなかつた者

6　第103条第 3 項の規定による帳簿の備付け若しくは保存をせず，又は同項の帳簿に虚偽の記載をした者

作業環境測定基準（抄）

（昭和51年4月22日労働省告示第46号）

（最終改正　令和2年12月25日厚生労働省告示第397号）

（定義）

第1条　この告示において，次の各号に掲げる用語の意義は，それぞれ当
　該各号に定めるところによる。

　1〜4　略

　5　ろ過捕集方法　試料空気をろ過材（0.3マイクロメートルの粒子を
　　95パーセント以上捕集する性能を有するものに限る。）を通して吸引
　　することにより当該ろ過材に測定しようとする物を捕集する方法をい
　　う。

（粉じんの濃度等の測定）

第2条　労働安全衛生法施行令（昭和47年政令第318号。以下「令」とい
　う。）第21条第1号の屋内作業場における空気中の土石，岩石，鉱物，
　金属又は炭素の粉じんの濃度の測定は，次に定めるところによらなけれ
　ばならない。

　1　測定点は，単位作業場所（当該作業場の区域のうち労働者の作業中
　　の行動範囲，有害物の分布等の状況等に基づき定められる作業環境測
　　定のために必要な区域をいう。以下同じ。）の床面上に6メートル以
　　下の等間隔で引いた縦の線と横の線との交点の床上50センチメートル
　　以上150センチメートル以下の位置（設備等があつて測定が著しく困
　　難な位置を除く。）とすること。ただし，単位作業場所における空気
　　中の土石，岩石，鉱物，金属又は炭素の粉じんの濃度がほぼ均一であ
　　ることが明らかなときは，測定点に係る交点は，当該単位作業場所の
　　床面上に6メートルを超える等間隔で引いた縦の線と横の線との交点
　　とすることができる。

　1の2　前号の規定にかかわらず，同号の規定により測定点が5に満た

ないこととなる場合にあつても，測定点は，単位作業場所について5以上とすること。ただし，単位作業場所が著しく狭い場合であつて，当該単位作業場所における空気中の土石，岩石，鉱物，金属又は炭素の粉じんの濃度がほぼ均一であることが明らかなときは，この限りでない。

2　前二号の測定は，作業が定常的に行われている時間に行うこと。

2の2　土石，岩石，鉱物，金属又は炭素の粉じんの発散源に近接する場所において作業が行われる単位作業場所にあつては，前三号に定める測定のほか，当該作業が行われる時間のうち，空気中の土石，岩石，鉱物，金属又は炭素の粉じんの濃度が最も高くなると思われる時間に，当該作業が行われる位置において測定を行うこと。

3　一の測定点における試料空気の採取時間は，10分間以上の継続した時間とすること。ただし，相対濃度指示方法による測定については，この限りでない。

4　略

第2項〜第3項　略

（石綿の濃度の測定）

第10条の2　令第21条第7号に掲げる作業場（石綿等を取り扱い，又は試験研究のため製造する屋内作業場及び石綿分析用試料等を製造する屋内作業場に限る。）における空気中の石綿の濃度の測定は，ろ過捕集方法及び計数方法によらなければならない。

②　第2条第1項第1号から第2号の2まで及び第3号本文の規定は，前項に規定する測定について準用する。この場合において，同条第1項第1号，第1号の2及び第2号の2中「土石，岩石，鉱物，金属又は炭素の粉じん」とあるのは，「石綿」と読み替えるものとする。

作業環境評価基準（抄）

（昭和63年9月1日労働省告示第79号）

（最終改正　令和2年4月22日厚生労働省告示第192号）

（適用）

第1条　この告示は，労働安全衛生法第65条第1項の作業場のうち，労働
安全衛生法施行令（昭和47年政令第318号）第21条第1号，第7号，第
8号及び第10号に掲げるものについて適用する。

（測定結果の評価）

第2条　労働安全衛生法第65条の2第1項の作業環境測定の結果の評価は，
単位作業場所（作業環境測定基準（昭和51年労働省告示第46号）第2条
第1項第1号に規定する単位作業場所をいう。以下同じ。）ごとに，次
の各号に掲げる場合に応じ，それぞれ当該各号の表の下欄〈編注：右
欄〉に掲げるところにより，第1管理区分から第3管理区分までに区分
することにより行うものとする。

1　A測定（作業環境測定基準第2条第1項第1号から第2号までの規
定により行う測定（作業環境測定基準第10条第4項，第10条の2第2
項，第11条第2項及び第13条第4項において準用する場合を含む。）
をいう。以下同じ。）のみを行つた場合

管　理　区　分	評価値と測定対象物に係る別表に掲げる管理濃度との比較の結果
第1管理区分	第1評価値が管理濃度に満たない場合
第2管理区分	第1評価値が管理濃度以上であり，かつ，第2評価値が管理濃度以下である場合
第3管理区分	第2評価値が管理濃度を超える場合

2　A測定及びB測定（作業環境測定基準第2条第1項第2号の2の規
定により行う測定（作業環境測定基準第10条第4項，第10条の2第2
項，第11条第2項及び第13条第4項において準用する場合を含む。）
をいう。以下同じ。）を行つた場合

管 理 区 分	評価値又はB測定の測定値と測定対象物に係る別表に掲げる管理濃度との比較の結果
第1管理区分	第1評価値及びB測定の測定値（2以上の測定点においてB測定を実施した場合には，そのうちの最大値。以下同じ。）が管理濃度に満たない場合
第2管理区分	第2評価値が管理濃度以下であり，かつ，B測定の測定値が管理濃度の1.5倍以下である場合（第1管理区分に該当する場合を除く。）
第3管理区分	第2評価値が管理濃度を超える場合又はB測定の測定値が管理濃度の1.5倍を超える場合

②　測定対象物の濃度が当該測定で採用した試料採取方法及び分析方法によつて求められる定量下限の値に満たない測定点がある単位作業場所にあつては，当該定量下限の値を当該測定点における測定値とみなして，前項の区分を行うものとする。

③　測定値が管理濃度の10分の1に満たない測定点がある単位作業場所にあつては，管理濃度の10分の1を当該測定点における測定値とみなして，第1項の区分を行うことができる。

④　略

（評価値の計算）

第3条　前条第1項の第1評価値及び第2評価値は，次の式により計算するものとする。

$$\log EA_1 = \log M_1 + 1.645\sqrt{\log^2 \sigma_1 + 0.084}$$

$$\log EA_2 = \log M_1 + 1.151\,(\log^2 \sigma_1 + 0.084)$$

これらの式において，EA_1，M_1，σ_1及びEA_2は，それぞれ次の値を表すものとする。

EA_1　第1評価値

M_1　A測定の測定値の幾何平均値

σ_1　A測定の測定値の幾何標準偏差

EA_2　第2評価値

②　前項の規定にかかわらず，連続する2作業日（連続する2作業日について測定を行うことができない合理的な理由がある場合にあつては，必要最小限の間隔を空けた2作業日）に測定を行つたときは，第1評価値及び第2評価値は，次の式により計算することができる。

$$\log EA_1 = \frac{1}{2}(\log M_1 + \log M_2)$$
$$+ 1.645\sqrt{\frac{1}{2}(\log^2 \sigma_1 + \log^2 \sigma_2) + \frac{1}{2}(\log M_1 - \log M_2)^2}$$

$$\log EA_2 = \frac{1}{2}(\log M_1 + \log M_2)$$
$$+ 1.151\left\{\frac{1}{2}(\log^2 \sigma_1 + \log^2 \sigma_2) + \frac{1}{2}(\log M_1 - \log M_2)^2\right\}$$

これらの式において，EA_1，M_1，M_2，σ_1，σ_2及びEA_2は，それぞれ次の値を表すものとする。

EA_1	第1評価値
M_1	1日目のA測定の測定値の幾何平均値
M_2	2日目のA測定の測定値の幾何平均値
σ_1	1日目のA測定の測定値の幾何標準偏差
σ_2	2日目のA測定の測定値の幾何標準偏差
EA_2	第2評価値

第4条　前二条の規定は，C測定（作業環境測定基準第10条第5項第1号から第4号までの規定により行う測定（作業環境測定基準第11条第3項及び第13条第5項において準用する場合を含む。）をいう。）及びD測定（作業環境測定基準第10条第5項第5号及び第6号の規定により行う測定（作業環境測定基準第11条第3項及び第13条第5項において準用する場合を含む。）をいう。）について準用する。この場合において，第2条第1項第1号中「A測定（作業環境測定基準第2条第1項第1号から第2号までの規定により行う測定（作業環境測定基準第10条第4項，第10

条の2第2項，第11条第2項及び第13条第4項において準用する場合を含む。）をいう。以下同じ。）」とあるのは「C測定（作業環境測定基準第10条第5項第1号から第4号までの規定により行う測定（作業環境測定基準第11条第3項及び第13条第5項において準用する場合を含む。）をいう。以下同じ。）」と，同項第2号中「A測定及びB測定（作業環境測定基準第2条第1項第2号の2の規定により行う測定（作業環境測定基準第10条第4項，第10条の2第2項，第11条第2項及び第13条第4項において準用する場合を含む。）をいう。以下同じ。）」とあるのは「C測定及びD測定（作業環境測定基準第10条第5項第5号及び第6号の規定により行う測定（作業環境測定基準第11条第3項及び第13条第5項において準用する場合を含む。）をいう。以下同じ。）」と，「B測定の測定値」とあるのは「D測定の測定値」と，「（二以上の測定点においてB測定を実施した場合には，そのうちの最大値。以下同じ。）」とあるのは「（二人以上の者に対してD測定を実施した場合には，そのうちの最大値。以下同じ。）」と，同条第2項及び第3項中「測定点がある単位作業場所」とあるのは「測定値がある単位作業場所」と，同条第2項から第4項までの規定中「測定点における測定値」とあるのは「測定値」と，同条第4項中「測定点ごとに」とあるのは「測定値ごとに」と，前条中「$logEA_1$」とあるのは「$logEC_1$」と，「$logEA_2$」とあるのは「$logEC_2$」と，「EA_1」とあるのは「EC_1」と，「EA_2」とあるのは「EC_2」と，「A測定の測定値」とあるのは「C測定の測定値」と，それぞれ読み替えるものとする。

別表（第2条関係）

物　の　種　類	管　理　濃　度
（略）	
33の2　石綿	5マイクロメートル以上の繊維として0.15本毎立方センチメートル

（略）
備考　この表の下欄〈編注：右欄〉の値は，温度25度，１気圧の空気中における濃度を示す。

第2章　石綿障害予防規則

（平成17年2月24日厚生労働省令第21号）

（最終改正　令和5年3月27日厚生労働省令第29号）

目次

第1章　総則

（事業者の責務）

第1条　事業者は，石綿による労働者の肺がん，中皮腫その他の健康障害
　を予防するため，作業方法の確立，関係施設の改善，作業環境の整備，

健康管理の徹底その他必要な措置を講じ，もって，労働者の危険の防止
の趣旨に反しない限りで，石綿にばく露される労働者の人数並びに労働
者がばく露される期間及び程度を最小限度にするよう努めなければなら
ない。

②　事業者は，石綿を含有する製品の使用状況等を把握し，当該製品を計
画的に石綿を含有しない製品に代替するよう努めなければならない。

（定義）

第2条　この省令において「石綿等」とは，労働安全衛生法施行令（以下
「令」という。）第6条第23号に規定する石綿等をいう。

②　この省令において「所轄労働基準監督署長」とは，事業場の所在地を
管轄する労働基準監督署長をいう。

③　この省令において「切断等」とは，切断，破砕，穿孔，研磨等をいう。

④　この省令において「石綿分析用試料等」とは，令第6条第23号に規定
する石綿分析用試料等をいう。

第2章　石綿等を取り扱う業務等に係る措置

第1節　解体等の業務に係る措置

（事前調査及び分析調査）

第3条　事業者は，建築物，工作物又は船舶（鋼製の船舶に限る。以下同
じ。）の解体又は改修（封じ込め又は囲い込みを含む。）の作業（以下
「解体等の作業」という。）を行うときは，石綿による労働者の健康障
害を防止するため，あらかじめ，当該建築物，工作物又は船舶（それぞ
れ解体等の作業に係る部分に限る。以下「解体等対象建築物等」とい
う。）について，石綿等の使用の有無を調査しなければならない。

②　前項の規定による調査（以下「事前調査」という。）は，解体等対象
建築物等の全ての材料について次に掲げる方法により行わなければなら
ない。

1　設計図書等の文書（電磁的記録を含む。以下同じ。）を確認する方

法。ただし，設計図書等の文書が存在しないときは，この限りでない。

2　目視により確認する方法。ただし，解体等対象建築物等の構造上目視により確認することが困難な材料については，この限りでない。

③　前項の規定にかかわらず，解体等対象建築物等が次の各号のいずれかに該当する場合は，事前調査は，それぞれ当該各号に定める方法によることができる。

1　既に前項各号に掲げる方法による調査に相当する調査が行われている解体等対象建築物等　当該解体等対象建築物等に係る当該相当する調査の結果の記録を確認する方法

2　船舶の再資源化解体の適正な実施に関する法律（平成30年法律第61号）第4条第1項の有害物質一覧表確認証書（同条第2項の有効期間が満了する日前のものに限る。）又は同法第8条の有害物質一覧表確認証書に相当する証書（同法附則第5条第2項に規定する相当証書を含む。）の交付を受けている船舶　当該船舶に係る同法第2条第6項の有害物質一覧表を確認する方法

3　建築物若しくは工作物の新築工事若しくは船舶（日本国内で製造されたものに限る。）の製造工事の着工日又は船舶が輸入された日（第5項第4号〈編注：令和5年10月1日から「第7項第4号」となる。〉において「着工日等」という。）が平成18年9月1日以降である解体等対象建築物等（次号から第8号までに該当するものを除く。）　当該着工日等を設計図書等の文書で確認する方法

4　平成18年9月1日以降に新築工事が開始された非鉄金属製造業の用に供する施設の設備（配管を含む。以下この項において同じ。）であって，平成19年10月1日以降にその接合部分にガスケットが設置されたもの　当該新築工事の着工日及び当該ガスケットの設置日を設計図書等の文書で確認する方法

5　平成18年9月1日以降に新築工事が開始された鉄鋼業の用に供する施設の設備であって，平成21年4月1日以降にその接合部分にガス

　　ケット又はグランドパッキンが設置されたもの　当該新築工事の着工
　　日及び当該ガスケット又はグランドパッキンの設置日を設計図書等の
　　文書で確認する方法
　6　平成18年 9 月 1 日以降に製造工事が開始された潜水艦であって，平
　　成21年 4 月 1 日以降にガスケット又はグランドパッキンが設置された
　　もの　当該製造工事の着工日及び当該ガスケット又はグランドパッキ
　　ンの設置日を設計図書等の文書で確認する方法
　7　平成18年 9 月 1 日以降に新築工事が開始された化学工業の用に供す
　　る施設（次号において「化学工業施設」という。）の設備であって，
　　平成23年 3 月 1 日以降にその接合部分にグランドパッキンが設置され
　　たもの　当該新築工事の着工日及び当該グランドパッキンの設置日を
　　設計図書等の文書で確認する方法
　8　平成18年 9 月 1 日以降に新築工事が開始された化学工業施設の設備
　　であって，平成24年 3 月 1 日以降にその接合部分にガスケットが設置
　　されたもの　当該新築工事の着工日及び当該ガスケットの設置日を設
　　計図書等の文書で確認する方法
④　事業者は，事前調査を行ったにもかかわらず，当該解体等対象建築物
　等について石綿等の使用の有無が明らかとならなかったときは，石綿等
　の使用の有無について，分析による調査（以下「分析調査」という。）
　を行わなければならない。ただし，事業者が，当該解体等対象建築物等
　について石綿等が使用されているものとみなして労働安全衛生法（以下
　「法」という。）及びこれに基づく命令に規定する措置を講ずるときは，
　この限りでない。
　　〈編注：令和 5 年10月 1 日から「④　事業者は，事前調査のうち，建築物及
　び船舶に係るものについては，前項各号に規定する場合を除き，適切に当該
　調査を実施するために必要な知識を有する者として厚生労働大臣が定めるも
　のに行わせなければならない。」となり，現在の④は⑤となる。〉
　　〈編注：令和 5 年10月 1 日から「⑥　事業者は，分析調査については，適切

に分析調査を実施するために必要な知識及び技能を有する者として厚生労働大臣が定めるものに行わせなければならない。」が加わる。〉

⑤　事業者は，事前調査又は分析調査（以下「事前調査等」という。）を行ったときは，当該事前調査等の結果に基づき，次に掲げる事項（第3項第3号から第8号までの場合においては，第1号から第4号までに掲げる事項に限る。）の記録を作成し，これを事前調査を終了した日（分析調査を行った場合にあっては，解体等の作業に係る全ての事前調査を終了した日又は分析調査を終了した日のうちいずれか遅い日）（第3号及び次項第1号において「調査終了日」という。）から3年間保存するものとする。

1　事業者の名称，住所及び電話番号

2　解体等の作業を行う作業場所の住所並びに工事の名称及び概要

3　調査終了日

4　着工日等（第3項第4号から第8号までに規定する方法により事前調査を行った場合にあっては，設計図書等の文書で確認した着工日及び設置日）

5　事前調査を行った建築物，工作物又は船舶の構造

6　事前調査を行った部分（分析調査を行った場合にあっては，分析のための試料を採取した場所を含む。）

7　事前調査の方法（分析調査を行った場合にあっては，分析調査の方法を含む。）

8　第6号の部分における材料ごとの石綿等の使用の有無（前項ただし書〈編注：令和5年10月1日から「第5項ただし書」となる。〉の規定により石綿等が使用されているものとみなした場合は，その旨を含む。）及び石綿等が使用されていないと判断した材料にあっては，その判断の根拠

9　第2項第2号ただし書に規定する材料の有無及び場所
　　〈編注：令和5年10月1日から，9は10となり「9　事前調査のうち，建

築物及び船舶に係るもの（第 3 項第 3 号に掲げる方法によるものを除く。）を行った者（分析調査を行った場合にあっては，当該分析調査を行った者を含む。）の氏名及び第 4 項の厚生労働大臣が定める者であることを証明する書類（分析調査を行った場合にあっては，前項の厚生労働大臣が定める者であることを証明する書類を含む。）の写し」が加わる。〉

　〈編注：令和 5 年10月 1 日から，⑤は⑦となる。〉

⑥　事業者は，解体等の作業を行う作業場には，次の事項を，見やすい箇所に掲示するとともに，次条第 1 項の作業を行う作業場には，前項の規定による記録の写しを備え付けなければならない。

　1　調査終了日

　2　前項第 6 号及び第 8 号に規定する事項の概要

　〈編注：令和 5 年10月 1 日から，⑥は⑧となる。〉

⑦　第 2 項第 2 号ただし書に規定する材料については，目視により確認することが可能となったときに，事前調査を行わなければならない。

　〈編注：令和 5 年10月 1 日から，⑦は⑨となる。〉

（作業計画）

第 4 条　事業者は，石綿等が使用されている解体等対象建築物等（前条第 4 項ただし書〈編注：令和 5 年10月 1 日から「前条第 5 項ただし書」となる。〉の規定により石綿等が使用されているものとみなされるものを含む。）の解体等の作業（以下「石綿使用建築物等解体等作業」という。）を行うときは，石綿による労働者の健康障害を防止するため，あらかじめ，作業計画を定め，かつ，当該作業計画により石綿使用建築物等解体等作業を行わなければならない。

②　前項の作業計画は，次の事項が示されているものでなければならない。

　1　石綿使用建築物等解体等作業の方法及び順序

　2　石綿等の粉じんの発散を防止し，又は抑制する方法

　3　石綿使用建築物等解体等作業を行う労働者への石綿等の粉じんのば

く露を防止する方法

③　事業者は，第1項の作業計画を定めたときは，前項各号の事項について関係労働者に周知させなければならない。

（事前調査の結果等の報告）

第4条の2　事業者は，次のいずれかの工事を行おうとするときは，あらかじめ，電子情報処理組織（厚生労働省の使用に係る電子計算機と，この項の規定による報告を行う者の使用に係る電子計算機とを電気通信回線で接続した電子情報処理組織をいう。）を使用して，次項に掲げる事項を所轄労働基準監督署長に報告しなければならない。

1　建築物の解体工事（当該工事に係る部分の床面積の合計が80平方メートル以上であるものに限る。）

2　建築物の改修工事（当該工事の請負代金の額が100万円以上であるものに限る。）

3　工作物（石綿等が使用されているおそれが高いものとして厚生労働大臣が定めるものに限る。）の解体工事又は改修工事（当該工事の請負代金の額が100万円以上であるものに限る。）

4　船舶（総トン数20トン以上の船舶に限る。）の解体工事又は改修工事

②　前項の規定により報告しなければならない事項は，次に掲げるもの（第3条第3項第3号から第8号までの場合においては，第1号から第4号までに掲げるものに限る。）とする。

1　第3条第5項第1号〈編注：令和5年10月1日から「第3条第7項第1号」となる。〉から第4号までに掲げる事項及び労働保険番号

2　解体工事又は改修工事の実施期間

3　前項第1号に掲げる工事にあっては，当該工事の対象となる建築物（当該工事に係る部分に限る。）の床面積の合計

4　前項第2号又は第3号に掲げる工事にあっては，当該工事に係る請負代金の額

5　第3条第5項第5号及び第8号〈編注：令和5年10月1日から「第3
条第7項第5号，第8号及び第9号」となる。〉に掲げる事項の概要

6　前条第1項に規定する作業を行う場合にあっては，当該作業に係る
石綿作業主任者の氏名

7　材料ごとの切断等の作業（石綿を含有する材料に係る作業に限る。）
の有無並びに当該作業における石綿等の粉じんの発散を防止し，又は
抑制する方法及び当該作業を行う労働者への石綿等の粉じんのばく露
を防止する方法

③　第1項の規定による報告は，様式第1号による報告書を所轄労働基準
監督署長に提出することをもって代えることができる。

④　第1項各号に掲げる工事を同一の事業者が二以上の契約に分割して請
け負う場合においては，これを一の契約で請け負ったものとみなして，
同項の規定を適用する。

⑤　第1項各号に掲げる工事の一部を請負人に請け負わせている事業者
（当該仕事の一部を請け負わせる契約が二以上あるため，その者が二以
上あることとなるときは，当該請負契約のうちの最も先次の請負契約に
おける注文者とする。）があるときは，当該仕事の作業の全部について，
当該事業者が同項の規定による報告を行わなければならない。

（作業の届出）

第5条　事業者は，次に掲げる作業を行うときは，あらかじめ，様式第1
号の2による届書に当該作業に係る解体等対象建築物等の概要を示す図
面を添えて，所轄労働基準監督署長に提出しなければならない。

1　解体等対象建築物等に吹き付けられている石綿等（石綿等が使用さ
れている仕上げ用塗り材（第6条の3において「石綿含有仕上げ塗
材」という。）を除く。）の除去，封じ込め又は囲い込みの作業

2　解体等対象建築物等に張り付けられている石綿等が使用されている
保温材，耐火被覆材（耐火性能を有する被覆材をいう。）等（以下
「石綿含有保温材等」という。）の除去，封じ込め又は囲い込みの作

業（石綿等の粉じんを著しく発散するおそれがあるものに限る。）

② 前項の規定は，法第88条第3項の規定による届出をする場合にあっては，適用しない。

（吹き付けられた石綿等及び石綿含有保温材等の除去等に係る措置）

第6条 事業者は，次の作業に労働者を従事させるときは，適切な石綿等の除去等に係る措置を講じなければならない。ただし，当該措置と同等以上の効果を有する措置を講じたときは，この限りでない。

1　前条第1項第1号に掲げる作業（囲い込みの作業にあっては，石綿等の切断等の作業を伴うものに限る。）

2　前条第1項第2号に掲げる作業（石綿含有保温材等の切断等の作業を伴うものに限る。）

② 前項本文の適切な石綿等の除去等に係る措置は，次に掲げるものとする。

1　前項各号に掲げる作業を行う作業場所（以下この項において「石綿等の除去等を行う作業場所」という。）を，それ以外の作業を行う作業場所から隔離すること。

2　石綿等の除去等を行う作業場所にろ過集じん方式の集じん・排気装置を設け，排気を行うこと。

3　石綿等の除去等を行う作業場所の出入口に前室，洗身室及び更衣室を設置すること。これらの室の設置に当たっては，石綿等の除去等を行う作業場所から労働者が退出するときに，前室，洗身室及び更衣室をこれらの順に通過するように互いに連接させること。

4　石綿等の除去等を行う作業場所及び前号の前室を負圧に保つこと。

5　第1号の規定により隔離を行った作業場所において初めて前項各号に掲げる作業を行う場合には，当該作業を開始した後速やかに，第2号のろ過集じん方式の集じん・排気装置の排気口からの石綿等の粉じんの漏えいの有無を点検すること。

6　第2号のろ過集じん方式の集じん・排気装置の設置場所を変更したときその他当該集じん・排気装置に変更を加えたときは，当該集じん・排

気装置の排気口からの石綿等の粉じんの漏えいの有無を点検すること。

7　その日の作業を開始する前及び作業を中断したときは，第3号の前室が負圧に保たれていることを点検すること。

8　前三号の点検を行った場合において，異常を認めたときは，直ちに前項各号に掲げる作業を中止し，ろ過集じん方式の集じん・排気装置の補修又は増設その他の必要な措置を講ずること。

③　事業者は，前項第1号の規定により隔離を行ったときは，隔離を行った作業場所内の石綿等の粉じんを処理するとともに，第1項第1号に掲げる作業（石綿等の除去の作業に限る。）又は同項第2号に掲げる作業（石綿含有保温材等の除去の作業に限る。）を行った場合にあっては，吹き付けられた石綿等又は張り付けられた石綿含有保温材等を除去した部分を湿潤化するとともに，石綿等に関する知識を有する者が当該石綿等又は石綿含有保温材等の除去が完了したことを確認した後でなければ，隔離を解いてはならない。

（石綿含有成形品の除去に係る措置）

第6条の2　事業者は，成形された材料であって石綿等が使用されているもの（石綿含有保温材等を除く。第3項において「石綿含有成形品」という。）を建築物，工作物又は船舶から除去する作業においては，切断等以外の方法により当該作業を実施しなければならない。ただし，切断等以外の方法により当該作業を実施することが技術上困難なときは，この限りでない。

②　事業者は，前項の作業の一部を請負人に請け負わせるときは，当該請負人に対し，切断等以外の方法により当該作業を実施する必要がある旨を周知させなければならない。ただし，同項ただし書の場合は，この限りでない。

③　事業者は，第1項ただし書の場合において，石綿含有成形品のうち特に石綿等の粉じんが発散しやすいものとして厚生労働大臣が定めるものを切断等の方法により除去する作業を行うときは，次に掲げる措置を講

じなければならない。ただし，当該措置（第1号及び第2号に掲げる措置に限る。）と同等以上の効果を有する措置を講じたときは，第1号及び第2号の措置については，この限りでない。

1　当該作業を行う作業場所を，当該作業以外の作業を行う作業場所からビニルシート等で隔離すること。

2　当該作業中は，当該石綿含有成形品を常時湿潤な状態に保つこと。

3　当該作業の一部を請負人に請け負わせるときは，当該請負人に対し，前二号に掲げる措置を講ずる必要がある旨を周知させること。

（石綿含有仕上げ塗材の電動工具による除去に係る措置）

第6条の3　前条第3項の規定は，事業者が建築物，工作物又は船舶の壁，柱，天井等に用いられた石綿含有仕上げ塗材を電動工具を使用して除去する作業に労働者を従事させる場合及び当該作業の一部を請負人に請け負わせる場合について準用する。

（石綿等の切断等の作業を伴わない作業に係る措置）

第7条　事業者は，次に掲げる作業に労働者を従事させるときは，当該作業場所に当該作業に従事する労働者以外の者（第14条に規定する措置が講じられた者を除く。）が立ち入ることを禁止し，かつ，その旨を見やすい箇所に表示しなければならない。

1　第5条第1項第1号に掲げる作業（石綿等の切断等の作業を伴うものを除き，囲い込みの作業に限る。）

2　第5条第1項第2号に掲げる作業（石綿含有保温材等の切断等の作業を伴うものを除き，除去又は囲い込みの作業に限る。）

②　特定元方事業者（法第15条第1項の特定元方事業者をいう。）は，その労働者及び関係請負人（法第15条第1項の関係請負人をいう。以下この項において同じ。）の労働者の作業が，前項各号に掲げる作業と同一の場所で行われるときは，当該作業の開始前までに，関係請負人に当該作業の実施について通知するとともに，作業の時間帯の調整等必要な措置を講じなければならない。

（発注者の責務等）

第8条　解体等の作業を行う仕事の発注者（注文者のうち，その仕事を他の者から請け負わないで注文している者をいう。次項及び第35条の2第2項において同じ。）は，当該仕事の請負人に対し，当該仕事に係る解体等対象建築物等における石綿等の使用状況等を通知するよう努めなければならない。

②　解体等の作業を行う仕事の発注者は，当該仕事の請負人による事前調査等及び第35条の2第1項の規定による記録の作成が適切に行われるように配慮しなければならない。

（建築物の解体等の作業等の条件）

第9条　解体等の作業を行う仕事の注文者は，事前調査等，当該事前調査等の結果を踏まえた当該作業等の方法，費用又は工期等について，法及びこれに基づく命令の規定の遵守を妨げるおそれのある条件を付さないように配慮しなければならない。

　　第2節　労働者が石綿等の粉じんにばく露するおそれがある建築物等における業務に係る措置

第10条　事業者は，その労働者を就業させる建築物若しくは船舶又は当該建築物若しくは船舶に設置された工作物（次項及び第5項に規定するものを除く。）に吹き付けられた石綿等又は張り付けられた石綿含有保温材等が損傷，劣化等により石綿等の粉じんを発散させ，及び労働者がその粉じんにばく露するおそれがあるときは，当該吹き付けられた石綿等又は石綿含有保温材等の除去，封じ込め，囲い込み等の措置を講じなければならない。

②　事業者は，その労働者を臨時に就業させる建築物若しくは船舶又は当該建築物若しくは船舶に設置された工作物（第5項に規定するものを除く。）に吹き付けられた石綿等又は張り付けられた石綿含有保温材等が損傷，劣化等により石綿等の粉じんを発散させ，及び労働者がその粉じ

んにばく露するおそれがあるときは，労働者に呼吸用保護具及び作業衣又は保護衣を使用させなければならない。

③ 事業者は，前項のおそれがある場所における作業の一部を請負人に請け負わせる場合であって，当該請負人が当該場所で臨時に就業するときは，当該請負人に対し，呼吸用保護具及び作業衣又は保護衣を使用する必要がある旨を周知させなければならない。

④ 労働者は，事業者から第2項の保護具等の使用を命じられたときは，これを使用しなければならない。

⑤ 法第34条の建築物貸与者は，当該建築物の貸与を受けた二以上の事業者が共用する廊下の壁等に吹き付けられた石綿等又は張り付けられた石綿含有保温材等が損傷，劣化等により石綿等の粉じんを発散させ，及び労働者がその粉じんにばく露するおそれがあるときは，第1項に規定する措置を講じなければならない。

第3節 石綿等を取り扱う業務に係るその他の措置

第11条 削除

（作業に係る設備等）

第12条 事業者は，石綿等の粉じんが発散する屋内作業場については，当該粉じんの発散源を密閉する設備，局所排気装置又はプッシュプル型換気装置を設けなければならない。ただし，当該粉じんの発散源を密閉する設備，局所排気装置若しくはプッシュプル型換気装置の設置が著しく困難なとき，又は臨時の作業を行うときは，この限りでない。

② 事業者は，前項ただし書の規定により石綿等の粉じんの発散源を密閉する設備，局所排気装置又はプッシュプル型換気装置を設けない場合には，全体換気装置を設け，又は当該石綿等を湿潤な状態にする等労働者の健康障害を予防するため必要な措置を講じなければならない。

（石綿等の切断等の作業等に係る措置）

第13条 事業者は，次の各号のいずれかに掲げる作業に労働者を従事させ

るときは，石綿等を湿潤な状態のものとしなければならない。ただし，石綿等を湿潤な状態のものとすることが著しく困難なときは，除じん性能を有する電動工具の使用その他の石綿等の粉じんの発散を防止する措置を講ずるように努めなければならない。

1　石綿等の切断等の作業（第6条の2第3項に規定する作業を除く。）

2　石綿等を塗布し，注入し，又は張り付けた物の解体等の作業（石綿使用建築物等解体等作業を含み，第6条の3に規定する作業を除く。）

3　粉状の石綿等を容器に入れ，又は容器から取り出す作業

4　粉状の石綿等を混合する作業

5　前各号に掲げる作業，第6条の2第3項に規定する作業又は第6条の3に規定する作業（以下「石綿等の切断等の作業等」という。）において発散した石綿等の粉じんの掃除の作業

②　事業者は，石綿等の切断等の作業等を行う場所に，石綿等の切りくず等を入れるためのふたのある容器を備えなければならない。

③　事業者は，第1項各号のいずれかに掲げる作業の一部を請負人に請け負わせるときは，当該請負人に対し，石綿等を湿潤な状態のものとする必要がある旨を周知させなければならない。ただし，同項ただし書の場合は，除じん性能を有する電動工具の使用その他の石綿等の粉じんの発散を防止する措置を講ずるように努めなければならない旨を周知させなければならない。

第14条　事業者は，石綿等の切断等の作業等に労働者を従事させるときは，当該労働者に呼吸用保護具（第6条第2項第1号の規定により隔離を行った作業場所における同条第1項第1号に掲げる作業（除去の作業に限る。次項及び第35条の2第2項において「吹付石綿等除去作業」という。）に労働者を従事させるときは，電動ファン付き呼吸用保護具〈編注：令和5年10月1日から「電動ファン付き呼吸用保護具」は，「防じん機能を有する電動ファン付き呼吸用保護具若しくは防毒機能を有する電動ファン付き呼吸用保護具であつて防じん機能を有するもの」となる。〉又はこれと同等以上の性能を有する

空気呼吸器，酸素呼吸器若しくは送気マスク(次項及び第35条の2第2項
において「電動ファン付き呼吸用保護具等」という。)に限る。)を使用させな
ければならない。

② 　事業者は，石綿等の切断等の作業等の一部を請負人に請け負わせると
きは，当該請負人に対し，呼吸用保護具（吹付石綿等除去作業の一部を
請負人に請け負わせるときは，電動ファン付き呼吸用保護具等に限る。)
を使用する必要がある旨を周知させなければならない。

③ 　事業者は，石綿等の切断等の作業等に労働者を従事させるときは，当
該労働者に作業衣を使用させなければならない。ただし，当該労働者に
保護衣を使用させるときは，この限りでない。

④ 　事業者は，石綿等の切断等の作業等の一部を請負人に請け負わせると
きは，当該請負人に対し，作業衣または保護衣を使用する必要がある旨
を周知させなければならない。

⑤ 　労働者は，事業者から第1項及び第3項の保護具等の使用を命じられ
たときは，これを使用しなければならない。

（立入禁止措置）

第15条 　事業者は，石綿等を取り扱い（試験研究のため使用する場合を含
む。以下同じ。），若しくは試験研究のため製造する作業場又は石綿分析
用試料等を製造する作業場には，当該作業場において作業に従事する者
以外の者が立ち入ることについて，禁止する旨を見やすい箇所に表示す
ることその他の方法により禁止するとともに，表示以外の方法により禁
止したときは，当該作業場が立入禁止である旨を見やすい箇所に表示し
なければならない。

第3章　設備の性能等

（局所排気装置等の要件）

第16条 　事業者は，第12条第1項の規定により設ける局所排気装置につい
ては，次に定めるところに適合するものとしなければならない。

1　フードは，石綿等の粉じんの発散源ごとに設けられ，かつ，外付け式又はレシーバー式のフードにあっては，当該発散源にできるだけ近い位置に設けられていること。

2　ダクトは，長さができるだけ短く，ベンドの数ができるだけ少なく，かつ，適当な箇所に掃除口が設けられている等掃除しやすい構造のものであること。

3　排気口は，屋外に設けられていること。ただし，石綿の分析の作業に労働者を従事させる場合において，排気口からの石綿等の粉じんの排出を防止するための措置を講じたときは，この限りでない。

4　厚生労働大臣が定める性能を有するものであること。

② 事業者は，第12条第1項の規定により設けるプッシュプル型換気装置については，次に定めるところに適合するものとしなければならない。

1　ダクトは，長さができるだけ短く，ベンドの数ができるだけ少なく，かつ，適当な箇所に掃除口が設けられている等掃除しやすい構造のものであること。

2　排気口は，屋外に設けられていること。ただし，石綿の分析の作業に労働者を従事させる場合において，排気口からの石綿等の粉じんの排出を防止するための措置を講じたときは，この限りでない。

3　厚生労働大臣が定める要件を具備するものであること。

（局所排気装置等の稼働）

第17条　事業者は，第12条第1項の規定により設ける局所排気装置又はプッシュプル型換気装置については，労働者が石綿等に係る作業に従事する間，厚生労働大臣が定める要件を満たすように稼働させなければならない。

② 事業者は，前項の作業の一部を請負人に請け負わせるときは，当該請負人が当該作業に従事する間（労働者が当該作業に従事するときを除く。），同項の局所排気装置又はプッシュプル型換気装置を同項の厚生労働大臣が定める要件を満たすように稼働させること等について配慮しな

けれればならない。

③　事業者は，前二項の局所排気装置又はプッシュプル型換気装置の稼働時においては，バッフルを設けて換気を妨害する気流を排除する等当該装置を有効に稼働させるため必要な措置を講じなければならない。

（除じん）

第18条　事業者は，石綿等の粉じんを含有する気体を排出する製造設備の排気筒又は第12条第1項の規定により設ける局所排気装置若しくはプッシュプル型換気装置には，次の表の上欄〈編注：左欄〉に掲げる粉じんの粒径に応じ，同表の下欄〈編注：右欄〉に掲げるいずれかの除じん方式による除じん装置又はこれらと同等以上の性能を有する除じん装置を設けなければならない。

粉じんの粒径 （単位　マイクロメートル）	除　じ　ん　方　式
5未満	ろ過除じん方式 電気除じん方式
5以上20未満	スクラバによる除じん方式 ろ過除じん方式 電気除じん方式
20以上	マルチサイクロン（処理風量が毎分20立方メートル以内ごとに1つのサイクロンを設けたものをいう。）による除じん方式 スクラバによる除じん方式 ろ過除じん方式 電気除じん方式

備考　この表における粉じんの粒径は，重量法で測定した粒径分布において最大頻度を示す粒径をいう。

②　事業者は，前項の除じん装置には，必要に応じ，粒径の大きい粉じんを除去するための前置き除じん装置を設けなければならない。

③　事業者は，前二項の除じん装置を有効に稼働させなければならない。

第4章　管理

（石綿作業主任者の選任）

第19条　事業者は，令第6条第23号に掲げる作業については，石綿作業主任者技能講習を修了した者のうちから，石綿作業主任者を選任しなければならない。

（石綿作業主任者の職務）

第20条　事業者は，石綿作業主任者に次の事項を行わせなければならない。

　1　作業に従事する労働者が石綿等の粉じんにより汚染され，又はこれらを吸入しないように，作業の方法を決定し，労働者を指揮すること。

　2　局所排気装置，プッシュプル型換気装置，除じん装置その他労働者が健康障害を受けることを予防するための装置を1月を超えない期間ごとに点検すること。

　3　保護具の使用状況を監視すること。

（定期自主検査を行うべき機械等）

第21条　令第15条第1項第9号の厚生労働省令で定める局所排気装置，プッシュプル型換気装置及び除じん装置（石綿等に係るものに限る。）は，次のとおりとする。

　1　第12条第1項の規定に基づき設けられる局所排気装置

　2　第12条第1項の規定に基づき設けられるプッシュプル型換気装置

　3　第18条第1項の規定に基づき設けられる除じん装置

（定期自主検査）

第22条　事業者は，前条各号に掲げる装置については，1年以内ごとに1回，定期に，次の各号に掲げる装置の種類に応じ，当該各号に掲げる事項について自主検査を行わなければならない。ただし，1年を超える期間使用しない同条の装置の当該使用しない期間においては，この限りでない。

　1　局所排気装置

　　イ　フード，ダクト及びファンの摩耗，腐食，くぼみ，その他損傷の

　　　有無及びその程度

　ロ　ダクト及び排風機におけるじんあいのたい積状態

　ハ　ダクトの接続部における緩みの有無

　ニ　電動機とファンを連結するベルトの作動状態

　ホ　吸気及び排気の能力

　ヘ　イからホまでに掲げるもののほか，性能を保持するため必要な事項

　2　プッシュプル型換気装置

　イ　フード，ダクト及びファンの摩耗，腐食，くぼみ，その他損傷の
　　有無及びその程度

　ロ　ダクト及び排風機におけるじんあいのたい積状態

　ハ　ダクトの接続部における緩みの有無

　ニ　電動機とファンを連結するベルトの作動状態

　ホ　送気，吸気及び排気の能力

　ヘ　イからホまでに掲げるもののほか，性能を保持するため必要な事
　　項

　3　除じん装置

　イ　構造部分の摩耗，腐食，破損の有無及びその程度

　ロ　当該装置内におけるじんあいのたい積状態

　ハ　ろ過除じん方式の除じん装置にあっては，ろ材の破損又はろ材取
　　付部等の緩みの有無

　ニ　処理能力

　ホ　イからニまでに掲げるもののほか，性能を保持するため必要な事
　　項

②　事業者は，前項ただし書の装置については，その使用を再び開始する
　際に同項各号に掲げる事項について自主検査を行わなければならない。

（定期自主検査の記録）

第23条　事業者は，前条の自主検査を行ったときは，次の事項を記録し，
　これを3年間保存しなければならない。

1　検査年月日

2　検査方法

3　検査箇所

4　検査の結果

5　検査を実施した者の氏名

6　検査の結果に基づいて補修等の措置を講じたときは，その内容

（点検）

第24条　事業者は，第21条各号に掲げる装置を初めて使用するとき，又は分解して改造若しくは修理を行ったときは，当該装置の種類に応じ第22条第1項各号に掲げる事項について，点検を行わなければならない。

（点検の記録）

第25条　事業者は，前条の点検を行ったときは，次の事項を記録し，これを3年間保存しなければならない。

1　点検年月日

2　点検方法

3　点検箇所

4　点検の結果

5　点検を実施した者の氏名

6　点検の結果に基づいて補修等の措置を講じたときは，その内容

（補修等）

第26条　事業者は，第22条の自主検査又は第24条の点検を行った場合において，異常を認めたときは，直ちに補修その他の措置を講じなければならない。

（特別の教育）

第27条　事業者は，石綿使用建築物等解体等作業に係る業務に労働者を就かせるときは，当該労働者に対し，次の科目について，当該業務に関する衛生のための特別の教育を行わなければならない。

1　石綿の有害性

2 石綿等の使用状況

3 石綿等の粉じんの発散を抑制するための措置

4 保護具の使用方法

5 前各号に掲げるもののほか，石綿等の粉じんのばく露の防止に関し必要な事項

② 労働安全衛生規則（昭和47年労働省令第32号。以下「安衛則」という。）第37条及び第38条並びに前項に定めるもののほか，同項の特別の教育の実施について必要な事項は，厚生労働大臣が定める。

（休憩室）

第28条 事業者は，石綿等を常時取り扱い，若しくは試験研究のため製造する作業又は石綿分析用試料等を製造する作業に労働者を従事させるときは，当該作業を行う作業場以外の場所に休憩室を設けなければならない。

② 事業者は，前項の休憩室については，次の措置を講じなければならない。

1 入口には，水を流し，又は十分湿らせたマットを置く等労働者の足部に付着した物を除去するための設備を設けること。

2 入口には，衣服用ブラシを備えること。

③ 第1項の作業に従事した者は，同項の休憩室に入る前に，作業衣等に付着した物を除去しなければならない。

（床）

第29条 事業者は，石綿等を常時取り扱い，若しくは試験研究のため製造する作業場又は石綿分析用試料等を製造する作業場及び前条第1項の休憩室の床を水洗等によって容易に掃除できる構造のものとしなければならない。

（掃除の実施）

第30条 事業者は，前条の作業場及び休憩室の床等については，水洗する等粉じんの飛散しない方法によって，毎日1回以上，掃除を行わなけれ

ばならない。

（洗浄設備）

第31条　事業者は，石綿等を取り扱い，若しくは試験研究のため製造する作業又は石綿分析用試料等を製造する作業に労働者を従事させるときは，洗眼，洗身又はうがいの設備，更衣設備及び洗濯のための設備を設けなければならない。

（容器等）

第32条　事業者は，石綿等を運搬し，又は貯蔵するときは，当該石綿等の粉じんが発散するおそれがないように，堅固な容器を使用し，又は確実な包装をしなければならない。

②　事業者は，前項の容器又は包装の見やすい箇所に石綿等が入っていること及びその取扱い上の注意事項を表示しなければならない。

③　事業者は，石綿等の保管については，一定の場所を定めておかなければならない。

④　事業者は，石綿等の運搬，貯蔵等のために使用した容器又は包装については，当該石綿等の粉じんが発散しないような措置を講じ，保管するときは，一定の場所を定めて集積しておかなければならない。

（使用された器具等の付着物の除去）

第32条の2　事業者は，石綿等を取り扱い，若しくは試験研究のため製造する作業又は石綿分析用試料等を製造する作業に使用した器具，工具，足場等について，付着した物を除去した後でなければ作業場外に持ち出してはならない。ただし，廃棄のため，容器等に梱包したときは，この限りでない。

②　事業者は，前項の作業の一部を請負人に請け負わせるときは，当該請負人に対し，当該作業に使用した器具，工具，足場等について，廃棄のため，容器等に梱包したときを除き，付着した物を除去した後でなければ作業場外に持ち出してはならない旨を周知させなければならない。

（喫煙等の禁止）

第33条　事業者は，石綿等を取り扱い，若しくは試験研究のため製造する作業場又は石綿分析用試料等を製造する作業場における作業に従事する者の喫煙又は飲食について，禁止する旨を見やすい箇所に表示することその他の方法により禁止するとともに，表示以外の方法により禁止したときは，当該作業場において喫煙又は飲食が禁止されている旨を当該作業場の見やすい箇所に表示しなければならない。

②　前項の作業場において作業に従事する者は，当該作業場で喫煙し，又は飲食してはならない。

（掲示）

第34条　事業者は，石綿等を取り扱い，若しくは試験研究のため製造する作業場又は石綿分析用試料等を製造する作業場には，次の事項を，見やすい箇所に掲示しなければならない。

　1　石綿等を取り扱い，若しくは試験研究のため製造する作業場又は石綿分析用試料等を製造する作業場である旨

　2　石綿により生ずるおそれのある疾病の種類及びその症状

　3　石綿等の取扱い上の注意事項

　4　当該作業場においては保護具等を使用しなければならない旨及び使用すべき保護具等

（作業の記録）

第35条　事業者は，石綿等の取扱い若しくは試験研究のための製造又は石綿分析用試料等の製造に伴い石綿等の粉じんを発散する場所において常時作業に従事する労働者について，1月を超えない期間ごとに次の事項を記録し，これを当該労働者が当該事業場において常時当該作業に従事しないこととなった日から40年間保存するものとする。

　1　労働者の氏名

　2　石綿等を取り扱い，若しくは試験研究のため製造する作業又は石綿分析用試料等を製造する作業に従事した労働者にあっては，従事した作業の概要，当該作業に従事した期間，当該作業（石綿使用建築物等

解体等作業に限る。）に係る事前調査（分析調査を行った場合におい
ては事前調査及び分析調査）の結果の概要並びに次条第1項の記録の
概要

3　石綿等の取扱い若しくは試験研究のための製造又は石綿分析用試料
等の製造に伴い石綿等の粉じんを発散する場所における作業（前号の
作業を除く。以下この号及び次条第1項第2号において「周辺作業」
という。）に従事した労働者（以下この号及び次条第1項第2号にお
いて「周辺作業従事者」という。）にあっては，当該場所において他
の労働者が従事した石綿等を取り扱い，若しくは試験研究のため製造
する作業又は石綿分析用試料等を製造する作業の概要，当該周辺作業
従事者が周辺作業に従事した期間，当該場所において他の労働者が従
事した石綿等を取り扱う作業（石綿使用建築物等解体等作業に限る。）
に係る事前調査及び分析調査の結果の概要，次条第1項の記録の概要
並びに保護具等の使用状況

4　石綿等の粉じんにより著しく汚染される事態が生じたときは，その
概要及び事業者が講じた応急の措置の概要

（作業計画による作業の記録）

第35条の2　事業者は，石綿使用建築物等解体等作業を行ったときは，当
該石綿使用建築物等解体等作業に係る第4条第1項の作業計画に従って
石綿使用建築物等解体等作業を行わせたことについて，写真その他実施
状況を確認できる方法により記録を作成するとともに，次の事項を記録
し，これらを当該石綿使用建築物等解体等作業を終了した日から3年間
保存するものとする。

1　当該石綿使用建築物等解体等作業に従事した労働者の氏名及び当該
労働者ごとの当該石綿使用建築物等解体等作業に従事した期間

2　周辺作業従事者の氏名及び当該周辺作業従事者ごとの周辺作業に従
事した期間

②　事業者は，前項の記録を作成するために必要である場合は，当該記録

の作成者又は石綿使用建築物等解体等作業を行う仕事の発注者の労働者（いずれも呼吸用保護具（吹付石綿等除去作業が行われている場所に当該者を立ち入らせるときは，電動ファン付き呼吸用保護具等に限る。）及び作業衣又は保護衣を着用する者に限る。）を第6条第2項第1号及び第6条の2第3項第1号（第6条の3の規定により準用する場合を含む。）の規定により隔離された作業場所に立ち入らせることができる。

第5章　測定

（測定及びその記録）

第36条　事業者は，令第21条第7号の作業場（石綿等に係るものに限る。）について，6月以内ごとに1回，定期に，石綿の空気中における濃度を測定しなければならない。

②　事業者は，前項の規定による測定を行ったときは，その都度次の事項を記録し，これを40年間保存しなければならない。

1　測定日時
2　測定方法
3　測定箇所
4　測定条件
5　測定結果
6　測定を実施した者の氏名
7　測定結果に基づいて当該石綿による労働者の健康障害の予防措置を講じたときは，当該措置の概要

（測定結果の評価）

第37条　事業者は，石綿に係る屋内作業場について，前条第1項又は法第65条第5項の規定による測定を行ったときは，その都度，速やかに，厚生労働大臣の定める作業環境評価基準に従って，作業環境の管理の状態に応じ，第1管理区分，第2管理区分又は第3管理区分に区分することにより当該測定の結果の評価を行わなければならない。

②　事業者は，前項の規定による評価を行ったときは，その都度次の事項
　を記録し，これを40年間保存しなければならない。

　1　評価日時

　2　評価箇所

　3　評価結果

　4　評価を実施した者の氏名

（評価の結果に基づく措置）

第38条　事業者は，前条第1項の規定による評価の結果，第3管理区分に
　区分された場所については，直ちに，施設，設備，作業工程又は作業方
　法の点検を行い，その結果に基づき，施設又は設備の設置又は整備，作
　業工程又は作業方法の改善その他作業環境を改善するため必要な措置を
　講じ，当該場所の管理区分が第1管理区分又は第2管理区分となるよう
　にしなければならない。

②　事業者は，前項の規定による措置を講じたときは，その効果を確認す
　るため，同項の場所について当該石綿の濃度を測定し，及びその結果の
　評価を行わなければならない。

③　事業者は，第1項の場所については，労働者に有効な呼吸用保護具を
　使用させるほか，健康診断の実施その他労働者の健康の保持を図るため
　必要な措置を講じなければならない。

　〈編注：令和6年4月1日から「講じなければならない。」は，「講ずるととも
　に，前条第2項の規定による評価の記録，第1項の規定に基づき講ずる措置
　及び前項の規定に基づく評価の結果を次に掲げるいずれかの方法によって労
　働者に周知させなければならない。」となり，併せて次の各号が加わる。

　1　常時各作業場の見やすい場所に掲示し，又は備え付けること。

　2　書面を労働者に交付すること。

　3　磁気ディスク，光ディスクその他の記録媒体に記録し，かつ，各作業場
　　に労働者が当該記録の内容を常時確認できる機器を設置すること。〉

④　事業者は，第1項の場所において作業に従事する者（労働者を除く。）
　に対し，同項の場所については，有効な呼吸用保護具を使用する必要が

ある旨を周知させなければならない。

第39条 事業者は，第37条第1項の規定による評価の結果，第2管理区分に区分された場所については，施設，設備，作業工程又は作業方法の点検を行い，その結果に基づき，施設又は設備の設置又は整備，作業工程又は作業方法の改善その他作業環境を改善するため必要な措置を講ずるよう努めなければならない。

〈編注：令和6年4月1日から，「②　前項に定めるもののほか，事業者は，同項の場所については，第37条第2項の規定による評価の記録及び前項の規定に基づき講ずる措置を次に掲げるいずれかの方法によって労働者に周知させなければならない。

1　常時各作業場の見やすい場所に掲示し，又は備え付けること。

2　書面を労働者に交付すること。

3　磁気ディスク，光ディスクその他の記録媒体に記録し，かつ，各作業場に労働者が当該記録の内容を常時確認できる機器を設置すること。」が加わる。〉

第6章　健康診断

（健康診断の実施）

第40条 事業者は，令第22条第1項第3号の業務（石綿等の取扱い若しくは試験研究のための製造又は石綿分析用試料等の製造に伴い石綿の粉じんを発散する場所における業務に限る。）に常時従事する労働者に対し，雇入れ又は当該業務への配置替えの際及びその後6月以内ごとに1回，定期に，次の項目について医師による健康診断を行わなければならない。

1　業務の経歴の調査

2　石綿によるせき，たん，息切れ，胸痛等の他覚症状又は自覚症状の既往歴の有無の検査

3　せき，たん，息切れ，胸痛等の他覚症状又は自覚症状の有無の検査

4　胸部のエックス線直接撮影による検査

②　事業者は，令第22条第2項の業務（石綿等の製造又は取扱いに伴い石

綿の粉じんを発散する場所における業務に限る。）に常時従事させたことのある労働者で，現に使用しているものに対し，6月以内ごとに1回，定期に，前項各号に掲げる項目について医師による健康診断を行わなければならない。

③　事業者は，前二項の健康診断の結果，他覚症状が認められる者，自覚症状を訴える者その他異常の疑いがある者で，医師が必要と認めるものについては，次の項目について医師による健康診断を行わなければならない。

　1　作業条件の調査

　2　胸部のエックス線直接撮影による検査の結果，異常な陰影（石綿肺による線維増殖性の変化によるものを除く。）がある場合で，医師が必要と認めるときは，特殊なエックス線撮影による検査，喀痰の細胞診又は気管支鏡検査

（健康診断の結果の記録）

第41条　事業者は，前条各項の健康診断（法第66条第5項ただし書の場合において当該労働者が受けた健康診断を含む。次条において「石綿健康診断」という。）の結果に基づき，石綿健康診断個人票（様式第2号）を作成し，これを当該労働者が当該事業場において常時当該業務に従事しないこととなった日から40年間保存しなければならない。

（健康診断の結果についての医師からの意見聴取）

第42条　石綿健康診断の結果に基づく法第66条の4の規定による医師からの意見聴取は，次に定めるところにより行わなければならない。

　1　石綿健康診断が行われた日（法第66条第5項ただし書の場合にあっては，当該労働者が健康診断の結果を証明する書面を事業者に提出した日）から3月以内に行うこと。

　2　聴取した医師の意見を石綿健康診断個人票に記載すること。

②　事業者は，医師から，前項の意見聴取を行う上で必要となる労働者の業務に関する情報を求められたときは，速やかに，これを提供しなけれ

ばならない。

（健康診断の結果の通知）

第42条の2　事業者は，第40条各項の健康診断を受けた労働者に対し，遅
滞なく，当該健康診断の結果を通知しなければならない。

（健康診断結果報告）

第43条　事業者は，第40条各項の健康診断（定期のものに限る。）を行っ
たときは，遅滞なく，石綿健康診断結果報告書（様式第3号）を所轄労
働基準監督署長に提出しなければならない。

第7章　保護具

（呼吸用保護具）

第44条　事業者は，石綿等を取り扱い，若しくは試験研究のため製造する
作業場又は石綿分析用試料等を製造する作業場には，石綿等の粉じんを
吸入することによる労働者の健康障害を予防するため必要な呼吸用保護
具を備えなければならない。

（保護具の数等）

第45条　事業者は，前条の呼吸用保護具については，同時に就業する労働
者の人数と同数以上を備え，常時有効かつ清潔に保持しなければならない。

（保護具等の管理）

第46条　事業者は，第10条第2項，第14条第1項及び第3項，第35条の2
第2項，第38条第3項，第44条並びに第48条第6号（第48条の4におい
て準用する場合を含む。次項において同じ。）に規定する保護具等が使
用された場合には，他の衣服等から隔離して保管しなければならない。

②　事業者は，労働者以外の者が第10条第3項，第14条第2項及び第4項，
第38条第4項並びに第48条第6号に規定する保護具等を使用したときは，
当該者に対し，他の衣服等から隔離して保管する必要がある旨を周知さ
せるとともに，必要に応じ，当該保護具等を使用した者（労働者を除
く。）に対し他の衣服等から隔離して保管する場所を提供する等適切に

保管が行われるよう必要な配慮をしなければならない。

③　事業者及び労働者は，第1項の保護具等について，付着した物を除去した後でなければ作業場外に持ち出してはならない。ただし，廃棄のため，容器等に梱包したときは，この限りでない。

④　事業者は，第2項の保護具等を使用した者（労働者を除く。）に対し，当該保護具等であって，廃棄のため容器等に梱包されていないものについては，付着した物を除去した後でなければ作業場外に持ち出してはならない旨を周知させなければならない。

第8章　製造等

（石綿を含有するおそれのある製品の輸入時の措置）

第46条の2　石綿をその重量の0.1パーセントを超えて含有するおそれのある製品であって厚生労働大臣が定めるものを輸入しようとする者（当該製品を販売の用に供し，又は営業上使用しようとする場合に限る。）は，当該製品の輸入の際に，厚生労働大臣が定める者が作成した次に掲げる事項を記載した書面を取得し，当該製品中に石綿がその重量の0.1パーセントを超えて含有しないことを当該書面により確認しなければならない。

1　書面の発行年月日及び書面番号その他の当該書面を特定することができる情報

2　製品の名称及び型式

3　分析に係る試料を採取した製品のロット（一の製造期間内に一連の製造工程により均質性を有するように製造された製品の一群をいう。以下この号及び次項において同じ。）を特定するための情報（ロットを構成しない製品であって，製造年月日及び製造番号がある場合はその製造年月日及び製造番号）

4　分析の日時

5　分析の方法

6　分析を実施した者の氏名又は名称

7　石綿の検出の有無及び検出された場合にあってはその含有率

②　前項の書面は，当該書面が輸入しようとする製品のロット（ロットを構成しない製品については，輸入しようとする製品）に対応するものであることを明らかにする書面及び同項第6号の分析を実施した者が同項に規定する厚生労働大臣が定める者に該当することを証する書面の写しが添付されたものでなければならない。

③　第1項の輸入しようとする者は，同項の書面（前項の規定により添付すべきこととされている書面及び書面の写しを含む。）を，当該製品を輸入した日から起算して3年間保存しなければならない。

（令第16条第1項第4号の厚生労働省令で定めるもの等）

第46条の3　令第16条第1項第4号の厚生労働省令で定めるものは，次の各号に掲げる場合の区分に応じ，当該各号に定めるものとする。

1　令第16条第1項第4号イからハまでに掲げる石綿又はこれらの石綿をその重量の0.1パーセントを超えて含有する製剤その他の物（以下この条において「製造等可能石綿等」という。）を製造し，輸入し，又は使用しようとする場合　あらかじめ労働基準監督署長に届け出られたもの

2　製造等可能石綿等を譲渡し，又は提供しようとする場合　製造等可能石綿等の粉じんが発散するおそれがないように，堅固な容器が使用され，又は確実な包装がされたもの

②　前項第1号の規定による届出をしようとする者は，様式第3号の2による届書を，製造等可能石綿等を製造し，輸入し，又は使用する場所を管轄する労働基準監督署長に提出しなければならない。

（製造等の禁止の解除手続）

第47条　令第16条第2項第1号の許可（石綿等に係るものに限る。次項において同じ。）を受けようとする者は，様式第4号による申請書を，石綿等を製造し，又は使用しようとする場合にあっては当該石綿等を製造し，

又は使用する場所を管轄する労働基準監督署長を経由して当該場所を管轄する都道府県労働局長に，石綿等を輸入しようとする場合にあっては当該輸入する石綿等を使用する場所を管轄する労働基準監督署長を経由して当該場所を管轄する都道府県労働局長に提出しなければならない。

②　都道府県労働局長は，令第16条第2項第1号の許可をしたときは，申請者に対し，様式第5号による許可証を交付するものとする。

（石綿等の製造等に係る基準）

第48条　令第16条第2項第2号の厚生労働大臣が定める基準（石綿等に係るものに限る。）は，次のとおりとする。

1　石綿等を製造する設備は，密閉式の構造のものとすること。ただし，密閉式の構造とすることが作業の性質上著しく困難である場合において，ドラフトチェンバー内部に当該設備を設けるときは，この限りでない。

2　石綿等を製造する設備を設置する場所の床は，水洗によって容易に掃除できる構造のものとすること。

3　石綿等を製造し，又は使用する者は，当該石綿等による健康障害の予防について，必要な知識を有する者であること。

4　石綿等を入れる容器については，当該石綿等の粉じんが発散するおそれがないように堅固なものとし，かつ，当該容器の見やすい箇所に，当該石綿等が入っている旨を表示すること。

5　石綿等の保管については，一定の場所を定め，かつ，その旨を見やすい箇所に表示すること。

6　石綿等を製造し，又は使用する者は，保護前掛及び保護手袋を使用すること。

7　石綿等を製造する設備を設置する場所には，当該石綿等の製造作業中関係者以外の者が立ち入ることを禁止し，かつ，その旨を見やすい箇所に表示すること。

（製造の許可）

第48条の2　法第56条第1項の許可は，石綿分析用試料等を製造するプラ

ントごとに行うものとする。

（許可手続）

第48条の3 法第56条第1項の許可を受けようとする者は，様式第5号の2による申請書を，当該許可に係る石綿分析用試料等を製造する場所を管轄する労働基準監督署長を経由して厚生労働大臣に提出しなければならない。

② 厚生労働大臣は，法第56条第1項の許可をしたときは，申請者に対し，様式第5号の3による許可証（以下この条において「許可証」という。）を交付するものとする。

③ 許可証の交付を受けた者は，これを滅失し，又は損傷したときは，様式第5号の4による申請書を第1項の労働基準監督署長を経由して厚生労働大臣に提出し，許可証の再交付を受けなければならない。

④ 許可証の交付を受けた者は，氏名（法人にあっては，その名称）を変更したときは，様式第5号の4による申請書を第1項の労働基準監督署長を経由して厚生労働大臣に提出し，許可証の書替えを受けなければならない。

（製造許可の基準）

第48条の4 第48条の規定は，石綿分析用試料等の製造に関する法第56条第2項の厚生労働大臣の定める基準について準用する。この場合において，第48条第3号及び第6号中「製造し，又は使用する」とあるのは，「製造する」と読み替えるものとする。

第8章の2　石綿作業主任者技能講習

第48条の5 石綿作業主任者技能講習は，学科講習によって行う。

② 学科講習は，石綿に係る次の科目について行う。

1 健康障害及びその予防措置に関する知識

2 作業環境の改善方法に関する知識

3 保護具に関する知識

4 関係法令

③ 安衛則第80条から第82条の2まで及び前二項に定めるもののほか，石綿

作業主任者技能講習の実施について必要な事項は，厚生労働大臣が定める。

第 9 章　報告

（石綿関係記録等の報告）

第49条　石綿等を取り扱い，若しくは試験研究のため製造する事業者又は石綿分析用試料等を製造する事業者は，事業を廃止しようとするときは，石綿関係記録等報告書（様式第 6 号）に次の記録及び石綿健康診断個人票又はこれらの写しを添えて，所轄労働基準監督署長に提出するものとする。

1　第35条の作業の記録

2　第36条第 2 項の測定の記録

3　第41条の石綿健康診断個人票

（石綿を含有する製品に係る報告）

第50条　製品を製造し，又は輸入した事業者（当該製品を販売の用に供し，又は営業上使用する場合に限る。）は，当該製品（令第16条第 1 項第 4 号及び第 9 号に掲げるものに限り，法第55条ただし書の要件に該当するものを除く。）が石綿をその重量の0.1％を超えて含有していることを知った場合には，遅滞なく，次に掲げる事項（当該製品について譲渡又は提供をしていない場合にあっては，第 4 号に掲げる事項を除く。）について，所轄労働基準監督署長に報告しなければならない。

1　製品の名称及び型式

2　製造した者の氏名又は名称

3　製造し，又は輸入した製品の数量

4　譲渡し，又は提供した製品の数量及び譲渡先又は提供先

5　製品の使用に伴う健康障害の発生及び拡大を防止するために行う措置

　　　　　附　　則（平成17年 2 月24日厚生労働省令第21号）（抄）

（施行期日）

第 1 条　この省令は，平成17年 7 月 1 日から施行する。

（解体等の作業に関する経過措置）

第 2 条　この省令の施行の際現に行われている建築物又は工作物の解体等
　　の作業については，第 4 条，第 5 条第 1 項及び第27条第 1 項の規定は，
　　適用しない。

（石綿等を吹き付ける作業に関する経過措置）

第 3 条　この省令の施行の際現に附則第12条の規定による改正前の特定化
　　学物質等障害予防規則（昭和47年労働省令第39号。以下「旧特化則」と
　　いう。）第38条の 7 第 2 項各号に掲げる措置を講じて同項に規定する作
　　業に労働者を従事させている事業者は，第11条の規定にかかわらず，当
　　該作業に労働者を従事させることができる。

（作業に係る設備等に関する経過措置）

第 4 条　この省令の施行の際現に事業者がその作業場（特定石綿等に係る
　　ものに限る。以下この条において同じ。）について旧特化則第 6 条第 1
　　項の認定を受けている場合における当該作業場については，第12条の規
　　定は，適用しない。この場合において，当該認定に係る旧特化則第 6 条
　　第 4 項及び第 5 項の規定の適用については，なお従前の例による。

（床に関する経過措置）

第 5 条　この省令の施行の際現に存する特定石綿等を常時，製造し，又は
　　取り扱う作業を行う作業場の床であって，不浸透性の材料で造られたも
　　のについては，第29条の規定は，適用しない。

第 6 条　削除

（処分等の効力の引継ぎ）

第 7 条　この省令の施行前に旧特化則の規定によりされた処分，手続その
　　他の行為は，この省令の相当規定によりされた処分，手続その他の行為
　　とみなす。

（様式に関する経過措置）

第8条　この省令の施行の際現にある改正前の様式による用紙は，当分の間，これを取り繕って使用することができる。

（罰則に関する経過措置）

第9条　この省令の施行前にした行為に対する罰則の適用については，なお従前の例による。

　　　　附　　則（平成18年1月5日厚生労働省令第1号）（抄）

（施行期日）

第1条　この省令は，平成18年4月1日から施行する。

（作業主任者に関する経過措置）

第3条　事業者は，次の表の第1欄に掲げる規定にかかわらず，同表の第2欄に掲げる作業については，同表の第3欄に掲げる講習を修了した者を，同表の第4欄に掲げる作業主任者として選任することができる。

適用除外する規定	作業の区分	資格を有する者	名称
(略)			
新安衛則別表第1及び第19条の規定による改正後の石綿障害予防規則第19条	令第6条第23号に掲げる作業	旧法別表第18第22号に掲げる特定化学物質等作業主任者技能講習を修了した者	石綿作業主任者

（罰則の適用に関する経過措置）

第13条　施行日前にした行為に対する罰則の適用については，なお従前の例による。

　　　　附　　則（平成18年8月2日厚生労働省令第147号）（抄）

（施行期日）

第1条　この省令は，労働安全衛生法施行令の一部を改正する政令の施行の日（平成18年9月1日）から施行する。

　　　　附　　則（平成18年10月20日厚生労働省令第185号）（抄）

（施行期日）

第1条　この省令は，平成18年12月1日から施行する。

　　　　附　則（平成20年11月12日厚生労働省令第158号）（抄）

（施行期日）

第1条　この省令は，平成21年4月1日から施行する。

　　　　附　則（平成21年2月5日厚生労働省令第9号）（抄）

（施行期日）

第1条　この省令は，平成21年4月1日から施行する。ただし，次の各号に掲げる規定は，当該各号に定める日から施行する。

　1　第1条中石綿障害予防規則（平成17年厚生労働省令第21号）第3条の改正規定（同条に一項を加える部分を除く。）並びに第4条，第8条及び第13条の改正規定　平成21年7月1日

　2　第2条の規定　公布の日

（罰則の適用に関する経過措置）

第3条　この省令の施行前にした行為及び前条の規定によりなおその効力を有することとされる場合におけるこの省令の施行後にした行為に対する罰則の適用については，なお従前の例による。

　　　　附　則（平成23年1月14日厚生労働省令第5号）（抄）

（施行期日）

第1条　この省令は，平成23年4月1日から施行する。

第4条　この省令の施行の際現に存するこの省令による改正前のそれぞれの省令に定める様式による申請書等の用紙は，当分の間，必要な改定をした上，使用することができる。

　　　　附　則（平成23年7月1日厚生労働省令第83号）（抄）

（施行期日）

第1条　この省令は，平成23年8月1日から施行する。

（罰則の適用に関する経過措置）

第3条　この省令の施行の日前にした行為に対する罰則の適用については，なお従前の例による。

　　　　附　　則（平成26年3月31日厚生労働省令第50号）（抄）

（施行期日）

第1条　この省令は，平成26年6月1日から施行する。

（罰則の適用に関する経過措置）

第4条　この省令の施行の日前にした行為に対する罰則の適用については，なお従前の例による。

　　　　附　　則（平成26年11月28日厚生労働省令第131号）（抄）

（施行期日）

第1条　この省令は，労働安全衛生法の一部を改正する法律附則第1条第2号に掲げる規定の施行の日（平成26年12月1日）から施行する。

　　　　附　　則（平成29年3月29日厚生労働省令第29号）

この省令は，平成29年6月1日から施行する。

　　　　附　　則（平成30年4月6日厚生労働省令第59号）

（施行期日）

1　この省令は，平成30年6月1日から施行する。

（様式に関する経過措置）

2　この省令の施行の際現に提出されている第1条の規定による改正前の石綿障害予防規則（次項において「旧石綿則」という。）様式第4号による申請書は，同条の規定による改正後の石綿障害予防規則様式第4号による申請書とみなす。

3　この省令の施行の際現に存する旧石綿則様式第4号による申請書の用紙は，当分の間，必要な改定をした上，使用することができる。

（罰則に関する経過措置）

4　この省令の施行の日前にした行為に対する罰則の適用については，な
お従前の例による。

　　　附　則　（令和元年5月7日厚生労働省令第1号）（抄）
（施行期日）
第1条　この省令は，公布の日から施行する。
（経過措置）
第2条　この省令による改正前のそれぞれの省令で定める様式（次項にお
いて「旧様式」という。）により使用されている書類は，この省令によ
る改正後のそれぞれの省令で定める様式によるものとみなす。
②　旧様式による用紙については，合理的に必要と認められる範囲内で，
当分の間，これを取り繕って使用することができる。

　　　附　則（令和2年7月1日厚生労働省令第134号）（抄）
（施行期日）
第1条　この省令は，令和3年4月1日から施行する。ただし，次の各号
に掲げる規定は，当該各号に定める日から施行する。
　1　第1条中石綿障害予防規則第6条の2の改正規定並びに附則第3条
　　第2項及び第6条の規定　令和2年10月1日
　2　第1条中石綿障害予防規則第4条の2の改正規定，同令第5条の改
　　正規定（「様式第1号」を「様式第1号の2」に改める部分に限る。）
　　及び同令様式第1号を様式第1号の2とし，附則の次に一様式を加え
　　る改正規定並びに附則第5条の規定　令和4年4月1日
　3　第2条及び第6条の規定　令和5年10月1日
（事前調査及びその結果等の報告等に関する経過措置）
第2条　第1条の規定による改正後の石綿障害予防規則（以下「新石綿
規」という。）第3条第1項の解体等の作業であって，この省令の施行
の日（以下「施行日」という。）前に開始されるものについては，同条
の規定は適用せず，第1条の規定による改正前の石綿障害予防規則（以

下「旧石綿則」という。）第3条の規定は，なおその効力を有する。

②　第2条の規定による改正後の石綿障害予防規則第3条第1項の解体等の作業であって，前条第3号に掲げる規定の施行の日前に開始されるものについては，第2条の規定による改正後の石綿障害予防規則第3条第4項，第6項及び第7項第9号の規定は適用しない。

③　新石綿則第4条第1項に規定する石綿使用建築物等解体等作業であって，施行日前に開始されるものについては，新石綿則第35条の2の規定は適用しない。

④　新石綿則第4条の2第1項各号に掲げる工事であって，前条第2号に掲げる規定の施行の日（附則第5条において「第2号施行日」という。）前に開始されるものについては，新石綿則第4条の2の規定は適用しない。

（除去等の作業に係る措置等に関する経過措置）

第3条　新石綿則第6条第1項第1号及び第2号の作業であって，施行日前に開始されるものについては，同条の規定は適用せず，旧石綿則第6条の規定は，なおその効力を有する。

②　新石綿則第6条の2第1項に規定する石綿含有成形品の除去の作業であって，附則第1条第1号に掲げる規定の施行の日前に開始されるものについては，新石綿則第6条の2の規定は適用せず，旧石綿則第13条の規定は，なおその効力を有する。

③　新石綿則第6条の3の作業（新石綿則第5条第1項第1号に規定する石綿含有仕上げ塗材のうち吹き付けられていないものの除去の作業に限る。）であって，施行日前に開始されるものについては，新石綿則第6条の3の規定は適用せず，旧石綿則第13条の規定は，なおその効力を有する。

④　新石綿則第13条第1項各号に掲げる作業であって，施行日前に開始されるものについては，同項ただし書の規定は適用せず，旧石綿則第13条第1項ただし書の規定は，なおその効力を有する。

（様式に関する経過措置）

第5条　第2号施行日において現に提出されている旧石綿則様式第1号に

よる建築物解体等作業届は，新石綿則様式第1号の2による建築物解体等作業届とみなす。

② 第2号施行日において現にある旧石綿則様式第1号による届出書の用紙については，当分の間，これを取り繕って使用することができる。

（罰則に関する経過措置）

第6条 この省令（附則第1条各号に掲げる規定については，当該各規定。以下この条において同じ。）の施行前にした行為並びに附則第2条第1項，第3条及び第4条第1項の規定によりなおその効力を有することとされる場合におけるこの省令の施行後にした行為に対する罰則の適用については，なお従前の例による。

　　附　則　（令和2年8月28日厚生労働省令第154号）

（施行期日）

1　この省令は，公布の日から施行する。

（経過措置）

2　この省令の施行の際現にこの省令による改正前のそれぞれの省令(次項において「旧省令」という。)の規定によりされている報告は，この省令による改正後のそれぞれの省令の規定による報告とみなす。

3　この省令の施行の際現にある旧省令に定める様式による用紙については，合理的に必要と認められる範囲内で，当分の間，これを取り繕って使用することができる。

　　附　則　（令和2年12月25日厚生労働省令第208号）（抄）

（施行期日）

第1条　この省令は，公布の日から施行する。

（経過措置）

第2条　この省令の施行の際現にあるこの省令による改正前の様式（次項において「旧様式」という。）により使用されている書類は，この省令による改正後の様式によるものとみなす。

② 　この省令の施行の際現にある旧様式による用紙については，当分の間，これを取り繕って使用することができる。

　　　附　則　（令和3年5月18日厚生労働省令第96号）

（施行期日）

第1条　この省令は，令和3年12月1日から施行する。ただし，第1条中石綿障害予防規則目次の改正規定，同令第49条及び第50条の改正規定並びに次条の規定は，令和3年8月1日から施行する。

（石綿を含有する製品に係る報告に関する経過措置）

第2条　第1条の規定による改正後の石綿障害予防規則（以下この条において「新石綿則」という。）第50条に規定する事業者は，前条ただし書に規定する規定の施行の日前に，製造し，又は輸入した製品（労働安全衛生法施行令（昭和47年政令第318号）第16条第1項第4号及び第9号に掲げるものに限り，労働安全衛生法第55条ただし書の要件に該当するものを除く。）が石綿をその重量の0.1パーセントを超えて含有していることを知っている場合には，新石綿則第50条の規定にかかわらず，その旨が公知の事実であるときを除き，遅滞なく，同条各号に掲げる事項（当該製品について譲渡又は提供をしていない場合にあっては，同条第4号に掲げる事項を除く。）について，所轄労働基準監督署長に報告するよう努めなければならない。

② 　新石綿則第50条及び前項の規定は，次の各号に掲げる規定により労働安全衛生法第55条の規定が適用されない物については，適用しない。

　1　労働安全衛生法施行令の一部を改正する政令（平成18年政令第257号）附則第2条

　2　労働安全衛生法施行令の一部を改正する政令の一部を改正する政令（平成19年政令第281号）附則第2条

　3　労働安全衛生法施行令等の一部を改正する政令（平成20年政令第349号）附則第5条

　4　労働安全衛生法施行令の一部を改正する政令の一部を改正する政令（平成21年政令第295号）附則第2条

　5　労働安全衛生法施行令等の一部を改正する政令（平成23年政令第4号）附則第5条

　6　労働安全衛生法施行令等の一部を改正する政令（平成24年政令第13号）附則第2条第1項

（様式に関する経過措置）

第3条　この省令の施行の際現にあるこの省令による改正前の様式（次項において「旧様式」という。）により使用されている書類は，この省令による改正後の様式によるものとみなす。

②　この省令の施行の際現にある旧様式による様式については，当分の間，これを取り繕って使用することができる。

　　　附　則　（令和4年1月13日厚生労働省令第3号）（抄）

この省令は，公布の日から施行する。

　　　附　則　（令和4年4月15日厚生労働省令第82号）（抄）

（施行期日）

1　この省令は，令和5年4月1日から施行する。

　　　附　則　（令和4年5月31日厚生労働省令第91号）（抄）

（施行期日）

第1条　この省令は，公布の日から施行する。ただし，次の各号に掲げる規定は，当該各号に定める日から施行する。

　1　（略）

　2　第3条，第5条，第7条，第9条，第11条，第13条及び第15条の規定　令和6年4月1日

（様式に関する経過措置）

第4条　この省令（附則第1条第1号に掲げる規定については，当該規定（第4条及び第8条に限る。）。以下同じ。）の施行の際現にあるこの省令による改正前の様式による用紙については，当分の間，これを取り繕って使用することができる。

（罰則に関する経過措置）

第5条　附則第1条各号に掲げる規定の施行前にした行為に対する罰則の適用については，なお従前の例による。

　　　附　則　（令和5年3月27日厚生労働省令第29号）（抄）

（施行期日）

第1条　この省令は，令和5年10月1日から施行する。

（様式に関する経過措置）

第6条　この省令の施行の際現にある第8条の規定による改正前の機械等検定規則又は第10条の規定による改正前の石綿障害予防規則に定める様式（次項において「旧様式」という。）により使用されている書類は，第8条の規定による改正後の機械等検定規則又は第10条の規定による改正後の石綿障害予防規則に定める様式によるものとみなす。

②　この省令の施行の際現にある旧様式による用紙については，当分の間，これを取り繕って使用することができる。

様式第1号（第4条の2関係）（表面）

事前調査結果等報告

元方事業者の情報			
事業者の名称		事業者の代表者氏名	
担当者のメールアドレス		事業者の電話番号	－ －
事業者の住所	郵便番号		
	都道府県・市区町村名等		
	住所（続き）		

工事現場の情報		
労働保険番号	都道府県 所掌 管轄 基幹番号 枝番号	
作業場所の住所	郵便番号	
	都道府県・市区町村名等	
	住所（続き）	
工事の名称		
工事の概要		

建築物等の概要

建築物、工作物又は船舶の着工工事の着工日	西暦　　年　　月　　日	構造	□木造 □RC造 □S造 □その他	耐火	□耐火 □準耐火 □その他
延べ床面積	㎡	階数（地上階）	階建	階数（地下階）	階建

その他の工作物・船舶
非機密選択可
□反応槽 □加熱炉 □ボイラー及び圧力容器 □配管設備 □焼却設備 □煙突 □貯蔵設備 □発電設備 □変電設備 □配電設備
□送電設備 □トンネルの天井板 □プラットホームの上屋 □遮音壁 □軽量盛土補強パネル □鉄道の駅の地下式構造部分の壁及び天井板 □船舶

解体工事を行う床面積の合計	㎡	解体工事又は改修工事の実施期間	西暦　年　月　日～西暦　年　月　日
解体工事又は改修工事の請負金額	億　　万円	石綿に関する作業の開始時期	西暦　年　月頃
事前調査の終了年月日	西暦　年　月　日		

事前調査を実施した者		
氏名		講習実施機関の名称
分析調査を実施した者		
氏名		講習実施機関の名称
作業に係る石綿作業主任者		
氏名		

請負事業者の情報			
事業者の名称		事業者の電話番号	－ －
労働保険番号	都道府県 所掌 管轄 基幹番号 枝番号		
□なし（又は不明）　□元方（元請）事業と同じ			
事業者の住所	郵便番号		
	都道府県・市区町村名等		
	住所（続き）		
事前調査を実施した者の氏名		事前調査を実施した者の講習実施機関の名称	
分析調査を実施した者の氏名		分析調査を実施した者の講習実施機関の名称	
作業に係る石綿作業主任者の氏名			

請負事業者の情報			
事業者の名称		事業者の電話番号	－ －
労働保険番号	都道府県 所掌 管轄 基幹番号 枝番号		
□なし（又は不明）　□元方（元請）事業と同じ			
事業者の住所	郵便番号		
	都道府県・市区町村名等		
	住所（続き）		
事前調査を実施した者の氏名		事前調査を実施した者の講習実施機関の名称	
分析調査を実施した者の氏名		分析調査を実施した者の講習実施機関の名称	
作業に係る石綿作業主任者の氏名			

請負事業者の情報			
事業者の名称		事業者の電話番号	－ －
労働保険番号	都道府県 所掌 管轄 基幹番号 枝番号		
□なし（又は不明）　□元方（元請）事業と同じ			
事業者の住所	郵便番号		
	都道府県・市区町村名等		
	住所（続き）		
事前調査を実施した者の氏名		事前調査を実施した者の講習実施機関の名称	
分析調査を実施した者の氏名		分析調査を実施した者の講習実施機関の名称	
作業に係る石綿作業主任者の氏名			

〈編注：令和5年10月1日から、「様式第1号（第4条の2関係）（表面）は次のとおり
　　となる。〉

事前調査結果等報告

発注者（事業者）の情報		
事業者の名称		事業者の代表者氏名	
担当者のメールアドレス		事業者の電話番号	
事業者の住所	郵便番号	
	都道府県・市区町村名等	
	住所（続き）	

工事現場の情報		
労働保険番号	都道府県／所掌／管轄／基幹番号／枝番号	
作業場所の住所	郵便番号	
	都道府県・市区町村名等	
	住所（続き）	
工事の名称		
工事の概要		

建築物等の概要		
建築物、工作物又は船舶の新築工事の着工日	西暦　　年　　月　　日　　構造　□ 木造 □ RC造 □ S造 □ その他　　耐火　□ 耐火 □ 準耐火 □ その他	
延べ床面積	㎡　　階数（地上階）　　階数　　階数（地下階）　　階建	
その他工作物・船舶 等機器選択可	□ 反応槽　□ 加熱炉　□ ボイラー及び圧力容器　□ 配管設備　□ 焼却設備　□ 煙突　□ 貯蔵設備　□ 発電設備　□ 変電設備　□ 配電設備	
	□ 送電設備　□ トンネルの天井板　□ プラットホームの上家　□ 遮音壁　□ 軽量盛土保護パネル　□ 鉄道の駅の地下式構造部分の壁及び天井板　□ 観光用エレベーターの昇降路の囲い　□ 船舶	
解体工事を行う床面積の合計	㎡　　解体工事又は改修工事の実施期間　　西暦　　年　　月　　日〜西暦　　年　　月　　日	
解体工事又は改修工事の請負金額	億　　万円　　石綿に関する作業の開始時期　　西暦　　年　　月頃	
事前調査の終了年月日	西暦　　年　　月　　日	
事前調査を実施した者		
氏名		講習実施機関の名称	
分析調査を実施した者		
氏名		講習実施機関の名称	
作業に係る石綿作業主任者		
氏名		

請負事業者の情報		
事業者の名称		事業者の電話番号	
労働保険番号	都道府県／所掌／管轄／基幹番号／枝番号	
□なし（又は不明）□元方（元請）事業と同じ		
事業者の住所	郵便番号	
	都道府県・市区町村名等	
	住所（続き）	
事前調査を実施した者の氏名		事前調査を実施した者の講習実施機関の名称	
分析調査を実施した者の氏名		分析調査を実施した者の講習実施機関の名称	
作業に係る石綿作業主任者の氏名		

請負事業者の情報		
事業者の名称		事業者の電話番号	
労働保険番号	都道府県／所掌／管轄／基幹番号／枝番号	
□なし（又は不明）□元方（元請）事業と同じ		
事業者の住所	郵便番号	
	都道府県・市区町村名等	
	住所（続き）	
事前調査を実施した者の氏名		事前調査を実施した者の講習実施機関の名称	
分析調査を実施した者の氏名		分析調査を実施した者の講習実施機関の名称	
作業に係る石綿作業主任者の氏名		

請負事業者の情報		
事業者の名称		事業者の電話番号	
労働保険番号	都道府県／所掌／管轄／基幹番号／枝番号	
□なし（又は不明）□元方（元請）事業と同じ		
事業者の住所	郵便番号	
	都道府県・市区町村名等	
	住所（続き）	
事前調査を実施した者の氏名		事前調査を実施した者の講習実施機関の名称	
分析調査を実施した者の氏名		分析調査を実施した者の講習実施機関の名称	
作業に係る石綿作業主任者の氏名		

様式第1号（第4条の2関係）（裏面）

事前調査結果等報告

作業対象の材料の種類	石綿使用の有無			石綿使用なしと判断した根拠	作業の種類			切断等の有無		作業時の措置			
	有	みなし	無	①目視 ②設計図書 ③分析 ④材料製造者による証明 ⑤その他	除去	封じ込め	囲い込み	有	無	①隔離 ②湿潤 ③除塵 ④呼吸用保護具の使用			
吹付け材	□	□	□	①□ ②□ ③□ ④□ ⑤□	□	□	□	□	□	①□ ②□ ③□ ④□			
保温材	□	□	□	①□ ②□ ③□ ④□ ⑤□	□	□	□	□	□	①□ ②□ ③□ ④□			
煙突断熱材	□	□	□	①□ ②□ ③□ ④□ ⑤□	□	□	□	□	□	①□ ②□ ③□ ④□			
屋根用折版断熱材	□	□	□	①□ ②□ ③□ ④□ ⑤□	□	□	□	□	□	①□ ②□ ③□ ④□			
耐火被覆材（吹付け材を除く、けい酸カルシウム板第2種を含む）	□	□	□	①□ ②□ ③□ ④□ ⑤□	□	□	□	□	□	①□ ②□ ③□ ④□			
仕上塗材	□	□	□	①□ ②□ ③□ ④□ ⑤□				□	□	①□ ②□ ③□ ④□			
スレート波板	□	□	□	①□ ②□ ③□ ④□ ⑤□				□	□	①□ ②□ ③□ ④□			
スレートボード	□	□	□	①□ ②□ ③□ ④□ ⑤□				□	□	①□ ②□ ③□ ④□			
屋根用化粧スレート	□	□	□	①□ ②□ ③□ ④□ ⑤□				□	□	①□ ②□ ③□ ④□			
けい酸カルシウム板第1種	□	□	□	①□ ②□ ③□ ④□ ⑤□				□	□	①□ ②□ ③□ ④□			
押出成形セメント板	□	□	□	①□ ②□ ③□ ④□ ⑤□				□	□	①□ ②□ ③□ ④□			
パルプセメント板	□	□	□	①□ ②□ ③□ ④□ ⑤□				□	□	①□ ②□ ③□ ④□			
ビニル床タイル	□	□	□	①□ ②□ ③□ ④□ ⑤□				□	□	①□ ②□ ③□ ④□			
窯業系サイディング	□	□	□	①□ ②□ ③□ ④□ ⑤□				□	□	①□ ②□ ③□ ④□			
石膏ボード	□	□	□	①□ ②□ ③□ ④□ ⑤□				□	□	①□ ②□ ③□ ④□			
ロックウール吸音天井板	□	□	□	①□ ②□ ③□ ④□ ⑤□				□	□	①□ ②□ ③□ ④□			
その他の材料	□	□	□	①□ ②□ ③□ ④□ ⑤□				□	□	①□ ②□ ③□ ④□			

　　　　年　　　月　　　日

労働基準監督署長　殿

事業者職氏名

備考
1　「労働保険番号」の欄は、一括有期事業の場合は当該事業に係る労働保険番号を、一括有期事業ではない場合は、各事業場の継続事業に係る労働保険番号を記載すること。
2　「請負事業者に関する事項」の欄は、当該作業を請け負わせている事業者がいる場合に、全ての請負事業者について記入すること。
3　「請負事業者に関する事項」の「事前調査を実施した者」の欄は、元請事業者に限ること。
4　「解体工事又は改修工事の請負金額」の欄は、建築物の解体工事に限り記入すること。なお、建築物の解体工事とは、建築物の壁、柱及び床を同時に撤去する工事をいうこと。
5　「調査実施機関の名称」の欄は、建築物の改修工事又は工作物の解体工事等に限り記入すること。
6　「調査実施機関の名称」の欄は、事前調査を実施した者が一般社団法人日本アスベスト調査診断協会等である場合には、その旨を記入すること。
7　「作業に係る石綿の重量等の種類」の欄は、石綿障害予防規則等の別表の種類により記入すること。なお、備考欄で不確定な場合は、推定で記入すること。
8　最後の記載に「請負事業者に請け負わせている作業」になるものを含めて、請負事業者に請け負わせている作業に係るものについて記入すること。
9　「石綿使用の有無」の欄は、石綿を含有しているものとみなす場合は、「みなし」に記入すること。
10　「石綿使用なしと判断した根拠」の欄は、①から⑤までのうち該当するものが複数ある場合には、その全てを記入すること。
11　「切断等の有無」の欄は、材料の切断、破砕、穿（せん）孔、研磨等を行う作業について記入すること。
12　「作業時の措置」の欄は、報告の時点で予定している措置を記入すること。また、①から④までのうち該当するものが複数ある場合には、その全てを記入すること。

様式第1号の2（第5条関係）

<h2 style="text-align:center">建 築 物 解 体 等 作 業 届</h2>

事業場の名称		作業場の所在地		
仕事の範囲				
作業に係る部材の種類				
発注者名		工事請負金額		円
仕事の開始予定年月日	年　月　日	仕事の終了予定年月日		年　月　日
主たる事務所の所在地		電話		
使用予定労働者数	人	関係請負人の予定数　人	関係請負人の使用する労働者の予定数の合計	人
作業主任者の氏名				
石綿ばく露防止のための措置の概要				

年　月　日

事業者職氏名

労働基準監督署長　殿

備考
1　「使用予定労働者数」の欄は，届出事業者が直接雇用する労働者数を記入すること。
2　「関係請負人の使用する労働者の予定数の合計」の欄は，延数で記入すること。
3　「石綿ばく露防止のための措置の概要」の欄は，工事に当たって行う石綿のばく露防止対策を講ずる措置の内容について，簡潔に記入すること。

様式第2号（第41条関係）（表面）

石 綿 健 康 診 断 個 人 票

氏名		生年月日	年　　月　　日	雇入年月日	年　　月　　日
		性別	男　・　女		

業　　務　　名				
健康診断の時期 （雇入れ・配置替え・定期）				

第一次健康診断	健 診 年 月 日	年 月 日	年 月 日	年 月 日	年 月 日
	既　　往　　歴				
	検診又は検査の項目				
	医師の診断及び 第二次健康診断の要否				
	健康診断を実施した 医　師　の　氏　名				
	備　　　　　考				
第二次健康診断	健 診 年 月 日	年 月 日	年 月 日	年 月 日	年 月 日
	作　業　条　件				
	検診又は検査の項目				
	医　師　の　診　断				
	健康診断を実施した 医　師　の　氏　名				
	備　　　　　考				
医　師　の　意　見					
意見を述べた 医　師　の　氏　名					

様式第2号（第41条関係）（裏面）

業　務　の　経　歴						
	業務等	期　間	年　数	業務名	期　間	年　数
現在の勤務先に来る前	事業場名 業務名	年　月から 年　月まで	年　月	現在の勤務先に来てから	年　月から 年　月まで	年　月
	事業場名 業務名	年　月から 年　月まで	年　月		年　月から 年　月まで	年　月
	事業場名 業務名	年　月から 年　月まで	年　月		年　月から 年　月まで	年　月
	事業場名 業務名	年　月から 年　月まで	年　月		年　月から 年　月まで	年　月
	事業場名 業務名	年　月から 年　月まで	年　月		年　月から 年　月まで	年　月
	業務に従事した期間の 合　　　　　　計		年　月		年　月から 年　月まで	年　月

備考
1　第一次健康診断及び第二次健康診断の「検診又は検査の項目」の欄は，業務ごとに定められた項目についての検診又は検査をした結果を記載すること。
2　「医師の診断」の欄は，異常なし，要精密検査，要治療等の医師の診断を記入すること。
3　「医師の意見」の欄は，健康診断の結果，異常の所見があると診断された場合に，就業上の措置について医師の意見を記入すること。

様式第3号（第43条関係）（表面）

石綿健康診断結果報告書

8 0 3 1 0

標準字体
0 1 2 3 4 5 6 7 8 9

労働保険番号		在籍労働者数	人
	都道府県　所掌　管轄　　基幹番号　　枝番号　被一括事業場番号		

事業場の名称		事業の種類	

事業場の所在地	郵便番号（　　　）
	電話　　　（　）

対象年	7：平成 9：令和 →	元号　　年 □□（　月～　月分）（報告　回目）	健診年月日	7：平成 9：令和 →	元号　　年　　月　　日 □□□□□

健康診断実施機関の名称		第二次健康診断	年　月　日

健康診断実施機関の所在地	

項　目　／　石綿業務の種別	石綿業務コード □□ 具体的業務内容 （　　　）	石綿業務コード □□ 具体的業務内容 （　　　）	石綿業務コード □□ 具体的業務内容 （　　　）
従 事 労 働 者 数	□□□□人	□□□□人	□□□□人
受 診 労 働 者 数	□□□□人	□□□□人	□□□□人
上記のうち第二次健康診断を要するとされた者の数	人	人	人
第二次健康診断受診者数	人	人	人
上記のうち有所見者数	□□□□人	□□□□人	□□□□人
疾病にかかっていると診断された者の数	□□□□人	□□□□人	□□□□人

ページ　総ページ □／□	産業医	氏　名 所属機関の名称 及び所在地

　　年　月　日

　　　　　事業者職氏名

　　労働基準監督署長殿

受付印

様式第3号（第43条関係）（裏面）

備　考

1　□□□で表示された枠（以下「記入枠」という。）に記入する文字は，光学的文字読取装置（OCR）で直接読み取りを行うので，この用紙は汚したり，穴をあけたり，必要以上に折り曲げたりしないこと。

2　記載すべき事項のない欄又は記入枠は，空欄のままとすること。

3　記入枠の部分は，必ず黒のボールペンを使用し，様式右上に記載された「標準字体」にならって，枠からはみ出さないように大きめのアラビア数字で明瞭に記載すること。

4　「対象年」の欄は，報告対象とした健康診断の実施年を記入すること。

5　1年を通し順次健診を実施して，一定期間をまとめて報告する場合は，「対象年」の欄の（　月～　月分）にその期間を記入すること。また，この場合の健診年月日は報告日に最も近い健診年月日を記入すること。

6　「対象年」の欄の（報告　回目）は，当該年の何回目の報告かを記入すること。

7　「事業の種類」の欄は，日本標準産業分類の中分類によって記入すること。

8　「健康診断実施機関の名称」及び「健康診断実施機関の所在地」の欄は，健康診断を実施した機関が2以上あるときは，その各々について記入すること。

9　「在籍労働者数」，「従事労働者数」及び「受診労働者数」の欄は，健康診断年月日現在の人数を記入すること。なお，この場合，「在籍労働者数」は常時使用する労働者数を，「従事労働者数」は別表に掲げる石綿業務に常時従事する労働者数をそれぞれ記入すること。

10　「石綿業務の種別」の欄は，別表を参照して，該当コードを全て記入し，（　）内には具体的業務内容を記載すること。なお，該当コードを記入枠に記入しきれない場合には，報告書を複数枚使用し，2枚目以降の報告書については，該当コード及び具体的業務内容のほか「労働保険番号」，「健診年月日」及び「事業場の名称」の欄を記入すること。

別　表

コード	石綿業務の内容
01	アモサイト（これをその重量の0.1％を超えて含有する製剤その他の物を含む。）を製造し，又は取り扱う業務
02	クロシドライト（これをその重量の0.1％を超えて含有する製剤その他の物を含む。）を製造し，又は取り扱う業務
10	石綿（アモサイト及びクロシドライトを除く。）（これをその重量の0.1％を超えて含有する製剤その他の物を含む。）を製造し，又は取り扱う業務
20	石綿（これをその重量の0.1％を超えて含有する製剤その他の物を含む。）の製造又は取扱いに伴い石綿の粉じんを発散する場所における業務（コード01，02及び10に掲げる業務を除く。）

様式第3号の2　（第46条の3関係）

石 綿 分 析 用 試 料 等　製　造　輸　入　使　用　届

製造，輸入又は使用する石綿等の用途及び数量	
製造，輸入又は使用する期間	
製造，輸入又は使用する事業場等の名称及び所在地	電話　　（　　　　）
製造，輸入又は使用する事業場等の代表者の職氏名	
参　考　事　項	

年　　月　　日

届出者

労働基準監督署長　殿

備考
　1　表題中「製造」，「輸入」及び「使用」のうち該当しない文字は抹消すること。
　2　「製造，輸入又は使用する石綿等の用途及び数量」の欄のうち，用途は次の区分で記入し，数量は用途別に記入すること。
　　(1)　石綿の分析のための試料の用に供される石綿等
　　(2)　石綿の使用状況の調査に関する知識又は技能の習得のための教育の用に供される石綿等
　　(3)　(1)又は(2)の原料又は材料として使用される石綿等
　3　「製造，輸入又は使用する期間」の欄は，製造又は使用にあっては製造又は使用する期間の始期及び終期を，輸入にあっては輸入する年月を，それぞれ用途別に記入すること。
　4　「参考事項」の欄には，石綿等の保管場所，保管方法及び管理責任者並びに石綿等を製造する場合にあっては当該石綿等の譲渡又は提供の予定及び譲渡又は提供の相手方，石綿等を輸入する場合にあっては輸入事務を代行する機関名及びその所在地並びに当該石綿等に係る船（取）卸港名，積載船（機）名及び船荷証券番号又は石綿等を使用する場合にあっては当該石綿等の入手方法を記入すること。
　5　製造し，輸入し，又は使用する事業場等の所在地を管轄する労働基準監督署長に提出すること。

様式第4号（第47条関係）

石　綿　等　製造輸入使用　許　可　申　請　書

石　綿　等　の　名　称			
目　　　　　　　　　的			
製造若しくは使用の期間又は輸　入　年　月　日	製造	年　月　〜　年　月	
	使用	年　月　〜　年　月	
	輸入	年　月	
石　綿　等　の　数　量			g
製　造　又　は　使　用　の　概　要			
従　事　労　働　者　数	製造　　　　名		使用　　　　名
製造設備等	建家の概要	床　　面　　積	m²
		構　　　　造	
	製　造　設　備　の　概　要		（密閉式の構造，ドラフトチェンバーの内部に設置）別添図面のとおり
	使　用　設　備　の　概　要		別添図面のとおり
保管	石綿等を入れる容器の概要		
	石綿等を保管する場所		
保護具	保護前掛の種類別個数		
	保護手袋の種類別個数		
	その他の保護具の種類別個数		
試　験　研　究　機　関　の　名　称			
試　験　研　究　機　関　の　所　在　地			
試験研究機関の代表者職氏名			
参　　考　　事　　項			

年　　月　　日

住　所

氏　名

労働局長　殿

備考
1　表題中「製造」，「輸入」及び「使用」のうち該当しない文字は，抹消すること。
2　「建家の概要」の欄は，石綿等を製造し，又は使用する作業場所について記入すること。
3　「構造」の欄は，鉄筋コンクリート造り，木造等の別を記入すること。
4　「製造設備の概要」の欄は，該当するものに○を付すること。また，主要な製造設備ごとの密閉状況及び配管の接続部を示す図面又はドラフトチェンバーの構造を示す図面を添付すること。なお，製造設備をドラフトチェンバーの内部に設置する場合には，局所排気装置摘要書（労働安全衛生規則様式第25号）又はプッシュプル型換気装置摘要書（労働安全衛生規則様式第26号）を添付すること。
5　「石綿等を入れる容器の概要」の欄は，容器の材質及びその容量について記入すること。
6　「保護前掛の種類別個数」及び「保護手袋の種類別個数」の欄は，当該保護具の材質及びその個数を記入すること。
7　「その他の保護具の種類別個数」の欄は，防じんマスク等の種類別にその個数を記入すること。
8　「参考事項」の欄は，定期の健康診断の実施予定月及び実施機関名並びに石綿等を輸入する場合にあっては，輸入事務を代行する機関名及びその所在地並びに当該石綿等に係る船（取）卸港名，積載船（機）名及び船荷証券番号を記入すること。
9　住所は，届出をしようとする者が法人である場合にあっては，主たる事務所の所在地を記入すること。
10　氏名は，届出をしようとする者が法人である場合にあっては，名称及び代表者の氏名を記入すること。
11　許可申請書は，製造し，又は使用する試験研究機関の所在地を管轄する労働基準監督署長を経由して提出すること。

様式第5号（第47条関係）

製造等許可番号第　　　号

石綿等　製造　輸入　使用　許可証

石 綿 等 の 名 称	
申 請 者 の 住 所	
申 請 者 の 氏 名	
試験研究機関の	名　　称	
名称及び所在地	所 在 地	

労働安全衛生法施行令第16条第2項第1号の規定により、申請のあった上記物質の製造　輸入　使用　を許可する。

年　月　日

労働局長　　　　　㊞

様式第5号の2（第48条の3関係）

石 綿 分 析 用 試 料 等 製 造 許 可 申 請 書

石 綿 等 の 用 途		
製 造 の 期 間	年　月　～　　年　月	
従 事 労 働 者 数		名
生産計画等	石 綿 等 の 生 産 計 画	年間を通して生産 特定時期（　月）に生産	生産予定量（　　／月）
	石 綿 等 の 最 大 生 産 能 力	（　　／月）
製造設備等	建家の概要	床 面 積	m²
		構 造	
	製 造 設 備 の 概 要	（密閉式の構造，ドラフトチェンバーの内部に設置） 別添図面のとおり
保管	石 綿 等 を 入 れ る 容 器 の 概 要	
	石 綿 等 を 保 管 す る 場 所	
保護具	保 護 前 掛 の 種 類 別 個 数	
	保 護 手 袋 の 種 類 別 個 数	
	その他の保護具の種類別個数	
製 造 を 行 う 事 業 場 等 の 名 称 及 び 所 在 地		
製 造 を 行 う 事 業 場 等 の 代 表 者 職 氏 名		
参 考 事 項		

　　　年　月　日

　　　　　　　　　　　住　所

　　　　　　　　　　　氏　名

　　厚生労働大臣　殿

備考
1　「石綿等の用途」の欄は，次の区分で記入すること。
　(1)　石綿の分析のための試料の用に供される石綿等
　(2)　石綿の使用状況の調査に関する知識又は技能の習得のための教育の用に供される石綿等
　(3)　(1)又は(2)の原料又は材料として使用される石綿等
2　「建家の概要」の欄は，石綿等を製造する作業場所について記入すること。
3　「構造」の欄は，鉄筋コンクリート造り，木造等の別を記入すること。
4　「製造設備の概要」の欄は，該当するものに○を付すること。また，プラント並びに主要な製造設備
　ごとの密閉状況及び配管の接続部を示す図面又はドラフトチェンバーの構造を示す図面を添付すること。
　なお，製造設備をドラフトチェンバーの内部に設置する場合には，局所排気装置摘要書（労働安全衛生
　規則様式第25号）又はプッシュプル型換気装置摘要書（労働安全衛生規則様式第26号）を添付すること。
5　「石綿等を入れる容器の概要」の欄は，容器の材質及びその容量について記入すること。
6　「保護前掛の種類別個数」及び「保護手袋の種類別個数」の欄は，当該保護具の材質及びその個数を
　記入すること。
7　「その他の保護具の種類別個数」の欄は，防じんマスク等の種類別にその個数を記入すること。
8　「参考事項」の欄は，定期の健康診断の実施予定月及び実施機関名を記入すること。
9　住所は，届出をしようとする者が法人である場合にあっては，主たる事務所の所在地を記入すること。
10　氏名は，届出をしようとする者が法人である場合にあっては，名称及び代表者の氏名を記入すること。
11　許可申請書は，製造を行う事業場等の所在地を管轄する労働基準監督署長を経由して提出すること。
12　収入印紙は，申請者において消印しないこと。

様式第5号の3（第48条の3関係）

製造許可番号　第　　　　　号

石綿分析用試料料等製造許可証

申　請　者　の　住　所	
申　請　者　の　氏　名	
製造を行う事業場等の所在地	
製造を行う事業場等の名称	

労働安全衛生法第56条第1項の規定により、申請のあった石綿分析用試料等の製造（申請に係るプラントにおける製造に限る。）を許可する。

年　　　月　　　日

厚生労働大臣　　　　　　　㊞

様式 5 号の 4（第48条の 3 関係）

石綿分析用試料等製造許可証　再交付　申請書
　　　　　　　　　　　　　　　書替

製 造 許 可 番 号 及 び 許 可 年 月 日	
製造を行う事業場等の所 在 地 及 び 名 称	
再交付又は書替えの理由	

　　年　　月　　日

　　　　　　　　　　　　　　　住　所
　　　　　　　　　　　　　　　氏　名

厚生労働大臣　殿

備考
　1　住所は、申請者が法人である場合にあっては、主たる事務所の所在地を記入すること。
　2　氏名は、申請者が法人である場合にあっては、名称及び代表者の氏名を記入すること。
　3　申請書は、製造を行う事業場等の所在地を管轄する労働基準監督署長を経由して提出すること。

様式第6号 (第49条関係)

石 綿 関 係 記 録 等 報 告 書

事 業 の 種 類	
事 業 場 の 名 称	
事 業 場 の 所 在 地	電話

年　月　日

労働基準監督署長　殿

事業者

備考
1　「事業の種類」の欄は日本標準産業分類の中分類により記入すること。
2　この報告書に記載しきれない事項については別紙に記載して添付すること。

建築物等の解体等の作業及び労働者が石綿等にばく露するおそれがある建築物等における業務での労働者の石綿ばく露防止に関する技術上の指針

（平成26年3月31日技術上の指針公示第21号）

（最終改正　令和2年9月8日技術上の指針公示第22号）

1　趣旨

　この指針は，建築物等の解体等の作業又は労働者が石綿等にばく露するおそれがある建築物等における業務を行う労働者の石綿のばく露による健康障害を予防するため，石綿障害予防規則（平成17年厚生労働省令第21号。以下「石綿則」という。）に規定する事前調査及び分析調査，石綿を含有する材料の除去等の作業における措置及び労働者が石綿等にばく露するおそれがある建築物等における業務に係る措置等に関する留意事項について規定したものである。

2　建築物等の解体等の作業における留意事項及び推奨される事項

2-1　事前調査及び分析調査

(1)　使用されている可能性がある石綿含有材料の種類が多岐に亘るような大規模建築物又は改修を繰り返しており石綿含有材料の特定が難しい建築物については，建築物石綿含有建材調査者講習登録規程（平成30年厚生労働省，国土交通省，環境省告示第1号）第2条第3項に規定する特定建築物石綿含有建材調査者又は一定の事前調査の経験を有する同条第2項に規定する一般建築物石綿含有建材調査者が事前調査を行うことが望ましいこと。

(2)　事前調査において，石綿等の含有を判断するに当たっては，国土交通省及び経済産業省が公表する「アスベスト含有建材データベース」を活用することが望ましいこと。

(3)　事前調査のために，天井板を外す等，囲い込まれた部分を解放する

に当たっては，当該部分の内部に吹き付けられた石綿等が存在し，天井板に石綿等の粉じんが堆積している等，囲い込みを解放する作業により石綿等の粉じんが飛散するおそれがあることから，あらかじめ作業場所を隔離するとともに，呼吸用保護具を使用することが望ましいこと。

(4)　吹付け材について分析調査を行う場合は，次に掲げる措置を講じることが望ましいこと。

　　ア　石綿をその重量の0.1パーセントを超えて含有するか否かの判断のみならず，石綿の含有率についても分析し，ばく露防止措置を講ずる際の参考とすること。

　　イ　建築物等に補修若しくは増改築がなされている場合又は吹付け材の色が一部異なる場合等吹付けが複数回行われていることが疑われるときには，吹付け材が吹き付けられた場所ごとに試料を採取して，それぞれ石綿をその重量の0.1パーセントを超えて含有するか否かを判断すること。

　　ウ　試料の採取に当たっては，表面にとどまらず下地近くまで採取すること。

(5)　試料の採取のために材料の穿孔等を行う場合は，呼吸用保護具を使用するとともに，当該材料を湿潤な状態のものとすることが望ましいこと。

2-2　吹き付けられた石綿等の除去等に係る措置

2-2-1　隔離等の措置

　石綿則第6条第2項に規定する隔離，集じん・排気装置の設置，前室等の設置及び負圧（以下「隔離等」という。）の措置は，次の(1)から(5)までに定めるところによることが望ましいこと。

(1)　隔離の方法

　　ア　床面は厚さ0.15ミリメートル以上のプラスチックシートで二重に貼り，壁面は厚さ0.08ミリメートル以上のプラスチックシートで貼

り，折り返し面（留め代）として，30から45センチメートル程度を
確保することにより，出入口及び集じん・排気装置の排気口を除い
て作業場所を密閉すること。

イ　隔離空間については，内部を負圧に保つため，作業に支障のない
限り小さく設定すること。

ウ　吹き付けられた石綿等の除去等の作業を開始する前に，隔離が適
切になされ漏れがないことを，隔離空間の内部の吹き付けられた石
綿等の除去等を行う全ての対象部分並びに床面及び壁面に貼った全
てのプラスチックシートについて目視及びスモークテスターで確認
すること。

(2)　集じん・排気装置の設置方法

ア　集じん・排気装置は，内部にフィルタ（1次フィルタ，2次フィ
ルタ及びHEPAフィルタ（日本産業規格（JIS）Z 8122に定める
99.97パーセント以上の粒子捕集効率を有する集じん性能の高い
フィルタをいう。以下同じ。））を組み込んだものとするとともに，
隔離空間の内部の容積の空気を1時間に4回以上排気する能力を有
するものとすること。

イ　集じん・排気装置は，隔離空間の構造を考慮し，効率よく内部の
空気を排気できるよう可能な限り前室と対角線上の位置に設置する
こと。また，内部の空間を複数に隔てる壁等がある場合等には，吸
引ダクトを活用して十分に排気がなされるようにすること。

(3)　隔離空間への入退室時の留意事項

ア　隔離空間への入退室に当たっては，隔離空間の出入口の覆いを開
閉する時間を最小限にとどめること。また，中断した作業再開の際
に集じん・排気装置の電源を入れるために入室するに当たっては，
内部が負圧となっていないことから，特に注意すること。

イ　隔離空間からの退室に当たっては，身体に付着した石綿等の粉じ
んを外部に運び出さないよう，洗身室での洗身を十分に行うこと。

　　また，石綿則第4条に基づき作業計画を定める際には，洗身を十分
　に行うことができる時間を確保できるよう，作業の方法及び順序を
　定めること。
(4)　湿潤な状態のものとする方法
　　吹き付けられた石綿等の除去等に当たっては，材料の内部に浸透す
　る飛散抑制剤又は表面に皮膜を形成し残存する粉じんの飛散を防止す
　ることができる粉じん飛散防止処理剤を使用することにより石綿等を
　湿潤な状態のものとし，隔離空間内の石綿等の粉じんの飛散を抑制又
　は防止すること。
(5)　その他
　ア　隔離空間が強風の影響を受け，石綿等の粉じんが飛散するおそれ
　　がある場合には，木板，鋼板等を設置する等の措置を講じること。
　イ　隔離空間での作業を迅速かつ正確に行い，外部への石綿等の粉じ
　　んの漏えいの危険性を減ずるとともに吹き付けられた石綿等の除去
　　等の漏れを防ぐため，隔離空間の内部では照度を確保すること。
2-2-2　集じん・排気装置の稼働状況の確認，保守点検等
　集じん・排気装置の稼働状況の確認，保守点検等石綿則第6条第2項
に規定する集じん・排気装置の取扱いについては，次の(1)から(5)までに
定めるところによることが望ましいこと。
(1)　吹き付けられた石綿等の除去等の作業を開始する前に，集じん・排
　気装置を稼働させ，正常に稼働すること及び粉じんを漏れなく捕集す
　ることを点検すること。
(2)　集じん・排気装置の稼働により，隔離空間の内部及び前室の負圧化
　が適切に行われていること及び集じん・排気装置を通って石綿等の粉
　じんの漏えいが生じないことについて，定期的に確認を行うこと。
(3)　集じん・排気装置の保守点検を定期的に行うこと。また，保守点検，
　フィルタ交換等を実施した場合には，実施事項及びその結果，日時並
　びに実施者を記録すること。

⑷　集じん・排気装置の稼働状況の確認及び保守点検は，集じん・排気
　装置の取扱い及び石綿による健康障害の防止に関して，知識及び経験
　を有する者が行うこと。

⑸　吹き付けられた石綿等の除去等の作業を一時中断し，集じん・排気
　装置を停止させるに当たっては，空中に浮遊する石綿等の粉じんが隔
　離空間から外部へ漏えいしないよう，故障等やむを得ない場合を除き，
　同装置を作業中断後1時間半以上稼働させ集じんを行うこと。

2-2-3　隔離の解除に係る措置
　石綿則第6条第3項に規定する隔離の解除に当たっては，次の⑴から
⑸までに定める措置を講じることが望ましいこと。

⑴　あらかじめ，HEPAフィルタ付きの真空掃除機により隔離空間の内
　部の清掃を行うこと。

⑵　石綿等の粉じんが隔離空間の内部に浮遊したまま残存しないよう，
　⑴及び石綿則第6条第3項に規定する湿潤化並びに除去完了の確認後，
　1時間半以上集じん・排気装置を稼働させ，集じんを行うこと。なお，
　含有する石綿の種類，浮遊状況により，確実な集じんが行われる程度
　に稼働時間は長くすること。

⑶　隔離空間の内部の空気中の総繊維数濃度を測定し，石綿等の粉じん
　の処理がなされていることを確認すること。

⑷　隔離の解除を行った後に，隔離がなされていた作業場所の前室付近
　について，HEPAフィルタ付きの真空掃除機により清掃を行うこと。

⑸　⑴から⑷までの作業では労働者に呼吸用保護具を使用させること。

2-2-4　吹き付けられた石綿等の近傍における附属設備の除去に係る措置
　　吹き付けられた石綿等の近傍の照明等附属設備を除去するに当たって
は，石綿等に接触して石綿等の粉じんを飛散させるおそれがあるため，
当該設備の除去の前に，隔離等をすること。

2-3　石綿含有成形品及び石綿含有仕上げ塗材の除去に係る措置
　　石綿則第6条の2第2項及び第6条の3の規定に基づく隔離の解除に

当たっては，あらかじめ，HEPA フィルタ付きの真空掃除機により隔離空間の内部の清掃を行うことが望ましいこと。

2-4 石綿含有シール材の取り外しに係る措置

固着が進んだ配管等のシール材の除去を行うに当たっては，十分に湿潤化させ，グローブバッグ等による隔離を行うことが望ましいこと。

2-5 雑則

2-5-1 呼吸用保護具等の選定

(1) 隔離空間の外部で石綿等の除去等の作業を行う際に使用する呼吸用保護具は，電動ファン付き呼吸用保護具，これと同等以上の性能を有する空気呼吸器，酸素呼吸器若しくは送気マスク又は取替え式防じんマスク（防じんマスクの規格（昭和63年労働省告示第19号）に規定するＲＳ３又はＲＬ３のものに限る。）とすることが望ましいこと。ただし，石綿等の切断等を伴わない囲い込みの作業又は石綿含有成形品等を切断等を伴わずに除去する作業では，同規格に規定するＲＳ２又はＲＬ２の取替え式防じんマスクとして差し支えないこと。

(2) 石綿含有成形品等の除去作業を行う作業場所で，石綿等の除去等以外の作業を行う場合には，取替え式防じんマスク又は使い捨て式防じんマスクを使用させることが望ましいこと。

(3) 隔離空間の内部での作業においては，フード付きの保護衣を使用することが望ましいこと。

2-5-2 漏えいの監視

負圧の点検及び集じん・排気装置からの石綿等の粉じんの漏洩の有無の点検に加え，吹き付けられた石綿等の除去等の作業における石綿等の粉じんの隔離空間の外部への漏えいを監視するため，スモークテスターに加え，粉じん相対濃度計（いわゆるデジタル粉じん計をいう。），繊維状粒子自動測定機（いわゆるリアルタイムモニターをいう。）又はこれらと同様に空気中の粉じん濃度を迅速に計測することができるものを使用し，常時粉じん濃度を測定することが望ましいこと。

2-5-3　建築物等から除去した石綿を含有する廃棄物の扱い

　建築物等から除去した石綿を含有する廃棄物は，廃棄物の処理及び清掃に関する法律（昭和45年法律第137号）等の関係法令に基づき，適切に廃棄すること。

3　労働者が石綿等にばく露するおそれがある建築物等における業務における留意事項

3-1　労働者を常時就業させる建築物等に係る措置

(1)　事業者は，その労働者を常時就業させる建築物若しくは船舶の壁，柱，天井等又は当該建築物若しくは船舶に設置された工作物に，吹付け材又は保温材，耐火被覆材等が封じ込め又は囲い込みがされていない状態である場合は，石綿等の使用の有無を調査することが望ましいこと。

(2)　事業者は，その労働者を常時就業させる建築物若しくは船舶の壁，柱，天井等又は当該建築物若しくは船舶に設置された工作物について，建築物貸与者は当該建築物の貸与を受けた二以上の事業者が共用する廊下の壁等について，吹き付けられた石綿等又は張り付けられた石綿含有保温材等が封じ込め又は囲い込みがされていない状態である場合は，損傷，劣化等の状況について，定期的に目視又は空気中の総繊維数濃度を測定することにより点検することが望ましいこと。

3-2　労働者を建築物等において臨時に就業させる場合の措置

　石綿則第10条第2項に規定する労働者を建築物等において臨時に就業させる場合は，次の(1)から(3)までの措置を講じることが望ましい。

(1)　事業者は，その労働者を臨時に就業させる建築物若しくは船舶の壁，柱，天井等又は当該建築物若しくは船舶に設置された工作物に吹き付けられた石綿等又は張り付けられた石綿含有保温材等の有無及びその損傷，劣化等の状況について，当該業務の発注者からの聞取り等により確認すること。

(2)　事業者は，石綿等の粉じんの飛散状況が不明な場合は，石綿等の粉
じんが飛散しているものと見なし，労働者に呼吸用保護具及び作業衣
又は保護衣を使用させること。

(3)　建築物又は船舶において臨時に労働者を就業させる業務の発注者
（注文者のうち，その仕事を他の者から請け負わないで注文している
者をいう。）は，当該仕事の請負人に対し，当該建築物若しくは船舶
の壁，柱，天井等又は当該建築物若しくは船舶に設置された工作物に
吹き付けられた石綿等又は張り付けられた石綿含有保温材等の有無及
びその損傷，劣化等の状況を通知すること。

石綿障害予防規則第3条第4項の規定に基づき厚生労働大臣が定める者

（令和2年7月27日厚生労働省告示第276号）

（最終改正　令和5年3月27日厚生労働省告示第89号）

1　石綿障害予防規則（平成17年厚生労働省令第21号）第3条第4項の規定に基づき厚生労働大臣が定める者は、次の各号に掲げる調査対象物の区分に応じ、それぞれ当該各号に定める者とする。

①　建築物（建築物石綿含有建材調査者講習登録規程（平成30年厚生労働省、国土交通省、環境省告示第1号。以下「登録規程」という。）第2条第4項に規定する一戸建ての住宅及び共同住宅の住戸の内部（次号において「一戸建て住宅等」という。）を除く。）同条第2項に規定する一般建築物石綿含有建材調査者、同条第3項に規定する特定建築物石綿含有建材調査者又はこれらの者と同等以上の能力を有すると認められる者

②　一戸建て住宅等　前号に掲げる者又は登録規程第2条第4項に規定する一戸建て等石綿含有建材調査者

③　船舶（鋼製の船舶に限る。以下同じ。）　船舶における石綿含有資材の使用実態の調査（以下「船舶石綿含有資材調査」という。）を行う者で、船舶石綿含有資材調査者講習を受講し、次項第3号の修了考査に合格した者又はこれと同等以上の知識を有すると認められる者（同項において「船舶石綿含有資材調査者」という。）

2　前項第3号の船舶石綿含有資材調査者講習は、次に定めるところにより行うものとする。

①　学科講習によって行うこと。

②　前号の学科講習は、次の表の上欄〈編注：左欄〉に掲げる科目に応じ、それぞれ同表の中欄に掲げる内容について、同表の下欄〈編注：

右欄〉に掲げる時間以上行うこと。

科目	内容	時間
船舶石綿含有資材調査に関する基礎知識1	イ　労働安全衛生法（昭和47年法律第57号）その他関係法令 ロ　船舶と石綿 ハ　石綿関連疾患並びに石綿濃度及び石綿の健康リスクに関する事項	1時間
船舶石綿含有資材調査に関する基礎知識2	イ　船舶安全法（昭和8年法律第11号）、船舶の再資源化解体の適正な実施に関する法律（平成30年法律第61号）その他関係法令 ロ　船舶石綿含有資材調査全般にわたる基礎知識に関する事項	1時間
船舶石綿含有資材の図面調査	イ　船舶一般 ロ　船舶に使用される石綿含有資材 ハ　船舶石綿含有資材調査を行う際に必要となる情報収集に関する事項	2.5時間
現地調査の実際と留意点	イ　調査計画、事前準備及び現地調査に関する事項 ロ　試料採取、現地調査の記録方法に関する事項 ハ　資材中の石綿分析その他の現地調査に関する事項 ニ　船舶石綿含有資材調査報告書の作成に関する事項	2.5時間

③　学科講習を行った後に、船舶石綿含有資材調査を行うために必要な知識についての筆記試験により修了考査を行うこと。

④　学科講習の受講資格は、次のいずれかに該当する者であること。

イ　学校教育法（昭和22年法律第26号）による大学又は高等専門学校において、造船に関する学科を修得して卒業した（当該学科を修得して同法による専門職大学の前期課程を修了した場合を含む。）後、船舶の製造、解体又は改修に関して3年以上の実務の経験を有する者

ロ　学校教育法による大学（同法による短期大学（同法による専門職大学の前期課程を含む。以下同じ。）を除く。次号において同じ。）又は高等専門学校において、航海、機関、機械、電気、建築、土木又は航空に関する学科（以下「造船に関する学科に準ずる学科」と

いう。）を修得して卒業した後、船舶の製造、解体又は改修に関して3年以上の実務の経験を有する者

ハ　学校教育法による大学において、造船に関する学科及び造船に関する学科に準ずる学科以外の学科（以下「その他の学科」という。）を修得して卒業した後、船舶の製造、解体又は改修に関して3年以上の実務の経験を有する者であって、小型船造船業法施行規則（昭和41年運輸省令第54号）第22条及び第23条の規定により国土交通大臣の登録を受けた講習（以下「登録講習」という。）を修了したもの

ニ　学校教育法による短期大学において、造船に関する学科に準ずる学科を修得して卒業した後、船舶の製造、解体又は改修に関して5年（登録講習を修了した者にあっては、3年）以上の実務の経験を有する者

ホ　学校教育法による短期大学において、その他の学科を修得して卒業した後、船舶の製造、解体又は改修に関して5年以上の実務の経験を有する者であって、登録講習を修了したもの

ヘ　学校教育法による専修学校（修業年限が2年以上の専門課程に限る。）において、造船に関する学科を修得して卒業した後、船舶の製造、解体又は改修に関して5年（登録講習を修了した者にあっては、3年）以上の実務の経験を有する者

ト　学校教育法による高等学校又は中等教育学校において、造船に関する学科を修得して卒業した後、船舶の製造、解体又は改修に関して5年以上の実務の経験を有する者

チ　学校教育法による高等学校又は中等教育学校において、造船に関する学科に準ずる学科を修得して卒業した後、船舶の製造、解体又は改修に関して7年（登録講習を修了した者にあっては、5年）以上の実務の経験を有する者

リ　学校教育法による高等学校又は中等教育学校において、その他の

学科を修得して卒業した後、船舶の製造、解体又は改修に関して7年以上の実務の経験を有する者であって、登録講習を修了したもの

ヌ　船舶の製造、解体又は改修に関して11年以上の実務の経験を有する者であって、登録講習を修了したもの

ル　小型船造船業法（昭和41年法律第119号）第10条第1項に規定する主任技術者（小型鋼船に係るものに限る。）の経験を有する者

ヲ　船舶の再資源化解体の適正な実施に関する法律第3条第1項に規定する有害物質一覧表を作成する専門家として国土交通省の証明を受けている者（これと同等以上の知識経験を有する者を含む。）

ワ　海事行政（船舶に関するものに限る。）に関して2年以上の実務の経験を有する者

カ　環境行政（石綿の飛散の防止に関するものに限る。）に関して2年以上の実務の経験を有する者

ヨ　労働安全衛生法第93条第1項の産業安全専門官若しくは労働衛生専門官又はこれらの者であった者

タ　労働基準監督官として2年以上その職務に従事した経験を有する者

レ　労働安全衛生法等の一部を改正する法律（平成17年法律第108号）による改正前の労働安全衛生法別表第18第22号に掲げる特定化学物質等作業主任者技能講習を修了した者であって、建築物における石綿含有建材の使用実態の調査に関して5年以上の実務の経験を有する者

ソ　登録規程第2条第2項に規定する一般建築物石綿含有建材調査者、同条第3項に規定する特定建築物石綿含有建材調査者及び同条第4項に規定する一戸建て等石綿含有建材調査者（次号ロにおいて「建築物石綿含有建材調査者」という。）

ツ　労働安全衛生法別表第18第23号に掲げる石綿作業主任者技能講習を修了した者

　　ネ　イからツまでのいずれかに該当する者と同等以上の知識及び経験
　　　を有すると認められる者
⑤　学科講習の講師は、次のいずれかに該当する者であること。
　イ　船舶石綿含有資材調査者
　ロ　建築物石綿含有建材調査者
　ハ　学校教育法による大学若しくはこれに相当する外国の学校におい
　　　て造船工学、医学、化学その他の学科講習に関する科目を担当する
　　　教授若しくは准教授の職にあり、若しくはこれらの職にあった者又
　　　は造船工学、医学、化学その他の学科講習に関する科目の研究によ
　　　り博士の学位を授与された者
　ニ　イからハまでのいずれかに該当する者と同等以上の知識及び経験
　　　を有する者
⑥　次の表の上欄〈編注：左欄〉に掲げる者は、同表の下欄〈編注：右
　　欄〉に掲げる学科講習の講習科目について、当該講習科目の受講の免
　　除を受けることができる。

受講の免除を受けることができる者	講習科目
第2項第4号ヲに掲げる者	船舶石綿含有資材の図面調査
第2項第4号ソに掲げる者	船舶石綿含有資材調査に関する基礎知識1及び現地調査の実際と留意点
第2項第4号ツに掲げる者	船舶石綿含有資材調査に関する基礎知識1

⑦　第1号から第6号までに定めるもののほか、船舶石綿含有資材調査
　　者講習の実施に関し必要な事項は、厚生労働省労働基準局長が定める。

〈編注：本告示内の「○数字」は号番号を表している。〉
　　　附　　則
この告示は，令和5年10月1日から施行する。

　　　附　　則（令和 4 年 4 月25日厚生労働省告示第171号）
　この告示は，令和 5 年10月 1 日から施行する。
　　　附　　則（令和 4 年 3 月27日厚生労働省告示第89号）
　この告示は，令和 8 年 1 月 1 日から適用する。ただし，第 2 条の規定は
令和 5 年10月 1 日から適用する。〈編注：p351参照〉

石綿障害予防規則第3条第6項の規定に基づき厚生労働大臣が定める者等

（令和2年7月27日厚生労働省告示第277号）

（分析調査を実施するために必要な知識及び技能を有する者として厚生労働大臣が定める者）

第1条　石綿障害予防規則（平成17年厚生労働省令第21号。次条第2号において「石綿則」という。）第3条第6項の規定に基づき厚生労働大臣が定める者は，次の各号のいずれかに該当する者とする。

　1　分析調査講習を受講し，次条第4号及び第5号の修了考査に合格した者

　2　前号に掲げる者と同等以上の知識及び技能を有すると認められる者

（講習の内容及び講師）

第2条　前条第1号の分析調査講習は，次に定めるところにより行うものとする。

　1　学科講習及び実技講習によって行うこと。

　2　前号の学科講習は，次の表の上欄〈編注：左欄〉に掲げる科目に応じ，それぞれ，同表の中欄に掲げる内容について同表の下欄〈編注：右欄〉に掲げる時間以上行うこと。

科　　　目	内　　　容	時　　間
分析の意義及び関係法令	イ　石綿則第3条第5項に規定する分析による調査（第4号及び第5号において「分析調査」という。）を行う者の心構え ロ　石綿の有害性 ハ　労働安全衛生法その他関係法令	0.75時間

鉱物及び石綿含有材料等に関する基礎知識	イ　石綿等に関する鉱物の基礎知識 ロ　石綿等が使用されている材料の種類と組成 ハ　建築物，工作物及び鋼製の船舶の種類並びにこれらにおける石綿等が使用されている材料の使用状況 ニ　分析のための試料の取扱い	3時間
分析方法の原理と分析機器の取扱方法	イ　光学顕微鏡の基礎知識（原理と構造） ロ　エックス線回折装置の基礎知識（原理と構造）	3時間

3　第1号の実技講習は，次に掲げるいずれかの方法について行うこと。

イ　偏光顕微鏡による定性分析の実施方法

ロ　位相差・分散顕微鏡及びエックス線回折装置による定性分析の実施方法

ハ　エックス線回折装置による定性分析及び定量分析の実施方法

ニ　偏光顕微鏡による定性分析及び定量分析の実施方法

4　学科講習を行った後に，分析調査を行うために必要な知識についての筆記試験により修了考査を行うこと。

5　実技講習を行った後に，分析調査を行うために必要な技能についての筆記試験又は口述試験により修了考査を行うこと。

6　学科講習又は実技講習を適切に行うために必要な能力を有する講師により行うこと。

第3条　前二条に定めるもののほか，分析調査講習の実施に関し必要な事項は，厚生労働省労働基準局長が定める。

　　　附　則

この告示は，令和5年10月1日から施行する。

石綿障害予防規則第 4 条の 2 第 1 項第 3 号の規定に基づき厚生労働大臣が定める物

（令和 2 年 7 月27日厚生労働省告示第278号）

（最終改正　令和 5 年 3 月27日厚生労働省告示第89号）

　石綿障害予防規則（平成17年厚生労働省令第21号）第 4 条の 2 第 1 項第 3 号の石綿等が使用されているおそれが高いものとして厚生労働大臣が定めるものは，次に掲げる物（土地，建築物又は工作物に設置されているもの又は設置されていたものに限る。）とする。

1　反応槽

2　加熱炉

3　ボイラー及び圧力容器

4　配管設備（建築物に設ける給水設備，排水設備，換気設備，暖房設備，冷房設備，排煙設備等の建築設備を除く。）

5　焼却設備

6　煙突（建築物に設ける排煙設備等の建築設備を除く。）

7　貯蔵設備（穀物を貯蔵するための設備を除く。）

8　発電設備（太陽光発電設備及び風力発電設備を除く。）

9　変電設備

10　配電設備

11　送電設備（ケーブルを含む。）

12　トンネルの天井板

13　プラットホームの上家

14　遮音壁

15　軽量盛土保護パネル

16　鉄道の駅の地下式構造部分の壁及び天井板

〈編注：令和 5 年10月 1 日から，「17　観光用エレベーターの昇降路の囲い（建

築物であるものを除く。)」が加わる。〉

　　附　則

この告示は，令和4年4月1日から施行する。

　　附　則（令和5年3月27日厚生労働省告示第89号）

この告示は，令和8年1月1日から適用する。〈編注：p352参照〉ただし，第2条の規定〈編注：上記編注による改正部分〉は令和5年10月1日から適用する。

石綿障害予防規則第 6 条の 2 第 3 項の規定に基づき厚生労働大臣が定める物

（令和 2 年 7 月27日厚生労働省告示第279号）
（最終改正　令和 4 年11月17日厚生労働省告示第335号）

　石綿障害予防規則（平成17年厚生労働省令第21号）第 6 条の 2 第 3 項の石綿含有成形品のうち特に石綿等の粉じんが飛散しやすいものとして厚生労働大臣が定めるものは，石綿等を含有するけい酸カルシウム板第一種とする。

石綿障害予防規則第16条第1項第4号の厚生労働大臣が定める性能

（平成17年3月31日厚生労働省告示第129号）

（最終改正 平成21年3月31日厚生労働省告示第198号）

石綿障害予防規則第16条第1項第4号の厚生労働大臣が定める性能は，石綿等（同令第2条に規定する石綿等をいう。）の粉じんが発散する作業場に設ける局所排気装置のフードの外側における空気1立方センチメートル当たりに占める石綿の5マイクロメートル以上の繊維の数が0.15を超えないものとする。

石綿障害予防規則第16条第 2 項第 3 号の厚生労働大臣が定める要件

（平成17年 3 月31日厚生労働省告示第130号）

（最終改正　平成18年 8 月 2 日厚生労働省告示第467号）

石綿障害予防規則（以下「石綿則」という。）第16条第 2 項第 3 号の厚生労働大臣が定める要件は，次のとおりとする。

1　密閉式プッシュプル型換気装置（ブースを有するプッシュプル型換気装置であって，送風機により空気をブース内へ供給し，かつ，ブースについて，フードの開口部を除き，天井，壁及び床が密閉されているもの並びにブース内へ空気を供給する開口部を有し，かつ，ブースについて，当該開口部及び吸込み側フードの開口部を除き，天井，壁及び床が密閉されているものをいう。以下同じ。）は，次に定めるところに適合するものであること。

イ　排風機によりブース内の空気を吸引し，当該空気をダクトを通して排気口から排出するものであること。

ロ　ブース内に下向きの気流（以下「下降気流」という。）を発生させること，石綿等（石綿則第 2 条に規定する石綿等をいう。以下同じ。）の粉じんの発散源にできるだけ近い位置に吸込み側フードを設けること等により，石綿等の粉じんの発散源から吸込み側フードへ流れる空気を石綿等に係る作業に従事する労働者が吸入するおそれがない構造のものであること。

ハ　捕捉面（吸込み側フードから最も離れた位置の石綿等の粉じんの発散源を通り，かつ，気流の方向に垂直な平面（ブース内に発生させる気流が下降気流であって，ブース内に石綿等に係る作業に従事する労働者が立ち入る構造の密閉式プッシュプル型換気装置にあっては，ブースの床上1.5メートルの高さの水平な平面）をいう。以下ハにおい

て同じ。）における気流が次に定めるところに適合するものであること。

$$\sum_{i=1}^{n}\frac{V_i}{n}\geqq 0.2$$

$$\frac{3}{2}\sum_{i=1}^{n}\frac{V_i}{n}\geqq V_1\geqq\frac{1}{2}\sum_{i=1}^{n}\frac{V_i}{n}$$

$$\frac{3}{2}\sum_{i=1}^{n}\frac{V_i}{n}\geqq V_2\geqq\frac{1}{2}\sum_{i=1}^{n}\frac{V_i}{n}$$

$$\cdots\cdots\cdots\cdots\cdots\cdots\cdots\cdots\cdots$$

$$\frac{3}{2}\sum_{i=1}^{n}\frac{V_i}{n}\geqq V_n\geqq\frac{1}{2}\sum_{i=1}^{n}\frac{V_i}{n}$$

　これらの式において，n及びV_1，V_2，・・・，V_nは，それぞれ次の値を表すものとする。

n　捕捉面を16以上の等面積の四辺形（1辺の長さが2メートル以下であるものに限る。）に分けた場合における当該四辺形（当該四辺形の面積が0.25平方メートル以下の場合は，捕捉面を6以上の等面積の四辺形に分けた場合における当該四辺形。以下ハにおいて「四辺形」という。）の総数

V_1，V_2，・・・，V_n　ブース内に作業の対象物が存在しない状態での，各々の四辺形の中心点における捕捉面に垂直な方向の風速（単位　メートル毎秒）

2　開放式プッシュプル型換気装置（密閉式プッシュプル型換気装置以外のプッシュプル型換気装置をいう。以下同じ。）は，次のいずれかに適合するものであること。

イ　次に掲げる要件を満たすものであること。

　(1)　送風機により空気を供給し，かつ，排風機により当該空気を吸引し，当該空気をダクトを通して排気口から排出するものであること。

　(2)　石綿等の粉じんの発散源が換気区域（吹出し側フードの開口部の任意の点と吸込み側フードの開口部の任意の点を結ぶ線分が通ることのある区域をいう。以下イにおいて同じ。）の内部に位置するも

のであること。

(3)　換気区域内に下降気流を発生させること，石綿等の粉じんの発散源にできるだけ近い位置に吸込み側フードを設けること等により，石綿等の粉じんの発散源から吸込み側フードへ流れる空気を石綿等に係る作業に従事する労働者が吸入するおそれがない構造のものであること。

(4)　捕捉面（吸込み側フードから最も離れた位置の石綿等の粉じんの発散源を通り，かつ，気流の方向に垂直な平面（換気区域内に発生させる気流が下降気流であって，換気区域内に石綿等に係る作業に従事する労働者が立ち入る構造の開放式プッシュプル型換気装置にあっては，換気区域の床上1.5メートルの高さの水平な平面）をいう。以下同じ。）における気流が，次に定めるところに適合するものであること。

$$\sum_{i=1}^{n} \frac{V_i}{n} \geqq 0.2$$

$$\frac{3}{2} \sum_{i=1}^{n} \frac{V_i}{n} \geqq V_1 \geqq \frac{1}{2} \sum_{i=1}^{n} \frac{V_i}{n}$$

$$\frac{3}{2} \sum_{i=1}^{n} \frac{V_i}{n} \geqq V_2 \geqq \frac{1}{2} \sum_{i=1}^{n} \frac{V_i}{n}$$

$$\cdots\cdots\cdots\cdots\cdots\cdots\cdots\cdots$$

$$\frac{3}{2} \sum_{i=1}^{n} \frac{V_i}{n} \geqq V_n \geqq \frac{1}{2} \sum_{i=1}^{n} \frac{V_i}{n}$$

　　これらの式において，n及びV_1，V_2，・・・，V_nは，それぞれ次
の値を表すものとする。

n　　捕捉面を16以上の等面積の四辺形（1辺の長さが2メートル以
　　下であるものに限る。）に分けた場合における当該四辺形（当該
　　四辺形の面積が0.25平方メートル以下の場合は，捕捉面を6以上
　　の等面積の四辺形に分けた場合における当該四辺形。以下(4)にお
　　いて「四辺形」という。）の総数

V_1，V_2，・・・，V_n　　換気区域内に作業の対象物が存在しない状態
　　での，各々の四辺形の中心点における捕捉面に垂直な方向の風速
　　（単位　メートル毎秒）

　(5)　換気区域と換気区域以外の区域との境界におけるすべての気流が，
　　　吸込み側フードの開口部に向かうものであること。

ロ　次に掲げる要件を満たすものであること。

　(1)　イ(1)に掲げる要件

　(2)　石綿等の粉じんの発散源が換気区域（吹出し側フードの開口部か
　　　ら吸込み側フードの開口部に向かう気流が発生する区域をいう。以
　　　下ロにおいて同じ。）の内部に位置するものであること。

　(3)　イ(3)に掲げる要件

　(4)　イ(4)に掲げる要件

石綿障害予防規則第17条第1項の厚生労働大臣が定める要件

（平成17年3月31日厚生労働省告示第131号）

（最終改正　平成21年3月31日厚生労働省告示第199号）

　石綿障害予防規則（以下「石綿則」という。）第17条第1項の厚生労働大臣が定める要件は，次のとおりとする。

1　石綿則第12条第1項の規定により設ける局所排気装置にあっては，そのフードの外側における空気1立方センチメートル当たりに占める石綿の5マイクロメートル以上の繊維の数が0.15を常態として超えないように稼働させること。

2　石綿則第12条第1項の規定により設けるプッシュプル型換気装置にあっては，次に定めるところによること。

　イ　石綿障害予防規則第16条第2項第3号の厚生労働大臣が定める要件（平成17年厚生労働省告示第130号。以下「要件告示」という。）第1号に規定する密閉式プッシュプル型換気装置にあっては，同号ハに規定する捕捉面における気流が同号ハに定めるところに適合するように稼働させること。

　ロ　要件告示第2号に規定する開放式プッシュプル型換気装置にあっては，次に掲げる要件を満たすように稼働させること。

　　⑴　要件告示第2号イの要件を満たす開放式プッシュプル型換気装置にあっては，同号イ⑷の捕捉面における気流が同号イ⑷に定めるところに適合した状態を保つこと。

　　⑵　要件告示第2号ロの要件を満たす開放式プッシュプル型換気装置にあっては，同号イ⑷の捕捉面における気流が同号ロ⑷に定めるところに適合した状態を保つこと。

石綿障害予防規則第46条の 2 第 1 項の規定に基づき
厚生労働大臣が定める製品及び厚生労働大臣が定め
る者

（令和 3 年 5 月18日厚生労働省告示第201号）

　　石綿障害予防規則第46条の 2 第 1 項の規定に基づき厚生労働大臣が定め
る製品及び厚生労働大臣が定める者

（石綿をその重量の0.1パーセントを超えて含有するおそれのある製品と
　して厚生労働大臣が定めるもの）

第 1 条　石綿障害予防規則（平成17年厚生労働省令第21号。次条において
　　「石綿則」という。）第46条の 2 第 1 項の規定に基づき石綿をその重量
　　の0.1パーセントを超えて含有するおそれのある製品であって厚生労働
　　大臣が定めるものは，珪藻土を主たる材料とするバスマット，コップ受
　　け，なべ敷き，盆その他これらに類似する板状の製品とする。

（石綿をその重量の0.1パーセントを超えて含有しないことを明らかにす
　る書面を作成する者として厚生労働大臣が定める者）

第 2 条　石綿則第46条の 2 第 1 項の規定に基づき厚生労働大臣が定める者
　　は，次の各号のいずれかに該当する者とする。

　 1 　石綿障害予防規則第 3 条第 6 項の規定に基づき厚生労働大臣が定め
　　　る者等（令和 2 年厚生労働省告示第277号）第 1 条第 1 号に該当する
　　　者

　 2 　前号に掲げる者と同等以上の知識及び技能を有すると認められる者

　 3 　国際標準化機構及び国際電気標準会議が定めた試験所に関する基準
　　　に適合している旨の認定（試験方法の区分が製品中の石綿に係る試験
　　　に係るものに限る。）を受けている者

　　　　附　　則

この告示は，令和 3 年12月 1 日から施行する。

石綿使用建築物等解体等業務特別教育規程

（平成17年 3 月31日厚生労働省告示第132号）

（最終改正　平成21年 2 月 5 日厚生労働省告示第23号）

　石綿障害予防規則第27条第 1 項の規定による特別の教育は，学科教育により，次の表の上欄〈編注：左欄〉に掲げる科目に応じ，それぞれ，同表の中欄に掲げる範囲について同表の下欄〈編注：右欄〉に掲げる時間以上行うものとする。

科　　目	範　　囲	時　間
石綿の有害性	石綿の性状　石綿による疾病の病理及び症状　喫煙の影響	0.5時間
石綿等の使用状況	石綿を含有する製品の種類及び用途　事前調査の方法	1 時間
石綿等の粉じんの発散を抑制するための措置	建築物，工作物又は船舶（鋼製の船舶に限る。）の解体等の作業の方法　湿潤化の方法　作業場所の隔離の方法　その他石綿等の粉じんの発散を抑制するための措置について必要な事項	1 時間
保護具の使用方法	保護具の種類，性能，使用方法及び管理	1 時間
その他石綿等のばく露の防止に関し必要な事項	労働安全衛生法（昭和47年法律第57号），労働安全衛生法施行令（昭和47年政令第318号），労働安全衛生規則（昭和47年労働省令第32号）及び石綿障害予防規則中の関係条項　石綿等による健康障害を防止するため当該業務について必要な事項	1 時間

石綿作業主任者技能講習規程

（平成18年2月16日厚生労働省告示第26号）

（講師）

第1条　石綿作業主任者技能講習（以下「技能講習」という。）の講師は，労働安全衛生法（昭和47年法律第57号）別表第20第11号の表の講習科目の欄に掲げる講習科目に応じ，それぞれ同表の条件の欄に掲げる条件のいずれかに適合する知識経験を有する者とする。

------- 労働安全衛生法 -------

別表第20（第77条関係）第11号

　特定化学物質及び四アルキル鉛等作業主任者技能講習，鉛作業主任者技能講習，有機溶剤作業主任者技能講習及び石綿作業主任者技能講習

講習科目		条　件
学科講習	健康障害及びその予防措置に関する知識	1　学校教育法による大学において医学に関する学科を修めて卒業した者で，その後2年以上労働衛生に関する研究又は実務に従事した経験を有するものであること。 2　前号に掲げる者と同等以上の知識経験を有する者であること。
	作業環境の改善方法に関する知識	1　大学等において工学に関する学科を修めて卒業した者で，その後2年以上労働衛生に係る工学に関する研究又は実務に従事した経験を有するものであること。 2　前号に掲げる者と同等以上の知識経験を有する者であること。
	保護具に関する知識	1　大学等において工学に関する学科を修めて卒業した者で，その後2年以上保護具に関する研究又は実務に従事した経験を有するものであること。 2　前号に掲げる者と同等以上の知識経験を有する者であること。
	関係法令	1　大学等を卒業した者で，その後1年以上労働衛生の実務に従事した経験を有するものであること。 2　前号に掲げる者と同等以上の知識経験を有する者であること。

（講習科目の範囲及び時間）

第2条　技能講習は，次の表の上欄〈編注：左欄〉に掲げる講習科目に応じ，それぞれ，同表の中欄に掲げる範囲について同表の下欄〈編注：右欄〉に掲げる講習時間により，教本等必要な教材を用いて行うものとする。

講習科目	範　　囲	講習時間
健康障害及びその予防措置に関する知識	石綿による健康障害の病理，病状，予防方法及び健康管理	2時間
作業環境の改善方法に関する知識	石綿等の性質及び使用状況　石綿等の製造及び取扱いに係る器具その他の設備の管理　建築物等の解体等の作業における石綿等の粉じんの発散を抑制する方法　作業環境の評価及び改善の方法	4時間
保護具に関する知識	石綿等の製造又は取扱いに係る保護具の種類，性能，使用方法及び管理	2時間
関係法令	労働安全衛生法，労働安全衛生法施行令（昭和47年政令第318号）及び労働安全衛生規則（昭和47年労働省令第32号）中の関係条項　石綿障害予防規則	2時間

②　前項の技能講習は，おおむね100人以内の受講者を1単位として行うものとする。

（修了試験）

第3条　技能講習においては，修了試験を行うものとする。

②　前項の修了試験は，講習科目について，筆記試験又は口述試験によって行う。

③　前項に定めるもののほか，修了試験の実施について必要な事項は，厚生労働省労働基準局長の定めるところによる。

第3章　作業環境測定法（抄）・

（昭和50年5月1日法律第28号）

（最終改正　令和4年6月17日法律第68号）

作業環境測定法施行令（抄）・

（昭和50年8月1日政令第244号）

（最終改正　令和元年12月13日政令第183号）

作業環境測定法施行規則（抄）

（昭和50年8月1日労働省令第20号）

（最終改正　令和3年2月25日厚生労働省令第40号）

第1章　総則

（目的）

第1条　この法律は，労働安全衛生法（昭和47年法律第57号）と相まつて，作業環境の測定に関し作業環境測定士の資格及び作業環境測定機関等について必要な事項を定めることにより，適正な作業環境を確保し，もつて職場における労働者の健康を保持することを目的とする。

（定義）

第2条　この法律において，次の各号に掲げる用語の意義は，それぞれ当該各号に定めるところによる。

　1　事業者　労働安全衛生法第2条第3号に規定する事業者をいう。

　2　作業環境測定　労働安全衛生法第2条第4号に規定する作業環境測定をいう。

　3　指定作業場　労働安全衛生法第65条第1項の作業場のうち政令で定める作業場をいう。

4　作業環境測定士　第1種作業環境測定士及び第2種作業環境測定士をいう。

5　第1種作業環境測定士　厚生労働大臣の登録を受け，指定作業場について作業環境測定の業務を行うほか，第1種作業環境測定士の名称を用いて事業場（指定作業場を除く。次号において同じ。）における作業環境測定の業務を行う者をいう。

6　第2種作業環境測定士　厚生労働大臣の登録を受け，指定作業場について作業環境測定の業務（厚生労働省令で定める機器を用いて行う分析（解析を含む。）の業務を除く。以下この号において同じ。）を行うほか，第2種作業環境測定士の名称を用いて事業場における作業環境測定の業務を行う者をいう。

7　作業環境測定機関　厚生労働大臣又は都道府県労働局長の登録を受け，他人の求めに応じて，事業場における作業環境測定を行うことを業とする者をいう。

作業環境測定法施行令

（指定作業場）

第1条　作業環境測定法（以下「法」という。）第2条第3号の政令で定める作業場は，次のとおりとする。

1　労働安全衛生法施行令（昭和47年政令第318号）第21条第1号，第7号，第8号及び第10号に掲げる作業場

2　略

（作業環境測定の実施）

第3条　事業者は，労働安全衛生法第65条第1項の規定により，指定作業場について作業環境測定を行うときは，厚生労働省令で定めるところにより，その使用する作業環境測定士にこれを実施させなければならない。

②　事業者は，前項の規定による作業環境測定を行うことができないときは，厚生労働省令で定めるところにより，当該作業環境測定を作業環境測定機関に委託しなければならない。ただし，国又は地方公共団体の機

関その他の機関で，厚生労働大臣が指定するものに委託するときは，この限りでない。

作業環境測定法施行規則

（作業環境測定の実施）

第3条 事業者は，労働安全衛生法（昭和47年法律第57号）第65条第1項の規定により，法第2条第3号に規定する指定作業場（以下「指定作業場」という。）について同条第2号に規定する作業環境測定（以下「作業環境測定」という。）を行うときは，次に定めるところによらなければならない。

1　デザイン及びサンプリングは，次に掲げる区分に応じ，それぞれ次に定める者に実施させること。

イ　当該指定作業場において作業に従事する労働者の身体に装着する試料採取機器等を用いて行う作業環境測定に係るデザイン及びサンプリング（以下「個人サンプリング法」という。）　法第2条第4号に規定する作業環境測定士（以下「作業環境測定士」という。）のうち，個人サンプリング法について登録を受けているもの

ロ　個人サンプリング法以外のもの　作業環境測定士

2　分析（解析を含む。以下同じ。）は，次に掲げる区分に応じ，それぞれ次に定める者に実施させること。

イ　簡易測定機器以外の機器を用いて行う分析　法第2条第5号に規定する第1種作業環境測定士（以下「第1種作業環境測定士」という。）のうち，当該指定作業場の属する別表に掲げる作業場の種類について登録を受けているもの

ロ　イに規定する分析以外のもの　作業環境測定士

② 事業者は，法第3条第1項の規定による作業環境測定を行うことができないときは，次に定めるところによらなければならない。

1　デザイン及びサンプリングは，次に掲げる区分に応じ，それぞれ次に定める法第2条第7号に規定する作業環境測定機関（以下「作業環境測定機関」という。）又は法第3条第2項ただし書の厚生労働大臣が指定する機関（以下「指定測定機関」という。）に委託すること。

イ　個人サンプリング法　個人サンプリング法について登録を受けて

　　　　いる作業環境測定機関又は指定測定機関

　ロ　個人サンプリング法以外のもの　作業環境測定機関又は指定測定
　　機関

　2　分析は，次に掲げる区分に応じ，それぞれ次に定める作業環境測定
　　機関又は指定測定機関に委託すること。

　　イ　簡易測定機器以外の機器を用いて行う分析　当該指定作業場の属
　　　する別表に掲げる作業場の種類について登録を受けている作業環境
　　　測定機関又は当該作業場の種類について指定を受けている指定測定
　　　機関

　　ロ　イに規定する分析以外のもの　作業環境測定機関又は指定測定機関

（法第3条第2項ただし書の規定による指定）

第4条　法第3条第2項ただし書の規定による指定（以下この条において
　「指定」という。）を受けようとする者は，作業環境測定を行おうとす
　る別表に掲げる作業場の種類を記載した申請書に他人の求めに応じて事
　業場における作業環境測定を行うことができることを証する業務規程そ
　の他の書面を添えて，その者の住所を管轄する都道府県労働局長を経由
　して厚生労働大臣に提出しなければならない。

②　厚生労働大臣は，指定を受けようとする者が作業環境測定を行うため
　に必要な能力を有すると認めたときは，その者が作業環境測定を行うこ
　とができる別表に掲げる作業場の種類を定めて指定を行うものとする。

別表　作業場の種類　（第3条－第5条，第6条，第16条，第17条，第51
　条の8，第52条，第54条，第59条，第61条関係）

　1　粉じん障害防止規則(昭和54年労働省令第18号)第2条第1項第3号
　　の特定粉じん作業を行う屋内作業場，労働安全衛生法施行令(昭和47
　　年政令第318号)第6条第23号に規定する石綿等を取り扱い，若しくは
　　試験研究のため製造する屋内作業場若しくは同号に規定する石綿分析
　　用試料等を製造する屋内作業場又は同令別表第3第2号34の3に掲げ
　　る物若しくは特定化学物質障害予防規則(昭和47年労働省令第39号)別
　　表第1第34号の3に掲げる物を製造し，若しくは取り扱う屋内作業場

　2～5　略

第4条　作業環境測定士は，労働安全衛生法第65条第1項の規定による作業環境測定を実施するときは，同条第2項の作業環境測定基準に従つてこれを実施しなければならない。

②　作業環境測定機関は，他人の求めに応じて労働安全衛生法第65条第1項の規定による作業環境測定を行うときは，同条第2項の作業環境測定基準に従つてこれを行わなければならない。

第2章　作業環境測定士等

第1節　作業環境測定士
（作業環境測定士の資格）

第5条　作業環境測定士試験（以下「試験」という。）に合格し，かつ，厚生労働大臣又は都道府県労働局長の登録を受けた者が行う講習（以下「講習」という。）を修了した者その他これと同等以上の能力を有すると認められる者で，厚生労働省令で定めるものは，作業環境測定士となる資格を有する。

（欠格条項）

第6条　次の各号のいずれかに該当する者は，作業環境測定士となることができない。

　1　心身の故障により作業環境測定士の業務を適正に行うことができない者として厚生労働省令で定めるもの

　2　第12条第2項の規定により登録を取り消され，その取消しの日から起算して2年を経過しない者

　3　この法律又は労働安全衛生法（これらに基づく命令を含む。）の規定に違反して，罰金以上の刑に処せられ，その執行を終わり，又は執行を受けることがなくなつた日から起算して2年を経過しない者

（登録）

第7条　作業環境測定士となる資格を有する者が作業環境測定士となるには，厚生労働省令で定めるところにより，作業環境測定士名簿に，次の

事項について登録を受けなければならない。

1　登録年月日及び登録番号

2　氏名及び生年月日

3　作業環境測定士の種別

4　その他厚生労働省令で定める事項

```
──作業環境測定法施行規則────────────────────

（登録事項）

第6条　法第7条第4号の厚生労働省令で定める事項は，次に掲げる区分
　　に応じ，それぞれ次に定める事項とする。

　　1　法別表第1第1種作業環境測定士講習の項講習科目の欄第2号又は
　　　同表第2種作業環境測定士講習の項講習科目の欄第2号に掲げる科目
　　　のうち個人サンプリング法に係るものを修了した者　個人サンプリン
　　　グ法を行うことができること

　　2　第1種作業環境測定士講習を修了した者　法別表第1第1種作業環
　　　境測定士講習の項講習科目の欄第3号に掲げる科目に係る指定作業場
　　　の種類に応じた別表に掲げる作業場の種類

　　3　第5条第1項第2号又は第3号に掲げる者で，同条第3項の規定に
　　　よりその種別が第1種作業環境測定士であると厚生労働大臣が認定し
　　　たもの　その者が作業環境測定を行うことができる別表に掲げる作業
　　　場の種類

　　4　第5条第1項第2号又は第3号に掲げる者及び第5条の2の規定に
　　　より第2種作業環境測定士としての資格を有する者　個人サンプリン
　　　グ法を行うことができること

②　旧姓を使用した氏名又は通称の併記を希望する場合にあつては，前項
　　の厚生労働省令で定める事項は，同項各号に定める事項のほか，その氏
　　名又は通称とする。
```

（作業環境測定士名簿）

第8条　作業環境測定士名簿は，厚生労働省に備える。

②　事業者その他の関係者は，作業環境測定士名簿の閲覧を求めることが

できる。

（登録の手続）

第9条　第7条の登録を受けようとする者は，同条第2号から第4号までに掲げる事項を記載した申請書を厚生労働大臣に提出しなければならない。

②～④　略

（登録の取消し等）

第12条　厚生労働大臣は，作業環境測定士が第6条第1号若しくは第3号に該当するに至つたとき，又は第17条の規定により試験の合格の決定を取り消されたときは，その登録を取り消さなければならない。

②　厚生労働大臣は，作業環境測定士が次の各号のいずれかに該当するときは，その登録を取り消し，又は期間を定めて指定作業場についての作業環境測定の業務の停止若しくはその名称の使用の停止を命ずることができる。

1　登録に関し不正の行為があつたとき。

2　第4条第1項，前条又は第44条第4項の規定に違反したとき。

3　作業環境測定の実施に関し，虚偽の測定結果を表示したとき。

4　第48条第1項の条件に違反したとき。

5　前各号に掲げるもののほか，作業環境測定の業務（当該作業環境測定士が作業環境測定機関の行う作業環境測定の業務に従事する場合における当該業務を含む。）に関し不正の行為があつたとき。

（試験）

第14条　試験は，厚生労働大臣が行う。

②　試験は，第1種作業環境測定士試験及び第2種作業環境測定士試験とし，厚生労働省令で定めるところにより，筆記試験及び口述試験又は筆記試験のみによつて行う。

③　厚生労働大臣は，厚生労働省令で定めるところにより，厚生労働省令で定める資格を有する者に対し，前項の筆記試験又は口述試験の全部又

は一部を免除することができる。

---作業環境測定法施行規則---

（試験）

第14条　法第14条第2項の第1種作業環境測定士試験（以下「第1種試験」という。）及び同項の第2種作業環境測定士試験（以下「第2種試験」という。）は，筆記試験のみによつて行う。

（受験資格）

第15条　次の各号のいずれかに該当する者でなければ，試験を受けることができない。

1　学校教育法（昭和22年法律第26号）による大学又は高等専門学校において理科系統の正規の課程を修めて卒業した者（当該課程を修めて同法による専門職大学の前期課程を修了した者を含む。以下「理科系統大学等卒業者」という。）で，その後1年以上労働衛生の実務に従事した経験を有するもの

2　学校教育法による高等学校又は中等教育学校において理科系統の正規の学科を修めて卒業した者で，その後3年以上労働衛生の実務に従事した経験を有するもの

3　前二号に掲げる者と同等以上の能力を有すると認められる者で，厚生労働省令で定めるもの

---作業環境測定法施行規則---

（受験資格）

第15条　法第15条第3号の厚生労働省令で定める者は，次のとおりとする。

1　学校教育法による大学又は高等専門学校において理科系統の正規の課程以外の課程を修めて卒業した者（機構により学士の学位を授与された者（当該課程を修めた者に限る。）若しくはこれと同等以上の学力を有すると認められる者又は当該課程を修めて専門職大学前期課程を修了した者を含む。）で，その後3年以上労働衛生の実務に従事した経験を有するもの

2　学校教育法による高等学校（旧中等学校令（昭和18年勅令第36号）による中等学校を含む。以下同じ。）又は中等教育学校において理科系統の正規の学科以外の学科を修めて卒業した者（学校教育法施行規則（昭和22年文部省令第11号）第150条に規定する者又はこれと同等以上の学力を有すると認められる者を含む。）で，その後5年以上労働衛生の実務に従事した経験を有するもの

3　機構により学士の学位を授与された者（理科系統の正規の課程を修めた者に限る。）又はこれと同等以上の学力を有すると認められる者で，その後1年以上労働衛生の実務に従事した経験を有するもの

3の2　職業能力開発促進法施行規則（昭和44年労働省令第24号）第9条に定める応用課程の高度職業訓練のうち同令別表第7に定めるところにより行われるもの（当該訓練において履修すべき専攻学科の主たる科目が理科系統の科目であるものに限る。）を修了した者で，その後1年以上労働衛生の実務に従事した経験を有するもの

4　職業能力開発促進法施行規則第9条に定める専門課程又は同令第36条の2第2項に定める特定専門課程の高度職業訓練のうち同令別表第6に定めるところにより行われるもの（職業能力開発促進法施行規則等の一部を改正する省令（平成5年労働省令第1号。第6号において「平成5年改正省令」という。）による改正前の職業能力開発促進法施行規則（以下「旧能開規則」という。）別表第3の2に定めるところにより行われる専門課程の養成訓練並びに職業訓練法施行規則及び雇用保険法施行規則の一部を改正する省令（昭和60年労働省令第23号）による改正前の職業訓練法施行規則（次号及び第17条第12号において「昭和60年改正前の職業訓練法施行規則」という。）別表第1の専門訓練課程及び職業訓練法の一部を改正する法律（昭和53年法律第40号）による改正前の職業訓練法（以下「旧職業訓練法」という。）第9条第1項の特別高等訓練課程の養成訓練を含む。）（当該訓練において履修すべき専攻学科又は専門学科の主たる科目が理科系統の科目であるものに限る。）を修了した者で，その後1年以上労働衛生の実務に従事した経験を有するもの

5　職業能力開発促進法施行規則第9条に定める普通課程の普通職業訓

練のうち同令別表第2に定めるところにより行われるもの（旧能開規則別表第3に定めるところにより行われる普通課程の養成訓練並びに昭和60年改正前の職業訓練法施行規則別表第1の普通訓練課程及び旧職業訓練法第9条第1項の高等訓練課程の養成訓練を含む。）（当該訓練において履修すべき専攻学科又は専門学科の主たる科目が理科系統の科目であるものに限る。）を修了した者で，その後3年以上労働衛生の実務に従事した経験を有するもの

6　職業訓練法施行規則の一部を改正する省令（昭和53年労働省令第37号。第17条第12号において「昭和53年改正省令」という。）附則第2条第1項に規定する専修訓練課程の普通職業訓練（平成5年改正省令による改正前の同項に規定する専修訓練課程及び旧職業訓練法第9条第1項の専修訓練課程の養成訓練を含む。）（当該訓練において履修すべき専門学科の主たる科目が理科系統の科目であるものに限る。）を修了した者で，その後4年以上労働衛生の実務に従事した経験を有するもの

7　職業能力開発促進法施行規則別表第11の3の3に掲げる検定職種のうち，1級，2級又は単1等級の技能検定（当該技能検定において必要とされる知識が主として理学又は工学に関する知識であるものに限る。）に合格した者で，その後1年以上労働衛生の実務に従事した経験を有するもの

8　8年以上労働衛生の実務に従事した経験を有する者

9　第17条各号に掲げる者

10　その他前各号に掲げる者と同等以上の能力を有すると認められる者として厚生労働大臣が定める者

（名称の使用制限）

第18条　作業環境測定士でない者は，その名称中に作業環境測定士という文字を用いてはならない。

②　第2種作業環境測定士は，第1種作業環境測定士という名称を用いてはならない。

第2節　指定試験機関

（指定）

第20条　厚生労働大臣は，申請により指定する者に，試験の実施に関する
　　事務（以下「試験事務」という。）を行わせる。

②　前項の規定による指定（以下この節において「指定」という。）を受
　　けた者（以下「指定試験機関」という。）は，試験事務の実施に関し第
　　17条に規定する厚生労働大臣の職権を行うことができる。

③　厚生労働大臣は，指定試験機関に試験事務を行わせるときは，当該試
　　験事務を行わないものとする。

（指定の公示等）

第22条　厚生労働大臣は，指定をしたときは，指定試験機関の名称及び住
　　所，試験事務を行う事務所の所在地並びに試験事務の開始の日を官報で
　　公示しなければならない。

②・③　略

第3節　登録講習機関

第32条　第5条又は第44条第1項の規定による登録は，厚生労働省令で定
　　めるところにより，講習又は同項に規定する研修を行おうとする者の申
　　請により行う。

②〜⑦　略

第4節　指定登録機関

第32条の2　厚生労働大臣は，申請により指定する者に，第7条の登録の
　　実施に関する事務（第12条の規定による登録の取消し及び命令に関する
　　事務を除く。以下この条，第45条及び第55条において「登録事務」とい
　　う。）を行わせる。

②　厚生労働大臣は，前項の規定による指定を受けた者（以下「指定登録
　　機関」という。）に登録事務を行わせるときは，当該登録事務を行わな

いものとする。

③・④　略

第3章　作業環境測定機関

（作業環境測定機関）

第33条　作業環境測定機関になろうとする者は，厚生労働省令で定めるところにより，作業環境測定機関名簿に，次の事項について登録を受けなければならない。

1　登録年月日及び登録番号

2　氏名又は名称及び住所並びに法人にあつては，その代表者の氏名

3　その他厚生労働省令で定める事項

②　厚生労働大臣又は都道府県労働局長は，作業環境測定機関の登録の申請が厚生労働省令で定める基準に適合していると認めるときでなければ，登録をしてはならない。

作業環境測定法施行規則

（登録事項）

第52条　法第33条第1項第3号の厚生労働省令で定める事項は，次のとおりとする。

1　作業環境測定機関になろうとする者が個人サンプリング法を行うことができる場合にあつては，その旨

2　作業環境測定機関になろうとする者が分析を行うことができる別表に掲げる作業場の種類

（登録の申請）

第53条　法第33条第1項の登録を受けようとする者は，作業環境測定機関登録申請書（様式第16号）に同項第2号に掲げる事項及び前条に規定する事項を証する書面を添えて，その事務所の所在地を管轄する都道府県労働局長（その事務所が二以上の都道府県労働局の管轄区域にわたる場合にあつては，厚生労働大臣）に提出しなければならない。

（登録の基準）

第54条 法第33条第2項の厚生労働省令で定める基準は，次のとおりとする。

1 作業環境測定機関になろうとする者が個人サンプリング法を行おうとする場合にあつては，第6条第1項第1号に定める事項について登録を受けている作業環境測定士が置かれること。

2 第52条第2号に規定する別表に掲げる作業場の種類について法第7条の登録を受けている第1種作業環境測定士が置かれること。

3 作業環境測定に使用する機器及び設備が厚生労働大臣の定める基準に適合するものであること。

4 作業環境測定の業務を行うために必要な事務所を有すること。

（準用）

第34条 労働安全衛生法第46条第2項の規定は前条第1項の登録について，同法第47条第1項及び第2項，第50条第4項並びに第54条の5の規定は作業環境測定機関について準用する。・・・・略・・・・

② 第8条から第10条まで，第12条第2項，第13条及び第19条の規定は，作業環境測定機関に関して準用する。この場合において，第8条中「作業環境測定士名簿」とあるのは「作業環境測定機関名簿」と，同条第1項中「厚生労働省」とあるのは「厚生労働省又は都道府県労働局」と，第9条第1項及び第3項並びに第10条中「第7条」とあるのは「第33条第1項」と，第9条第1項中「から第4号まで」とあるのは「及び第3号」と，同条第1項，第3項及び第4項，第10条，第12条第2項並びに第13条中「厚生労働大臣」とあるのは「厚生労働大臣又は都道府県労働局長」と，・・・・略・・・・第12条第2項各号列記以外の部分中「指定作業場についての作業環境測定の業務の停止若しくはその名称の使用の停止」とあるのは「作業環境測定の業務の全部若しくは一部の停止」と，同項第2号中「第4条第1項，前条又は第44条第4項」とあるのは「第4条第2項」と，同項第5号中「作業環境測定の業務（当該作業環境測定士が作業環境測定機関の行う作業環境測定の業務に従事する場合

における当該業務を含む。）」とあるのは「作業環境測定の業務」
と，・・・・略・・・・読み替えるものとする。

（秘密保持義務等）

第35条　作業環境測定機関の役員若しくは職員（作業環境測定機関である
作業環境測定士を含む。）又はこれらの職にあつた者は，作業環境測定
の業務に関して知り得た秘密を漏らし，又は盗用してはならない。

（名称の使用制限）

第37条　作業環境測定機関でない者は，作業環境測定機関又はこれに類似
する名称を用いてはならない。

②　略

第4章　雑則

（労働基準監督署長及び労働基準監督官）

第38条　労働基準監督署長及び労働基準監督官は，厚生労働省令で定める
ところにより，この法律の施行に関する事務をつかさどる。

（労働基準監督官の権限）

第39条　労働基準監督官は，この法律を施行するため必要があると認める
ときは，事業場に立ち入り，関係者に質問し，又は帳簿，書類その他の
物件を検査することができる。

②　前項の場合において，労働基準監督官は，その身分を示す証票を携帯
し，関係者に提示しなければならない。

③　第1項の規定による立入検査の権限は，犯罪捜査のために認められた
ものと解釈してはならない。

第40条　労働基準監督官は，この法律の規定に違反する罪について，刑事
訴訟法（昭和23年法律第131号）の規定による司法警察員の職務を行う。

（厚生労働大臣等の権限）

第41条　厚生労働大臣又は都道府県労働局長は，作業環境測定機関，指定
試験機関，登録講習機関又は指定登録機関の業務の適正な運営を確保す

るため必要があると認めるときは，その職員をしてこれらの事務所に立
ち入り，関係者に質問し，その業務に関係のある帳簿，書類その他の物
件を検査し，又は検査に必要な限度において無償で作業環境測定機関の
業務に関係のある試料その他の物件を収去させることができる。

② 　第39条第2項及び第3項の規定は，前項の規定による立入検査につい
て準用する。

（報告等）

第42条　厚生労働大臣，都道府県労働局長，労働基準監督署長又は労働基
準監督官は，この法律を施行するため必要があると認めるときは，厚生
労働省令で定めるところにより，事業者に対し，必要な事項を報告させ，
又は出頭を命ずることができる。

② 　厚生労働大臣，都道府県労働局長又は労働基準監督署長は，この法律
を施行するため必要があると認めるときは，厚生労働省令で定めるとこ
ろにより，作業環境測定機関，指定試験機関，登録講習機関若しくは指
定登録機関又は作業環境測定士に対し，必要な事項を報告させることが
できる。

```
──作業環境測定法施行規則─────────────────────

　（報告等）

　第68条　厚生労働大臣，都道府県労働局長，労働基準監督署長又は労働基
　　準監督官は，法第42条第1項の規定により，事業者に対し必要な事項を
　　報告させ，又は出頭を命ずるときは，次の事項を通知するものとする。
　　1　報告をさせ，又は出頭を命ずる理由
　　2　出頭を命ずる場合には，聴取しようとする事項
```

（指定試験機関等がした処分等に係る審査請求）

第45条　指定試験機関が行う試験事務又は指定登録機関が行う登録事務に
係る処分又はその不作為については，厚生労働大臣に対し審査請求をす
ることができる。この場合において，厚生労働大臣は，行政不服審査法
（平成26年法律第68号）第25条第2項及び第3項，第46条第1項及び第

２項，第47条並びに第49条第３項の規定の適用については，指定試験機関又は指定登録機関の上級行政庁とみなす。

（政府の援助）

第47条　政府は，作業環境測定士の資質の向上並びに作業環境測定機関及び登録講習機関の業務の適正化を図るため，資料の提供，測定手法の開発及びその成果の普及その他必要な援助を行うように努めるものとする。

（手数料）

第49条　次の者は，政令で定めるところにより，実費を勘案して政令で定める額の手数料を国（指定試験機関の行う試験を受けようとする者又は指定試験機関から合格証の再交付を受けようとする者にあつては指定試験機関，指定登録機関の行う登録を受けようとする者又は指定登録機関から作業環境測定士登録証の再交付若しくは書換えを受けようとする者にあつては指定登録機関）に納付しなければならない。

　１　試験を受けようとする者

　２　第５条又は第44条第１項の登録の更新を受けようとする者

　３　講習又は研修（都道府県労働局長が行う講習又は研修に限る。）を受けようとする者

　４　第７条の登録を受けようとする者

　５　作業環境測定士登録証又は作業環境測定機関登録証の再交付又は書換えを受けようとする者

　６　合格証又は講習修了証の再交付（都道府県労働局長が行う講習修了証の再交付に限る。）を受けようとする者

②　前項の規定により指定試験機関又は指定登録機関に納められた手数料は，それぞれ，指定試験機関又は指定登録機関の収入とする。

（公示）

第49条の２　厚生労働大臣又は都道府県労働局長は，次の場合には，厚生労働省令で定めるところにより，その旨を公示しなければならない。

　１　第５条又は第44条第１項の規定による登録をしたとき。

2　第32条第3項において準用する労働安全衛生法第47条の2又は第49条の規定による届出があつたとき。

3　第32条第3項において準用する労働安全衛生法第53条第1項の規定により登録を取り消し，又は講習若しくは研修の業務の全部若しくは一部の停止を命じたとき。

4　第32条第3項において準用する労働安全衛生法第53条の2の規定により都道府県労働局長が講習若しくは研修の業務を自ら行うものとするとき，又は自ら行つていた講習若しくは研修の業務を行わないものとするとき。

（厚生労働省令への委任）

第51条　この法律に定めるもののほか，この法律の施行に関して必要な事項は，厚生労働省令で定める。

第5章　罰則

第52条　第27条第1項（第32条の2第4項において準用する場合を含む。）又は第35条の規定に違反した者は，1年以下の懲役〈編注：令和4年6月17日法律第68号により改正され，刑法等一部改正法［刑法等の一部を改正する法律＝令和4年6月法律第67号］施行日から施行　第52条中「懲役」を「拘禁刑」に改める。〉又は100万円以下の罰金に処する。

第54条　次の各号のいずれかに該当する者は，50万円以下の罰金に処する。

1　第3条，第18条，第37条又は第44条第3項の規定に違反した者

2　第12条第2項の規定による命令に違反した者

3　第39条第1項の規定による立入り若しくは検査を拒み，妨げ，若しくは忌避し，又は質問に対して陳述をせず，若しくは虚偽の陳述をした者

4　第42条第1項の規定による報告をせず，若しくは虚偽の報告をし，又は出頭しなかつた者

法令等の改正について

　本書に収録した関係諸法令等は，令和5年3月31日までに公布された
ものである。施行日が令和5年4月1日以前のものについては，本文に
改正を加えた。施行日が令和5年4月2日から令和6年4月1日までのもの
については，本文中に，編注として記載した。令和6年4月2日以降施
行のものは以下に示す。

●石綿障害予防規則（p41, 245）

［令和5年1月11日厚生労働省令第2号により次のように改正され，令和
8年1月1日から施行］

（事前調査及び分析調査）

第3条　（略）

②・③　（略）

④　事業者は，事前調査については，前項各号に規定する場合を除き，適
　切に当該調査を実施するために必要な知識を有する者として厚生労働大
　臣が定めるものに行わせなければならない。ただし，石綿等が使用され
　ているおそれが高いものとして厚生労働大臣が定める工作物以外の工作
　物の解体等の作業に係る事前調査については，塗料その他の石綿等が使
　用されているおそれがある材料の除去等の作業に係るものに限る。

⑤・⑥　（略）

⑦　事業者は，事前調査又は分析調査（以下「事前調査等」という。）を
　行ったときは，当該事前調査等の結果に基づき，第1号から第10号まで
　及び第12号前段に掲げる事項（第3項第3号から第8号までの場合にお
　いては，第1号から第4号までに掲げる事項に限る。）の記録を作成し，
　当該記録並びに第11号及び第12号後段に掲げる書類を事前調査を終了し
　た日（分析調査を行った場合にあっては，解体等の作業に係る全ての事

前調査を終了した日又は分析調査を終了した日のうちいずれか遅い日）
（第3号及び次項第1号において「調査終了日」という。）から3年間
保存するものとする。

1〜8　（略）

9　事前調査を行った者の氏名

10　（略）

11　第4項の事前調査を行った場合においては，当該事前調査を行った
　　者が同項の厚生労働大臣が定める者であることを証明する書類の写し

12　分析調査を行った場合においては，当該分析調査を行った者の氏名
　　及び当該者が前項の厚生労働大臣が定める者であることを証明する書
　　類の写し

⑧・⑨　（略）

（事前調査の結果等の報告）

第4条の2　事業者は，次のいずれかの工事を行おうとするときは，あら
　　かじめ，電子情報処理組織（厚生労働省の使用に係る電子計算機と，こ
　　の項の規定による報告を行う者の使用に係る電子計算機とを電気通信回
　　線で接続した電子情報処理組織をいう。）を使用して，次項に掲げる事
　　項を所轄労働基準監督署長に報告しなければならない。

1・2　（略）

3　工作物（第3条第4項ただし書の厚生労働大臣が定める工作物に限
　　る。）の解体工事又は改修工事（当該工事の請負代金の額が100万円以
　　上であるものに限る。）

4　（略）

②　前項の規定により報告しなければならない事項は，次に掲げるもの
　　（第3条第3項第3号から第8号までの場合においては，第1号から第
　　4号までに掲げるものに限る。）とする。

1〜4　（略）

5　第3条第7項第5号，第8号，第9号，第11号及び第12号に掲げる

　事項の概要

　6・7　（略）

③〜⑤　（略）

●石綿障害予防規則第3条第4項の規定に基づき厚生労働大臣が定める者
（p311）

［令和5年3月27日厚生労働省告示第89号により次のように改正され，令
和8年1月1日から適用］

1　石綿障害予防規則（平成17年厚生労働省令第21号）第3条第4項の規
　定に基づき厚生労働大臣が定める者は，次の各号に掲げる作業の区分に
　応じ，それぞれ当該各号に定める者とする。

　①　建築物（建築物石綿含有建材調査者講習等登録規程（平成30年厚生
　　労働省，国土交通省，環境省告示第1号。以下「登録規程」とい
　　う。）第2条第4項に規定する一戸建ての住宅及び共同住宅の住戸の
　　内部（次号において「一戸建て住宅等」という。）を除く。）の解体又
　　は改修（封じ込め又は囲い込みを含む。）の作業（以下「解体等の作
　　業」という。）同条第2項に規定する一般建築物石綿含有建材調査者，
　　同条第3項に規定する特定建築物石綿含有建材調査者又はこれらの者
　　と同等以上の能力を有すると認められる者

　②　一戸建て住宅等の解体等の作業　前号に掲げる者又は登録規程第2
　　条第4項に規定する一戸建て等石綿含有建材調査者

　③　船舶（鋼製の船舶に限る。以下同じ。）の解体等の作業　船舶にお
　　ける石綿含有資材の使用実態の調査（以下「船舶石綿含有資材調査」
　　という。）を行う者で，船舶石綿含有資材調査者講習を受講し，次項
　　第3号の修了考査に合格した者又はこれと同等以上の知識を有すると
　　認められる者（同項において「船舶石綿含有資材調査者」という。）

　④　石綿障害予防規則第3条第4項ただし書の規定に基づき厚生労働大

臣が定める工作物（令和 2 年厚生労働省告示第278号。次号において
「特定工作物告示」という。）第 1 号から第 5 号まで及び第 7 号から
第11号までに掲げる工作物の解体等の作業　登録規程第 2 条第 5 項に
規定する工作物石綿事前調査者

⑤　特定工作物告示第 6 号及び第12号から第17号までに掲げる工作物の
解体等の作業並びに特定工作物告示に規定するもの以外の工作物の解
体等の作業のうち塗料その他の石綿等が使用されているおそれがある
材料の除去等の作業　第 1 号又は前号に掲げる者

2 （略）

●石綿障害予防規則第 4 条の 2 第 1 項第 3 号の規定に基づき厚生労働大臣
が定める物（p319）
［令和 5 年 3 月27日厚生労働省告示第89号により次のように改正され，令
和 8 年 1 月 1 日から適用］

　　　石綿障害予防規則第 3 条第 4 項ただし書の規定に基づき厚生労働大
　　　臣が定める工作物

石綿障害予防規則（平成17年厚生労働省令第21号）第 3 条第 4 項ただし
書の石綿等が使用されているおそれが高いものとして厚生労働大臣が定め
る工作物は，次に掲げる物（土地，建築物又は工作物に設置されているも
の又は設置されていたものに限る。）とする。

　 1 ～17　（略）

石綿障害予防規則の解説

平成17年 5 月31日	第 1 版第 1 刷発行	
平成18年11月 7 日	第 2 版第 1 刷発行	
平成22年 2 月26日	第 3 版第 1 刷発行	
平成23年 3 月29日	第 4 版第 1 刷発行	
平成24年10月29日	第 5 版第 1 刷発行	
平成27年 1 月16日	第 6 版第 1 刷発行	
平成30年 9 月 3 日	第 7 版第 1 刷発行	
令和 3 年 4 月 6 日	第 8 版第 1 刷発行	
令和 5 年 5 月31日	第 9 版第 1 刷発行	

編　　　者　中央労働災害防止協会
発 行 者　平　山　　　剛
発 行 所　中央労働災害防止協会
　　　　　　〒108-0023
　　　　　　東京都港区芝浦 3 丁目17番12号
　　　　　　　　　　　　　　吾妻ビル 9 階
　　　　　　電話　販売　03（3452）6401
　　　　　　　　　編集　03（3452）6209
　　　　印刷・製本　サンパートナーズ株式会社